Knaur

Von Sebastian Haffner sind außerdem erschienen:

Die deutsche Revolution 1918/19 (Band 3813)
Von Bismarck zu Hitler (Band 4008)

Über den Autor:

Sebastian Haffner, geboren 1907 in Berlin, emigrierte 1938 nach England und arbeitete dort als Journalist, vor allem für den »Observer«. 1954 kehrte er als Auslandskorrespondent des »Observer« nach Deutschland zurück, war dann (ab 1961) politischer Kolumnist, erst für die »Welt«, später (ab 1963) für den »Stern«. Er ist Autor mehrerer Bücher – darunter »Winston Churchill«, »Der Selbstmord des Deutschen Reiches«, »Die deutsche Revolution 1918/19«, »Anmerkungen zu Hitler« – und lebt heute als freier Publizist in Berlin.

Sebastian Haffner

Germany: Jekyll & Hyde

1939 – Deutschland von innen betrachtet

Aus dem Englischen
von Kurt Baudisch

Knaur

Die englische Originalausgabe erschien 1940 bei
Secker and Warburg, London.
Die deutsche Ausgabe erschien 1996 bei Verlag 1900 Berlin, Berlin.

Der Text wurde im letzten Kapitel um die genauere Beschreibung
der Aufteilung Deutschlands in souveräne Staaten gekürzt, wie sie
Sebastian Haffner für die Zeit nach Hitler vorschlug.
Diese Aufteilung ist hinfällig, nicht aber ihre Begründung,
die von der Kürzung nicht betroffen ist.

Vollständige Taschenbuchausgabe August 1998
Copyright © 1940 by Sebastian Haffner
Copyright © 1996 der deutschsprachigen Ausgabe
bei Verlag 1900 Berlin, Berlin
Umschlaggestaltung: Agentur Zero, München
Umschlagfoto: Bilderdienst Süddeutscher Verlag, München
Satz: Ventura Publisher im Verlag
Druck und Bindung: Ebner Ulm
Printed in Germany
ISBN 3-426-60813-8

5 4 3 2

Inhalt

Anmerkungen des englischen Verlegers (1940) 7

Vorwort 9

I. Hitler 13

II. Die Naziführer 41

III. Die Nazis 65

IV. Die loyale Bevölkerung 105

V. Die illoyale Bevölkerung 145

VI. Die Opposition 181

VII. Die Emigranten 225

VIII. Möglichkeiten 249

Nachwort 301

Anmerkungen des
englischen Verlegers (1940)

Der Autor ist ein »arischer« Deutscher unter 40, der sein ganzes Leben lang in Deutschland gelebt hat. Er studierte Rechtswissenschaft und arbeitete sechs Jahre lang unter der Naziherrschaft. In der liberalen Tradition erzogen, entschloß er sich dazu, das Land seiner Geburt zu verlassen. Seine Flucht war abenteuerlich. Die Preisgabe weiterer Details könnte seine Familie gefährden.

Dieses Buch wurde im April 1940 fertiggestellt und vor der deutschen Besetzung der Niederlande in Druck gegeben. Sein Inhalt war nach Ansicht des Verlages von so aktueller nationaler Bedeutung, daß die Korrekturbögen imprimiert wurden, ohne daß der Autor Gelegenheit bekam, noch irgendwelche Änderungen an seinem Kapitel über deutsche Emigranten (Kapitel VII) vorzunehmen. Da der Verlag der Ansicht ist, daß Deutschland selbst das erste Land war, das von Hitler und seinen Naziverbrechern unterworfen wurde, und daß deshalb potentielle Verbündete in Deutschland gefunden werden können, faßte er den Beschluß, das Werk in seiner ursprünglichen Fassung zu veröffentlichen.

Vorwort

Dieses Buch verfolgt dreierlei Ziele. Es will eine Diskussion zum Abschluß bringen; auf ganz bescheidene Weise helfen, den Krieg zu gewinnen; die Voraussetzungen für einen dauerhaften Frieden erörtern.
Gegenstand der Diskussion sind Deutschland und die Deutschen. Sie ist seit längerem in der ganzen zivilisierten Welt im Gange und ist durch die Erklärung der britischen Regierung »Wir sind nicht mit dem deutschen Volk verfeindet, sondern nur mit Hitler« nicht nur nicht beendet worden, sondern hat noch an Heftigkeit zugenommen. In einer nüchternen und einfachen Sprache wurde gesagt, die Deutschen seien ein humanes, friedfertiges, zivilisiertes Volk, das von seinen gegenwärtigen Herrschern unterdrückt wird und dem kameradschaftlich die Hand gereicht werden kann, sobald es seine Freiheit wiedererlangt hat.
Aber dieser Standpunkt wird nicht von allen geteilt. Viele Leute, die Deutschland gut kennen – hauptsächlich in Frankreich, aber auch auf den Britischen Inseln –, behaupten, die Deutschen seien keineswegs unterdrückt, sie hätten genau die Regierung, die sie sich wünschen, im Grunde seien sie immer Nazis gewesen und würden immer Nazis bleiben, und den Krieg würden wir führen, nicht um Deutschland zu befreien, sondern um es unschädlich zu machen.
Beweiskräftige literarische Argumente und Tatsachen werden zur Untermauerung sowohl der einen als auch der anderen These angeführt. Die Verteidiger Deutschlands zitieren Goethe und Humboldt, die Ankläger dagegen Fichte, Hegel und Nietzsche. Die ersteren verweisen auf die Märtyrer in den Konzentrationslagern, die letzteren auf die jubelnden Massen bei Hitlers öffentlichen Auftritten. Sowohl die einen als auch die anderen malen ein

eindrucksvolles, unanfechtbares plakatives Bild und konzedieren höchstens die Existenz einer kleinen, unbedeutenden Minderheit. Es gibt auch die von vielen vertretene Meinung, die sich von den beiden anderen nur in dieser letzten Hinsicht unterscheidet. Diese Auffassung zerteilt Deutschland sauber in zwei Teile: in Nazideutschland und »das andere Deutschland«. »Das andere Deutschland« ist der Inbegriff des Liberalismus, der poetischen und musikalischen Träumerei, so wie Nazideutschland der Inbegriff der Lüge, des Verbrechens und der brutalen Gewalt ist. Dieses Bild ist genauso plakativ und simpel wie das der Ankläger und der Verteidiger. Es ist nicht völlig schwarz oder weiß, aber die Farben Schwarz und Weiß sind ordentlich voneinander getrennt wie bei einer preußischen Fahne.
Es ist schade, daß Deutsche so wenig Gelegenheit hatten, an dieser Diskussion teilzunehmen. Es ist an der Zeit, daß einer von ihnen zu Wort kommt. Denn der Kontroverse mangelt es an einer Qualität, die ein Deutscher beizusteuern vermag – Gründlichkeit. Das Urteil, das jede der Seiten verkündet, steht auf schwankendem Boden, es ist nur unzureichend auf Fakten gegründet; beide Seiten haben auf deren genaue Prüfung verzichtet. Wer engagiert, sorgfältig und aus nächster Nähe die Dinge untersucht, dem wird sich ein außerordentlich kompliziertes Bild darbieten, das beim besten Willen nicht schematisch vereinfacht werden kann, dafür aber den Vorzug hat, wahr zu sein. Wer sich dieser Mühe unterzieht, wird nicht so verwegen sein, ein Urteil über die Nation als Ganzes abzugeben, wie pauschal auch seine Anklagen gegen die Nationalsozialisten sein mögen. Statt dessen wird er in der Lage sein, bestimmte Teile dieser Nation zu verstehen – mehr ist im Augenblick nicht möglich –, ihre Grundzüge und Ideen zu begreifen, und so imstande sein, auf diese Bevölkerungsschichten einzuwirken, um sie zu beeinflussen und zu überzeugen.
Dieses Buch will untersuchen, mehr nicht. Obwohl es dem Autor manchmal schwerfällt, unterläßt er es, bestimmte Phänomene zu

erklären, über sie zu spekulieren und sie auf ihren historischen Ursprung zurückzuführen. Er verzichtet auf alle Argumente und Beweise und setzt voraus, daß man ihm glaubt, wenn er berichtet, was er sieht. Die Zeit drängt, und dieses Buch verfolgt einen praktischen und keinen akademischen Zweck. Aus dem gleichen Grund verzichtet der Autor auf jegliches literarisches Beiwerk, mag es sich um gewaltige Understatements oder um lyrische Übertreibungen von Liebe und Haß handeln. Dieses Buch versucht, die verschiedenen Gedanken- und Gefühlswelten in Deutschland während der Zeit der tiefsten Erniedrigung des deutschen Volkes in den Jahren von 1933 bis 1939 im Querschnitt darzustellen. Dieser Querschnitt soll auf alle Fälle genügen, um jenen übermäßig vereinfachenden Diskussionen darüber ein Ende zu bereiten, ob die Deutschen so oder so sind. Zunächst besteht aber das Ziel darin, die »Propaganda«-Ministerien der Westmächte über wichtige Einzelheiten aufzuklären, die das deutsche Volk betreffen und die ihnen anscheinend unbekannt sind.

Propaganda kann nur dann maximale Wirkung und größtmöglichen Erfolg erzielen, wenn sie auf einer genauen Vorstellung der Menschen beruht, auf die sie abzielt. Sie muß den psychologischen Hintergrund kennen, mit dem sie zu rechnen hat, und sich über die Gedanken und die üblichen Reaktionen in den Köpfen ihrer Zielgruppen im klaren sein. Danach muß sie sich bemühen, die richtigen Worte und Argumente zu finden, die den festgestellten geistigen und psychischen Bedingungen angemessen sind. Genauso wie Artilleriefeuer erst dann erfolgreich sein kann, wenn die Ziele erkundet sind, wobei die Luftaufklärung gute Dienste leistet, erfordert die Propaganda, daß ihre Zielgruppen vorher identifiziert werden. Dieses Buch versucht, der britischen und französischen Propaganda ebenso dienlich zu sein, wie die von Aufklärungsflugzeugen aus aufgenommenen Luftbilder von der Siegfriedlinie und deren Hinterland für die britische und französische Artillerie von Nutzen sind. Die Propaganda war bisher weit weniger treffsicher als die Artillerie. Ihr mangelt es offensichtlich an einer klaren Vorstellung von ihrem Ziel. Manchmal wendet sie sich an die Deutschen, als ob sie Engländer wären. Manchmal versucht sie, mit ein und demselben Flugblatt Nazis, aufrichtige Patrioten und Anhänger der Opposition gleichermaßen zu beeinflussen, was zur Folge hat, daß niemand auf sie anspricht und allgemeines Mißtrauen hervorgerufen wird. Sie ist von Zufallstreffern abhängig, weil sie ihr Zielgebiet noch nicht erkundet hat. Hier ist das Zielgebiet in übersichtlicher kartographischer Form. Diese deutsche psychologische Landschaft mit ihren unregelmäßigen Konturen ist nicht nur das Zielgebiet der Kriegspropaganda, sondern auch das Terrain des künftigen Friedens. Man kann bereits jene Felder markieren, auf denen der Frieden errichtet oder nicht errichtet werden kann, und deren genauen Charakter bestimmen. Mit einer solchen Untersuchung kann nicht früh genug begonnen werden. Sie ist außerdem eine nützlichere Beschäftigung als die Errichtung neuer konfektionierter »besserer Welten«, die viele Leute unbeeindruckt vom Beispiel des Jahres 1919 bereits planen, um sie den Völkern Europas aufzudrängen. Man zeigt aber nicht, wie diese bessere Welt aus dem gegenwärtigen Chaos und der weltweiten Katastrophe entstehen wird. Statt von vagen Projekten zu träumen, die sich zumindest heute nicht realisieren lassen, wäre es besser, genau festzustellen, wo der Schuh drückt, und so geschickt wie möglich das schlimmste Hühnerauge der Welt herauszuoperieren – wenn möglich, ohne die Zehen dabei zu amputieren. Eine der Zehen ist Deutschland; Hitler ist sein Hühnerauge.

Betrachten wir die »Zehe und das Hühnerauge« etwas genauer, um zu sehen, was getan werden kann.

Wir dürfen aber nicht vergessen, daß es noch andere Übel in der Welt gibt und daß selbst nach Ausmerzung der Krankheit noch ein weiter Weg zurückzulegen ist, bis immerwährender Frieden und ewiges Glück allgemein eingeläutet werden können.

I. Hitler

»Hitler ist Deutschland, Deutschland ist Hitler« – das hat die nationalsozialistische Propaganda in den vergangenen sieben Jahren mit Fanfarenstößen verkündet, und unwidersprochen nehmen das die Kritiker und Gegner Deutschlands in der ganzen Welt hin.

Diese Behauptung kann nicht mit einem Achselzucken abgetan werden, auch wenn die deutsche Opposition, die deutschen Emigranten und prodeutsche linke Kreise überall geneigt sind, sie einfach zu übergehen. Ganz gleich, wie vielen und welchen namhaften Deutschen es bei dem Gedanken schaudern mag, mit Hitler gleichgesetzt zu werden, es bleibt eine Tatsache, daß Hitler gegenwärtig in einem Maße in Deutschlands Namen sprechen und handeln kann wie kaum ein anderer vor ihm in der Weltgeschichte. Und obwohl die Ergreifung und Festigung der Macht von Betrug, Verrat und üblen Intrigen begleitet waren, hat Hitler es mit mehr oder minder normalen Mitteln vermocht, die Leute zu überzeugen und für sich einzunehmen; er hat weitaus mehr Anhänger in Deutschland gewonnen und ist dem Ziel absoluter Macht noch näher gekommen als sonst irgend jemand vor ihm. Klar ist auch, daß Hitler nach sieben Jahren schrecklicher Greueltaten über eine genügend große Gefolgschaft in Deutschland verfügt, die seinem Regime wenigstens den Anstrich von Popularität und wirklicher Autorität verleiht. All das ist keine geringe Leistung. Aber obwohl es eine Tatsache ist, daß Hitler von Lügen, Tricks und Drohungen immer reichlich Gebrauch machte und daß sich manche oder auch viele seiner Anhänger über seine wahren Absichten täuschen ließen, konnte eines sie nicht täuschen – der besondere »Geruch«, der seiner Person anhaftet. Hitler vermochte ihn nie mit wohlriechenden Parfüms zu überdecken und versuchte es auch kaum. Also müssen ihn viele Deutsche als angenehm oder zumindest als erträglich empfunden haben. Und obwohl Hitler sich seit seinem Aufstieg zur Macht Gehorsam und Begeisterung, Liebe und Bewunderung durch Androhung von Folter und Tod erzwungen hat, lädt sich auch durch solche Drohungen ein bestimmtes Maß von Haß und Abneigung nicht überwinden. Zumindest aber scheint Hitler in den Augen der Mehrheit seiner deutschen Gegner bislang noch nicht in einem solchen Grad abstoßend und furchterregend zu sein.

Es gibt genügend gewichtige Gründe dafür, eine Diskussion über das Diktum »Hitler ist Deutschland« zu führen. Wieweit diese Aussage richtig ist, wird herauszufinden sein. Bevor wir jedoch feststellen können, bis zu welchem Grad Hitler ein spezifisch deutsches Phänomen ist, müssen wir die Besonderheiten des Phänomens untersuchen.

Klarheit über diesen Punkt ist dringend nötig. Man hat zwar Stapel von Papier über Hitler vollgeschrieben, doch vermag er die Welt immer noch zu überraschen. Das ist ein Beweis dafür, daß der Schlüssel zu seiner Persönlichkeit und seinem Verhalten noch nicht gefunden wurde. Dieser Schlüssel ist jedoch in Reichweite. Wo er zu finden ist, das vermutet niemand – obwohl das Versteck jeder Leser von Kriminalromanen kennt.

Fast alle Biographen Hitlers haben den Fehler begangen zu versuchen, Hitler mit der Geistesgeschichte seiner Zeit in Verbindung zu bringen und so zu erklären. Sie haben sich bemüht, ihn als »Produkt« oder »Exponenten« dieser oder jener Entwicklung abzustempeln. Dieses Vorgehen entspricht erstens der führenden wissenschaftlichen Tendenz, die ihren Ursprung in der materialistischen Geschichtstheorie von Marx und Engels hat: Der Mensch als Protagonist der Geschichte wird entthront, und seine Rolle wird soweit wie möglich solchen halbmythischen Abstraktionen untergeordnet wie zum Beispiel »wirtschaftlichen Bedingungen«, »Ideen«, »Kulturen«, »Nationen« und »Triebkräften«.

Zweitens werden die Gegner Hitlers in ihrem verständlichen Wunsch bestärkt, seine Persönlichkeit als so armselig und nichtswürdig wie möglich hinzustellen, ihm historische Größe abzusprechen und von ihm ein Bild zu malen, wonach er einem Korken gleiche, der auf einer Welle tanzt. Was den Charakter der Welle betrifft, so sind Zweifel angebracht. Der naivsten Interpretation zufolge ist Hitler nur eine Schachfigur deutscher Militaristen und kapitalistischer Cliquen, die seine Demagogie nutzen, um ihre Kriegspläne und geschäftlichen Transaktionen zu verschleiern. Andere Theorien wollen beweisen, daß Hitler sozusagen automatisch und unverdientermaßen seine heutige Position erlangt habe: Als Gründe werden unter anderem die Enttäuschung der durch die Inflation von 1923 verarmten deutschen Mittelschichten, die Verzweiflung der deutschen Patrioten über den Versailler Vertrag und dessen zu langsame Revision sowie die Furcht vor dem Bolschewismus genannt.

All das ist nicht überzeugend. Jeder Versuch, Hitler als einen Tender zu betrachten, der an die Lokomotive einer Idee oder Bewegung gekoppelt ist, führt dazu, daß es den Leuten den Atem verschlägt, wenn dieser Tender, offensichtlich aus eigener Kraft und den ganzen Zug Deutschland hinter sich herziehend, plötzlich in eine andere Richtung rollt. Daher waren die Menschen irritiert, als der »Patriot«, »Nationalist« und »Rassist« Hitler überraschend die Deutschen in Südtirol heimatlos machte[1], seinem Reich Millionen von Tschechen und Polen einverleibte oder als er, der »Erzfeind des Bolschewismus«, den Pakt mit Stalin abschloß und große Teile Osteuropas den Bolschewisten überließ. Die Leute werden ähnlich verblüfft sein, wenn der imperia-

1 Gemeint sind die im Oktober und Dezember 1939 zwischen Italien und Deutschland geschlossenen Abkommen über die Optionsmöglichkeit für Deutschland und über die Aussiedlung der deutschsprachigen Bevölkerung aus Südtirol und den angrenzenden Provinzen. [Anmerkung des Übersetzers]

listische Hitler sich in einem taktisch günstigen Moment als Föderalist und Pazifist erweisen sollte. Der Welt dämmert es nun langsam, daß Hitler sein Wort nicht hält. Viele begreifen noch nicht, daß er sich an seine öffentlich verkündeten Ziele, sein Programm und seine Ideen nicht gebunden fühlt. Aus diesem Grund erreichen diejenigen so wenig, die Hitler bekämpfen wollen, indem sie gegen sein *derzeitiges* »Programm« und seine *gegenwärtige* »Philosophie« zu Felde ziehen. Kaum haben sie festgestellt, daß er ein extremer Nationalist ist, wird er sich als Wegbereiter der Vereinigten Staaten von Europa gebärden; sobald man ihm nachgewiesen hat, daß er ein Arbeitermörder ist, wird er auch Kapitalisten umbringen lassen. Tatsächlich ist es ein hoffnungsloses Unterfangen, Hitler einfach in eine Rubrik der Geistesgeschichte einzuordnen und ihn zu einer historischen Episode zu degradieren; dies kann nur zu gefährlichen Fehlkalkulationen führen. Viel aussichtsreicher ist der Versuch, diesen Mann einzuschätzen, wenn man umgekehrt die deutsche und europäische Geschichte als einen Teil von Hitlers privatem Leben betrachtet. Wir dürfen uns wegen dieser Sichtweise nicht schämen. Sie ist eine von vielen Möglichkeiten, und es wird ein Glücksfall sein, wenn sie uns hilft, das Rätsel Hitler zu lösen. (Wenn wir uns überhaupt einer Sache schämen müssen, dann dafür, daß wir diesen Mann zu einer so großen Gefahr werden ließen und uns nun anstrengen müssen, sein Wesen zu ergründen.)
Die geschichtlichen Ereignisse der letzten zwanzig Jahre – erst in Deutschland, dann in Europa – haben nicht nur die Landkarte Europas verändert und dessen geistige und moralische Grundlagen erschüttert, sondern auch dazu geführt, daß ganze Völker ihre Freiheit, ihre Ehre und ihre Zivilisation und Hunderttausende von Menschen ihr Leben verloren; sie haben nicht nur eine tödliche Gefahr für die christliche Tradition Europas heraufbeschworen, den Völkerbund zerstört und jene stillschwei-

genden Übereinkünfte zunichte gemacht, die sich auf guten Glauben und gegenseitiges Vertrauen gründeten und es den europäischen Nationen in der Zeit vor dem Völkerbund ermöglichten, auf der Basis gegenseitiger Achtung zu koexistieren, sie haben auch eine der führenden Kulturen der Welt in Gefahr gebracht, ausgetilgt zu werden. Zugleich haben diese Ereignisse es einem gewissen Hitler ermöglicht, aus jener Schicht, in der der Gelegenheitsarbeiter mit dem Berufsverbrecher verkehrt, in die Sphäre der gekrönten Häupter und Ministerpräsidenten aufzusteigen; aus einem Hungerleider wurde ein Multimillionär, aus einem einfachen Spitzel der Militärpolizei der Kriegsherr des Deutschen Reiches, aus dem Bewohner eines Wiener Obdachlosenasyls der Despot von 80 Millionen Menschen, aus einem Deklassierten, der verachtet wurde, das Idol einer großen Nation. Es wäre erstaunlich, wenn diese Karriere für den Mann, der all das erreicht hat, nicht bei weitem wichtiger gewesen ist als die anderen Ereignisse, die mit seinem Aufstieg untrennbar verbunden waren. Wir werden Hitlers Taten viel besser verstehen, wenn wir uns eines klarmachen: Die Errichtung des Naziregimes in Deutschland mit allen sich daraus ergebenden Konsequenzen bedeutet für Hitler, daß er gesellschaftlich Karriere machen konnte, wodurch sein Leben, das ihm den Abstieg vom Kleinbürgertum zum Pöbel zu bescheren drohte, plötzlich dem des Königs von England und dem des Präsidenten der USA gleichrangig war.

Es ist ein ganz und gar einmaliger Vorgang, der mit den harmlosen und häufigen Zufällen nicht vergleichbar ist, durch die Menschen aus der Arbeiterklasse oder dem Kleinbürgertum zu Rang und Würden gekommen sind. In allen diesen Fällen handelt es sich um persönliche Karrieren: Leistung, Erfolg, ein Amt, zuerst auf mittlerer, dann auf höherer Ebene; schließlich, als Krönung, Macht – legal übertragene Macht. Nichts wäre oberflächlicher, als Hitler mit solchen bekannten Persönlichkeiten zu vergleichen.

Hitler beginnt als Absteiger, und diese Entwicklung setzt sich fort. Der Sohn des kleinen Zollbeamten scheitert in seinen künstlerischen Ambitionen – der erste Schlag in seinem Leben! Statt Maler zu werden, wird er Anstreicher, wodurch er sofort vom Bürgertum ins Proletariat herabsinkt. Auch dort kann er seinen Platz nicht behaupten. Er ist ein schlechter Arbeiter und ein noch schlechterer Kamerad. Er sinkt noch tiefer und wird zum Pauper. Die Bewohner des Wiener Männerheims geben ihm den Spitznamen »Ohm Krüger«. Seine zweite Schlappe. Dann der Krieg: die Rettung und die letzte Zuflucht für so viele gescheiterte Existenzen – aber auch der Krieg rettet Hitler nicht. Vier Jahre Dienst an der Front – und er ist immer noch Gefreiter. Sein dritter Mißerfolg. Seine Vorgesetzten halten ihn nicht für beförderbar; sein Charakter erlaubt es nicht einmal, ihm ein Kommando über die kleinste Truppeneinheit anzuvertrauen. Nach dem Kriegsende bleibt er, da im Zivilleben kein Platz für ihn ist, in der Armee – in der niedrigsten und entwürdigendsten Stellung: als ein kleiner, verachteter Spitzel, dessen Aufgabe es ist, herumzuschnüffeln, und der dafür schlecht bezahlt wird.[2]

Betrachten wir Hitler in dieser Etappe genau. Es ist der entscheidende Wendepunkt, die Stunde, in der die ungeheure Bosheit, die in ihm steckt, entfesselt wird; es ist der Beginn einer beispiellosen persönlichen Karriere, für die Deutschland, Europa, die Welt einen beispiellosen Preis werden zahlen müssen. Zugleich ist es der tiefste Punkt, bis zu dem ein Mensch fallen kann: Der berufsmäßige Spitzel und Verräter steht noch eine Stufe tiefer als der Berufsverbrecher. Das Leben und die Gesellschaft hatten Hitler immer zurückgesetzt. Zuerst stieß ihn die Bourgeoisie und dann das Proletariat aus ihrer Gemeinschaft aus, schließlich spie der

---

2 Hitler war damals eine Zeitlang als V-Mann der von Ernst Röhm in Bayern organisierten Generalstabsabteilung für Propaganda und nachrichtendienstliche Überwachung der politischen Gruppen tätig. [Anm. d. Übers.]

Pöbel ihn aus seiner Unterwelt in den unsagbaren Acheron. Diese dreimalige Verurteilung durch die Gesellschaft ist ein vernichtender Beweis dafür, was dieser Mann in Wirklichkeit wert ist. Denn es kommt viel seltener vor, als Romanschriftsteller zugeben, daß edle, empfindsame und schöne Charaktere durch das Leben ruiniert werden. Fast immer sind es die bösen, verdorbenen, häßlichen, unmöglichen Charaktere, die moralischen Krüppel, die Mißratenen, die das Leben abstößt. Sie kennen die wahren Werte des Lebens nicht. Sie können nicht arbeiten, sind unverbesserlich, sie können keine Liebe erwecken oder, überflüssig zu sagen, selbst jemanden lieben. Neben Hitlers gesellschaftlichem Bankrott müssen wir seinen völligen Bankrott in puncto Liebesbeziehungen berücksichtigen, wenn wir jenen Mann richtig einschätzen wollen, der in einer Münchener Dachkammer Mäusen beibringt, nach Brotkrumen zu springen, und der sich bei diesem Amüsement wilden, blutrünstigen, um Macht, Rache und Vernichtung kreisenden Phantasien hingibt. Es ist ein furchterregendes Bild, und es kann einen durchaus bei dem Gedanken schaudern, aus dem Abschaum der Großstädte, aus den Reihen der Lumpensammler, Diebe und Polizeispitzel, der Straßenbettler und Zuhälter könnte ein zweiter Hitler zum Vorschein kommen, ein Mann, der von tiefster Enttäuschung und vom Machtwillen getrieben bis zum Äußersten geht, ein Motor von ungeheurer Zugkraft, der schließlich mit einer Handbewegung die ganze Welt dem persönlichen, asozialen Ich opfern wird, wie es Herostratos in Ephesos tat.

Darin besteht Hitlers unbestreitbare Größe. Der Geächtete ist aus einem perversen Drang heraus aufs äußerste entschlossen, alle schlechten und asozialen Eigenschaften, derentwegen er von der Welt geächtet wurde, unter Beweis zu stellen und sich selbst zum Herrn der Welt zu machen; größer natürlich, anstatt unterzugehen oder unterworfen zu werden; größer, als sich zu bessern und »ein neues Leben anzufangen«; größer, als ein Revolutionär zu werden

und von der untersten Stufe, auf der er steht, aufzusteigen; größer, aber wie böse und wie widerlich!
Es ist typisch für die entmutigende Oberflächlichkeit des heutigen Denkens, daß das Wort »Größe«, das eine Quantität und nicht eine Qualität bezeichnet, als ein Ausdruck der Anerkennung, wie zum Beispiel »Schönheit«, »Güte«, »Weisheit«, verwendet wird. Was heute groß ist, wird also fast automatisch als schön und gut angesehen. Aber das muß nicht so sein. So sind zum Beispiel die von den Nationalsozialisten erbauten Stadien und Kongreßhallen ungeheuer groß und ungeheuer scheußlich. Ebenso ist Hitler ungeheuer »groß« und ungeheuer trivial. Es ist an der Zeit, daß wir diese Ausdrücke überdenken und nicht vor der Größe in Ehrfurcht erstarren, als ob sie das A und O wäre und ein größerer Verbrecher nicht eine zehnmal höhere Strafe verdiente als ein kleinerer.
Betrachten wir den Spitzel Hitler. Den Mann ohne Familie, Freund oder Beruf, ohne Erziehung und Bildung, das erwachsene böse Kind, den Mann, den niemand liebt oder achtet und mit dem niemand etwas im Sinne hat, den Mann, der ein seltsames, unangenehmes Wesen hat, der sich verbittert und stur an seine theatralischen, egoistischen, »einsamen« Gestalten aus den Welten von Makart[3] und Wagner klammert und sich trotz alledem nach dem Leben eines Opernhelden sehnt. Er ist von einem geheimen, hinterhältigen Minderwertigkeitsgefühl durchdrungen, das eine wilde Eigenliebe und einen wilden Haß auf die Welt nährt, in der er nie seinen Willen durchsetzen konnte und die sein merkwürdiges Wesen nie geliebt und geehrt hat; einen wilden Haß auf die Künstler, die seine Bilder nicht anerkannt haben, auf die Gewerkschaftsführer, die seinen politischen Predigten kein Gehör schenken wollten, auf den ganzen österreichischen Staat, in dem er,

---

3 Hans Makart, österreichischer Maler (1840–1884), malte neubarocke Bilder meist geschichtlichen Inhalts. [Anm. d. Ü.]

Adolf Hitler, in einem Männerheim unterkommen mußte, auf die Juden, die hübsche Geliebte hatten, während er von keiner Frau geliebt wurde, auf die einflußreichen Herren und die adeligen Offiziere, die ihn verachteten. Eines Tages wird er es ihnen allen heimzahlen – den organisierten Arbeitern und den Juden, den Künstlern und dem österreichischen Staat. Und dann wird er nicht nur Autos und Villen, Privatflugzeuge und Sonderzüge haben, dann wird er auch Grußtelegramme mit Königen austauschen. Aber das sind bloß kleine Fische. Er wird Turniere abhalten wie die Helden in den Büchern, die er in seiner Jugendzeit las, und zu applaudierenden Massen und jubelnden Anhängern sprechen wie von einer Bühne herab, in eroberte Städte einmarschieren wie die Kaiser und die Königinnen auf Makarts Gemälden, heute mit Klötzchen und morgen mit Soldaten spielen, wie ein allmächtiges verwöhntes Kind, und Kriege entfesseln, wie man Feuerwerke abbrennt ... In überspannten infantilen Tagträumen malt sich der vom Leben zurückgesetzte dreißigjährige Taugenichts das Leben eines großen Mannes aus. *Mit vierzig, als Staatsoberhaupt,* so stellte er sich vor, *würde er der unumschränkte Machthaber sein, der vom Volk in der Not gerufen wurde; mit fünfzig würde er einen siegreichen Krieg führen.* Viel später kommen diese Spekulationen und seine Gewohnheit, die Ereignisse der europäischen Geschichte als schmückende Episoden seines Privatlebens anzusehen, in wichtigen Bemerkungen zum Ausdruck. So äußert er zum Beispiel im Jahre 1932 mit zorniger Ungeduld Papen gegenüber: »Ich bin nun über vierzig, ich muß jetzt regieren.« Und zum britischen Botschafter sagt er im August 1939 mit der Miene eines Mannes, der das Leben von einer philosophischen Warte aus betrachtet: »Ich bin jetzt fünfzig, ich will den Krieg lieber jetzt haben, als wenn ich fünfundfünfzig bin oder sechzig.«

Hier haben wir den Schlüssel zu Hitlers Politik. Nicht der Antibolschewismus ist es oder der Dienst am Staat, nicht inbrünstige Hingabe für »die deutsche Rasse« oder die deutsche Sorge um den »Lebensraum«, auch nicht eine fesselnde Theorie über die Organisation Europas, oder was er uns sonst noch als Leitstern seines Handelns suggerieren möchte. Denn wie leicht hat er jedes dieser angepriesenen Prinzipien aufgegeben, verraten und entstellt! Aber man hätte nicht warten müssen, bis er sie preisgab oder revidierte, um zu erkennen, daß er es nicht ernst meinte. Bereits die unglaubliche Hohlheit und Widersprüchlichkeit der Äußerungen Hitlers zeigen, daß alles, was er vorträgt und predigt, nichts weiter ist als eine Maske und ein Schleier. Er gibt sich nicht einmal die Mühe, etwas zu verstehen oder zu durchdenken. Doch wie anders ist sein Ton, wenn er die Dinge betrachtet – als Ingredienzen seiner eigenen Biographie. »Als ich mit sieben Mann den Marsch antrat ...« Das ist ein Leitmotiv. Und eine der seltsamsten Wendungen, die er mindestens zwanzig- oder dreißigmal in seinen Reden, oft in entscheidenden Krisen, gebrauchte, um sich selbst anzuspornen und andere einzuschüchtern, lautete: »Die Aufgabe, vor der ›ich‹ heute stehe«, – zum Beispiel, um dem Völkerbund die Stirn zu bieten, Rußland herauszufordern oder den westlichen Demokratien zuzusetzen – »ist viel leichter als mein bisheriger Aufstieg aus dem Nichts. Wenn ›ich‹ damals erfolgreich war, warum sollte ›ich‹ mir heute Sorgen machen?« Wie sehr er sich mit diesen Sätzen selbst entlarvt hat, scheint ihm kaum bewußt gewesen zu sein. Um so mehr ist eines evident: Das einzig beständige Element der Politik Hitlers ist, daß sie bei aller Unwägbarkeit immer auf seine Person zugeschnitten ist. Erbitterung, persönlicher Aufstieg und Befriedigung eines theatralischen Drangs danach, sein eigenes Ich in vielen banalen Rollen von zweifelhaftem Geschmack zu sehen, das sind die drei Ziele, denen Hitler gedankenlos Zivilisationen, Nationen und Menschenleben opfert.

Wer diese Wahrheit nicht akzeptiert, weil sie als zu plump und zu einfach erscheint, und wer versucht, Hitler irgendein staatsmännisches Motiv zu unterstellen, wird unweigerlich weitere

Enttäuschungen erleben und neuen Irrtümern verfallen. Es existiert kein solches Motiv. Hitler ist kein Staatsmann, sondern ein Schwindler in der Maske eines Staatsmannes. Auch wenn er alles getan hat, was in seiner Macht steht, um seine Vergangenheit in Vergessenheit geraten zu lassen, so kann er sie doch weder auslöschen noch vergessen. Noch immer trägt er die Frisur eines Zuhälters aus der Zeit seines Aufenthalts im Wiener Männerheim, noch immer spricht er den Wiener Vorstadtdialekt seines damaligen Lebensabschnitts; noch immer verfällt er gewohnheitsgemäß in die Manieren der Unterwelt und des Berufsverbrechers, so daß man oft das Gefühl hat, er reagiere seinen Zorn ab, wenn er beispielsweise beim Zusammentreffen mit Schuschnigg[4] in Berchtesgaden oder mit Hácha[5] in Berlin die Maske fallen läßt und bei diplomatischen Verhandlungen offen zu den Methoden der Unterwelt greift. Was seine äußere Erscheinung betrifft, so bewegt er sich unter Staatsoberhäuptern und Ministern wie ein schlecht getarnter Bandit. Tief in seinem Innern ist er noch immer derselbe verachtete und halbverhungerte »Ohm Krüger«, der jeden Tag von neuem seine Rolle, seine Rache, seine Macht genießt und sich mit dem Instinkt der Selbsterhaltung an die Macht klammert, wohl wissend, daß an dem Tag, da der Bann bricht, sein Leben zu Ende ist. Denn Hitler hat keine Pension, keinen würdevollen Rücktritt zu erwarten. Er fühlt zu Recht, daß er in dem Moment, da er die höchste Gewalt verliert, die ihn heute schützt und unantastbar macht, wieder dorthin stürzen wird, wohin er gehört – in den Abgrund.

Es ist jedoch unwahrscheinlich, daß er es soweit kommen lassen wird. Hitlers Ende ist keine Frage der Spekulation. Es gibt, wie Goebbels berichtet hat, eine sehr plausibel klingende Äußerung

4 Kurt von Schuschnigg (1897–1977), letzter österreichischer Bundeskanzler vor dem »Anschluß« Österreichs. [Anm. d. Ü.]
5 Emil Hácha (1872–1945), letzter tschechoslowakischer Staatspräsident vor der Annexion der Tschechoslowakei. [Anm. d. Ü.]

Hitlers aus der Zeit der Strasser-Krise[6] im Dezember 1932. Nachdem Hitler, in brütendes Nachdenken versunken, auf und ab geschritten war, sagte er plötzlich: »Wenn die Partei einmal zerfällt, dann mache ich in fünf Minuten mit der Pistole Schluß.« Es ist denkbar, daß er das tun wird, wenn das Spiel aus ist. Er besitzt genau den Mut und die Feigheit für einen Selbstmord aus Verzweiflung. Außerdem verdeutlicht diese Äußerung, wie sehr er Hasardspiele mit hohen Einsätzen liebt. Hitler ist der potentielle Selbstmörder par excellence. Er hat keine Bindungen außer an sein Ego, und wird dieses ausgelöscht, ist er alle Sorgen, jegliche Verantwortung und Bürde los. Er ist in der privilegierten Position eines Mannes, der nichts liebt außer sich selbst. Ihm ist das Schicksal von Staaten, Menschen und Gemeinwesen, deren Existenz er aufs Spiel setzt, völlig gleichgültig. Dieser Person sind Sorge und Verantwortung in einem Maß übertragen, dem er gar nicht gerecht werden kann. Hinter ihm liegt ein Inferno, das *Milieu*, und er weiß sehr wohl, zu welchem er normalerweise wirklich gehört. Was ihm bleibt, wenn er scheitert, ist sein sofortiger schmerzloser Tod, dessen Zeitpunkt er selbst zu bestimmen vermag. Und da er Atheist ist, gibt es für ihn kein Jenseits. Also kann er alles wagen, um seine Macht zu erhalten oder zu vergrößern, jene Macht, der er seine jetzige Existenz verdankt und die allein zwischen ihm und dem raschen Tod liegt.

Das ist Grund genug, um diesem Mann wie einem tollwütigen Hund den Garaus zu bereiten. Da das Schicksal einer großen Nation in den Händen eines Schwindlers, eines Hasardeurs, eines potentiellen Selbstmörders liegt, befinden wir uns in einer Situation, in welcher der Untergang der Menschheit droht. Wie wir

---

6 Gregor Strasser, Führer des »linken« Flügels der NSDAP, trat nach einer heftigen Auseinandersetzung mit Hitler auf einer Führertagung von sämtlichen Parteiämtern zurück; wurde während der Affäre Röhm 1934 ermordet. [Anm. d. Ü.]

wissen, überlebt der Mensch in einer sonst lebensfeindlichen Umgebung mit Hilfe der Zivilisation, und das entscheidende Merkmal der Zivilisation besteht in der Eliminierung von Gewalt. Es ist die alte Todesgefahr, in der die Menschheit schwebt, denn Gewalt kann nicht beseitigt werden, ohne daß eine restliche Gefahr weiter existiert; daher bleibt selbst bei vollständiger Eliminierung von Gewalt ein unvermeidliches und auf seine Weise tödliches Machtzentrum weiter bestehen: der Staat. (Wenn Staaten, wie linke Publizisten raten, diese Macht an einen Superstaat delegieren sollten, würde schließlich eine noch gefährlichere Machtkonzentration entstehen, ein Machtmonopol sondergleichen. Man kann sich vorstellen, was passieren würde, wenn der Superstaat eines Tages in die Hände eines Hitler fiele.) Die Gefahr, die dieses Machtzentrum darstellt, wird sich immer wieder in einer kriegerischen Explosion oder in politischer Unterdrückung manifestieren. Aber die Menschheit, die logisch nicht dazu imstande ist, das Problem der Eliminierung von Gewalt zu lösen, hat Methoden entwickelt, die das Überleben sichern, »als ob« es keine Gewalt gäbe. Man findet sie im gesellschaftlichen Bereich: So sind zum Beispiel bestimmte Klassen dazu ausersehen, den Staat zu lenken, es werden auch politische Verfassungen in Kraft gesetzt, welche die Ausübung der Macht mit Kontrolle, Verantwortung und Pflicht verbinden. Es ist hier aber unmöglich, auf Einzelheiten einzugehen; man muß aber zugeben, daß es sich um temporäre Mittel handelt und daß sie keine Lösung sind. Wenn diese Methoden versagen und wenn der Verbrecher in diesem höchst gefährlichen Machtzentrum, wo jede Entscheidung unsagbare Konsequenzen nach sich zieht, den Platz des verantwortlichen, guten Staatsmannes usurpiert, ist eine allgemeine Katastrophe unvermeidlich. Es ist tragisch, daß die Staatsmänner diese Gefahr in Hitlers Fall nicht instinktiv und rechtzeitig erkannten. Dieser Mann war vom ersten Tag seiner Machtergreifung de jure und de facto diplomatisch voll anerkannt und hat als Gleichberechtigter am Konferenztisch mit Leuten verhandelt, deren oberste Pflicht es war, ihn einzusperren. Nun befinden wir uns mitten in der Katastrophe. Das einzige, was wir tun können, um uns zu retten, ist, uns Hitler tot oder lebendig vom Halse zu schaffen. Das nur nebenbei bemerkt.

Wir haben die einzig beständige Idee gesehen, die hinter Hitlers Politik steckt. Diese ist, mit einem Wort gesagt, Hitler. Wir haben aber seine Methode noch nicht unter die Lupe genommen, jene Methode, die ihm den erstaunlichen Aufstieg eines heruntergekommenen Mannes ermöglichte, welcher erst zu Ehren und dann zu den höchsten Würden kommt, jene Methode, die der »Staatsmann« noch immer mit ungebrochener Monotonie anwendet.

Diese Methode ist wiederum so ungeheuer einfach und offenkundig, daß man sie bei der Suche nach Hitlers Erfolgsrezept fast immer übersehen hat. Sie heißt »Gewalt«.

Alles andere spielt eine untergeordnete Rolle. Natürlich bedient er sich des Mittels der Lüge, der Demagogie, der Verleumdung und der Versprechungen. Hitler ist besonders stolz auf bestimmte Propagandaregeln, die er regelmäßig angewendet hat. Sie werden in »Mein Kampf« als ein Geniestreich hingestellt: nur große Lügen, keine kleinen; keine Beweise, nur dauernde Wiederholung; ausschließlich Konzentration auf das Stupideste, usw. Vielleicht überschätzt Hitler sowohl die Originalität als auch die Wirksamkeit dieses Rezepts. Die außerordentliche Wirkung seiner sehr primitiven Propaganda erklärt sich eher daraus, daß Hitler von Anfang an Propaganda, Überzeugen und Verhandeln eng mit Gewalt und Terror verknüpft hat. Gewalt, ständige, direkte, unverhüllte Anwendung nackter Gewalt, um jeder Behauptung und Forderung Nachdruck zu verleihen – das ist Hitlers Methode, mit der er steht oder fällt. Ihre Entdeckung ist weniger seinem Genie zu verdanken als seinem einst aus lauter Verzweiflung gefaßten Entschluß, unentwegt und skrupellos auf die Welt einzuwirken.

Hitler gelangt von seinem Posten als Spitzel und als Mitglied der Unterwelt direkt in eine Position absoluter Macht, die er seitdem nie wieder aus den Händen gegeben hat. Sie wurde systematisch erweitert. Zuerst war es nicht die absolute Macht über das Deutsche Reich, sondern nur über einen Verein, der aus zwei bis drei Dutzend politischen Hinterwäldlern bestand. Aber es war absolute Macht von Anfang an. Hitler trat als Ausschußmitglied Nr. 7 der »Deutschen Arbeiterpartei« bei. Das erste, was er dort tat, war, daß er die Auflösung des Parteiausschusses betrieb und ihn nicht durch eine andere Leitung ersetzte, sondern durch einen Diktator, dem die anderen zu Treue und unbedingtem Gehorsam verpflichtet waren. Hier erkannte er zum ersten Mal, daß Macht anziehend wirkt und schützt. Der Machthaber ist niemandem gegenüber verantwortlich, er ist respektabel und unangreifbar. Er besitzt in den Gremien, die er leitet, etwas, was die jüdische Legende einen Golem nennt, einen mechanischen Apparat, der die Tat ausführt, zu der seinem Schöpfer die Stärke und der Mut fehlen. (Es ist, nebenbei bemerkt, interessant, festzustellen, daß Hitlers »Aufstieg« mit einer »Machtergreifung« begann, ohne daß er irgendeine Leistung erbracht hatte, und, wie wir bald sehen werden, durch die allmähliche Erweiterung dieser Macht gekennzeichnet ist, wohingegen beim »Aufstieg aus einfachen Verhältnissen« die Macht bislang die Krönung vielfältiger Verdienste und Erfolge war. In Hitlers Fall ist die Macht nicht Ergebnis, sondern Mittel des persönlichen Aufstiegs.)

An dieser Macht und an ihrer Ausübung hat sich von 1919 bis 1940 nichts geändert. Hitler hat heute genau die gleiche Position wie in seiner von Mäusen heimgesuchten Dachkammer im Jahre 1919, genauso wie er heute die gleiche asoziale Person mit den gleichen Ressentiments ist wie damals. Was sich geändert hat, ist der Umfang seiner Macht und damit die soziale Sphäre, in der sich sein Leben abspielt und in der er seine Entschlüsse faßt. Die kleine, obskure Gruppe entwickelte sich zu einer Partei, die Partei zu einem Staat im Staate, der Staat im Staate zum Staat selbst und heute der Staat zum Imperium. Anstatt Saalschlachten befehligt Hitler jetzt wirkliche Schlachten, und Geschäfte werden nicht mit Gästen von Bierkellern und mit Druckereibesitzern abgewickelt, sondern mit Finanzministern und mit Volkskommissaren, die für die Erdölindustrie zuständig sind. Der Charakter der Geschäfte, die Art der Kriegführung und die Machtausübung sind die gleichen geblieben. Die Entdeckung dieser Methode der Machtausübung ist Hitlers zweiter Geniestreich.

Es gibt tatsächlich zwei Arten von Macht: die passive, angestammte Macht, wie sie Lords besitzen, und die aktive Macht oder Führerschaft. Die erste Art von Macht verlangt von ihren Subjekten nur Gehorsam und Dienstbeflissenheit; die zweite fordert Disziplin und Aktion. Hitler hat herausgefunden, daß Führerschaft zu einer fast automatischen Machterweiterung führt und die Gefolgsleute viel enger an den Führer bindet, da sie diese entwurzelt, zu ständigem Handeln zwingt und laufend mit unvorhergesehenen Situationen konfrontiert. Die Initiierung einer Aktion und die erzwungene Umwandlung der Regierten in Gefolgsleute entsprechen ungefähr der Transformation eines stehenden Friedensheeres in eine mobile Streitmacht für den Krieg. Obwohl die Unterordnung und die Knechtschaft derer, die geführt werden, viel totaler ist und für die übrige Welt viel gefährlicher als für jene, die regiert werden, sind sich die ersteren ihrer Lage weniger bewußt als die letzteren. Die ständige Aktion, besonders die stündlichen Überraschungen und deren Folgen – die irritierende fortwährende Änderung der Lebensbedingungen, der Worte, der Feinde, der Ziele – lassen es nicht zu, daß sich das Gefühl der Unterdrückung, die Kritik und der Freiheitswille entwickeln, wie es in anderen, statischen Regierungsverhältnissen geschieht. Daraus folgt, daß alle psychologischen Konzepte völlig vergeblich sind, die das deutsche Volk als »unterdrückt« und »versklavt« im klassischen Sinne des Wortes betrachten und die mit ähnlichen

Reaktionen rechnen wie die der Niederländer unter Philipp II. oder der Polen und Ungarn im 19. Jahrhundert. Die Situation ist völlig anders, und so sind es auch die psychologischen Möglichkeiten. Das deutsche Volk ist nicht versklavt, sondern wird durch aufdringliche Agitation dazu gezwungen, einer Räuberbande zu dienen, in der es das Leben eher als soldatisch denn servil, als unvorhergesehen und nicht besonders erfreulich, aber flott und abenteuerlich empfindet; vor allem war es bis jetzt von ungeheuren und fast beunruhigenden Triumphen und Beutezügen gekrönt. Es ist klar, daß eine Revolte dieser wohl oder übel zu Räubern gewordenen Menschen gegen ihren Führer auf anderen psychologischen Ursachen beruhen und von anderen Schlagworten inspiriert werden muß als dem Aufstand der unterdrückten und versklavten Heloten gegen ihre Tyrannen. Die alten Parolen sind deshalb nutzlos.

Mittlerweile haben wir nun eine ziemlich klare Vorstellung von Hitlers historischer Erscheinung, seinen Motiven, seinen Zielen, seinen Methoden. Die *wesentlichen* Punkte seien noch einmal kurz genannt: Hitler verfolgt keine Idee, dient keinem Volk, hat kein staatsmännisches Konzept, sondern befriedigt einzig und allein sein Ego. Seine Motive sind sture Eigenliebe, Erbitterung und eine korrupte Phantasie. Die Ziele, die er in der genannten Reihenfolge zu verwirklichen sucht, und zwar nur soweit, wie sie das vorangehende Ziel nicht gefährden, sind:
1. Seine persönliche Macht zu erhalten und zu erweitern;
2. Rache an allen Personen und Institutionen zu nehmen, gegenüber denen er Haß empfindet, und das sind viele;
3. Szenen aus Wagner-Opern und Bilder im Stile von Makart ins Werk zu setzen, wobei Hitler der Hauptheld ist.

Alles andere ist vorgetäuscht und Taktik. In der enormen Hartnäckigkeit und in der Skrupellosigkeit seiner Eigenliebe liegt Größe, und genialisch ist, wie er bestimmte Formen der Macht instinktiv erfaßt und ausnutzt. Insgesamt ist sein Charakter, des-

sen Grundzüge Erbitterung und auffallend schlechter Geschmack sind, ungewöhnlich abstoßend, häßlich und hinterhältig. Güte, Großzügigkeit, Ritterlichkeit, Humor und sogar Mut gehen ihm völlig ab. Er ist ein armseliger Mensch – ohne Würde, ohne Haltung, ohne wahre Größe. Außerdem ist er ein Hypochonder.
Nachdem wir Hitlers Persönlichkeit, Politik und Methoden analysiert haben, können wir uns wieder unserer eingangs gestellten Frage zuwenden: Ist Hitler Deutschland? Diejenigen, die allzu schnell verneinen, verstehen die Frage zum größten Teil nicht richtig. Sie glauben, man wolle wissen, ob Hitler ein typischer Deutscher sei. Das ist eine ganz andere und viel unwesentlichere Frage. Wir wollen den Freunden Deutschlands noch einmal versichern, daß sie mit Nein beantwortet werden kann. Hitler ist kein typischer Deutscher.
Dem normalen Deutschen mangelt es nicht an Gutmütigkeit und Großzügigkeit, an Tapferkeit und Humor – Eigenschaften, die Hitler völlig vermissen läßt. Als Typ stellt er nichts dar, worin der Deutsche seinen eigenen Charakter erkennen würde. Der Deutsche ist aufgeschlossen, ißt, trinkt und lärmt gern, er ist herzlich, angenehm, phlegmatisch, ausschweifend, bei der Arbeit und beim Spiel ungewöhnlich gründlich, leicht erregbar, läßt sich aber wieder leicht besänftigen. Doch der gefühlskalte, aufbrausende, absolut unsympathische Hitler mit seinem ständigen Haß, seinem Vegetarismus, seiner Furcht vor Alkohol, Tabak und Frauen, seinem starren Blick und seiner abstoßenden Mundpartie – der Deutsche dagegen hat gewöhnlich einen gutmütigen Gesichtsausdruck – ist eine Anomalie in Deutschland und wird vom Durchschnittsbürger instinktiv als sonderbar empfunden. Wenn jemand wissen will, wie ein typisch deutscher vierschrötiger Diktator aussehen würde, muß er sich Göring anschauen. Göring genießt in Deutschland wirklich Popularität: Selbst seine Gegner und Opfer hassen ihn selten richtig. Seine vitale Brutalität ist deutsch, Hitlers unterdrückter Sadismus ist nicht deutsch. Der

vollgefressene Gourmet amüsiert Deutsche; der keuchende Karottenfresser erzeugt Unbehagen.

Hitler ist demnach nicht populär. Er ist Gott oder Satan. Menschliche Zuneigung zu seiner Person oder sogar zur Legende um seine Person existiert nicht. Es gibt keine netten Witze oder Anekdoten über ihn. Er inspiriert seine Anhänger nicht zu herzlicher persönlicher Liebe und Zuneigung, was den ständigen ungeheuren Ekel und Abscheu aufwiegen könnte, den seine Feinde empfinden. Für die ersteren steht sein Standbild auf einem schwindelerregend hohen Sockel von Macht und Erfolg. (Manche Naziintellektuellen spielen sogar mit dem Gedanken, Hitler nach seinem Tod zur Gottheit zu erheben.) Er wird nirgends wie ein Mensch geliebt. Sobald die Säule von Macht und Erfolg unter ihm zerbröckelt, wird nichts seine desillusionierten Anbeter daran hindern, ihn zu verfluchen und zu verdammen, wie es alle primitiven Menschen mit ihren ehemaligen Idolen tun. Sicherlich wird eine genaue Prüfung seiner Person nicht helfen, ihm dieses Schicksal zu ersparen.

Aber all das ist nicht besonders wichtig, weil Hitlers Macht über das deutsche Volk auf ganz anderen Grundlagen als Popularität beruht. Hitler als Person mag undeutsch und unpopulär sein, doch nicht der »Führer«, den er verkörpert. Hitler mag nicht typisch deutsch sein, aber als *der Führer* kann er immer noch Deutschland sein. Wir wollen uns ins Gedächtnis rufen, daß er sogar vor seinem Machtantritt Legionen von Deutschen hinter sich hatte. Und selbst heute, da seine Unmenschlichkeit erkennbar ist, hat er viele aufrichtige Anhänger. Den meisten von ihnen erscheint er fremd. Eine solche Wirkung muß tiefere Ursachen haben, welche die Formulierung »Hitler ist Deutschland« rechtfertigen – zumindest bis zu einem gewissen Grad.

Sie müssen genau in dem gesucht werden, was als die einzig beständigen und anscheinend wirklichen Kardinalpunkte der Politik Hitlers anzusehen sind: sein Machtwille, seine Erbitterung und sein Hang zum Theatralischen. Gerade diese drei Dinge erzeugen einen Reiz, auf den man in Deutschland sicher emphatisch reagiert, selbst wenn er von Hitler ausgeht.

Jeder, der imstande und gewillt ist, die Macht zu ergreifen, zu regieren und zu führen, wird in Deutschland massenhaft Menschen finden, die ihm freudig und erleichtert gehorchen und folgen werden. Das ist etwas, was die westlichen Länder nicht verstehen, oft nicht glauben und, wenn sie es glauben, verachten. Sie lieben die Freiheit und Selbstbestimmung über alles und können sich eine Mentalität nicht vorstellen, die diese Errungenschaften als eine Last ansieht, deren man sich gern entledigt. Aber so ist die Denkweise der Deutschen. Und ich möchte hinzufügen, daß sie nicht aus diesem Grund mehr zu verachten ist als die der freiheitsliebenden Nationen. In der deutschen Geschichte hat es keine erfolg- und siegreiche Revolution und kaum einen Fall einer bemerkenswerten und wirksamen Selbstbestimmung gegeben.

Es hat hingegen lange, glorreiche Zeiten gegeben: die Herrschaft der Kaiser im Mittelalter, das kluge und milde Regiment vieler Kirchenfürsten, das erfolgreiche patriarchalische Wirken vieler berühmter Dynastien, das elegante und großzügige Regieren der hanseatischen Handelsoligarchie usw. Im Laufe vieler Jahrhunderte hat der Deutsche gelernt, daß der Verzicht auf politische Selbstbestimmung, für die er nicht begabt genug ist, nicht den Verzicht auf menschliche Würde bedeutet, auch wenn andere Nationen das vielleicht so interpretieren; daß er nicht einmal jener Freiheit beraubt wird, die er sich wirklich wünscht, nämlich der Freiheit seiner Privatsphäre, und schließlich, daß er dabei im allgemeinen recht gut fährt.

Was diese Anschauung betrifft, so ist in diesem Jahrhundert wie bei allen anderen Dingen ein Niedergang zu verzeichnen. Wir können hier nicht näher auf das Wie und Warum eingehen. Es genügt zu sagen, daß der verständliche Wunsch nach Autorität und einer guten Regierung bei vielen Deutschen zur Anbetung der nackten, brutalen Gewalt geführt hat. Rohe Gewalt, die bar jeden Inhalts ist, übt einen immer stärkeren magischen Reiz auf die heutige Generation der Deutschen aus. Ein schwüler, bedrückender Massenmasochismus ist weit verbreitet. Der »starke Mann«, die Regierung, die »hart durchgreift«, weckt ihre Begeisterung. Das ist die geistige Verfassung, die Hitler vorfand und förderte. Die Knebelung der Presse, die Abschaffung der Rede- und Meinungsfreiheit, die Gestapo, die Konzentrationslager – all das schüchtert die Menschen nicht nur ein. Zum Unterschied von den »saloppen« und »ängstlichen« Regeln der liberalen Demokratie verdreht es ihnen auch den Kopf. (Aus diesem Grund würde übrigens der Sache der Alliierten in Deutschland nichts so nützen wie ein brutaler, gewaltsamer Militärputsch, und nichts hat dem Ansehen der Alliierten mehr geschadet als die ganze Politik der Nachsicht und des Appeasement, die diese psychologische Disposition einer großen Anzahl der heute lebenden Deutschen einfach außer acht ließ.)

Der psychologische Vorteil, den Hitler dank dieser massenhaften Neigung besitzt, sich der Gewalt zu fügen, ist durch den dynamischen Charakter seiner Führung teilweise verlorengegangen. (Wir haben gesehen, daß er statt dessen andere Vorteile erhalten hat.) Die Mehrheit der Deutschen respektiert eine kraftvolle konservative Politik, die Frieden und Ordnung gewährleistet und die Privatsphäre, die häusliche Behaglichkeit, unangetastet läßt. Aber eine dynamische Führung, die jeden in einen Gefolgsmann verwandelt, total ist und private Freiräume und ein unbeschwertes, sorgenfreies Leben nicht kennt, sondern ständige Aktion fordert, wird nur von einer jugendlichen Minderheit – den wirklichen Nazis – gewünscht und von der Mehrheit als unangenehm und belastend empfunden. Wir werden auf diese Frage noch detaillierter eingehen, wenn wir die Einstellung der Nazis und der loyalen Bevölkerung analysieren. Dies sind Schwächen, welche die Anti-Hitler-Propaganda wirksam ausnutzen kann. Sie werden sich jedoch nicht als tödlich erweisen. Denn Hitler ist dadurch, daß er sich weder an ein Programm noch an ein Ziel oder eine Person gebunden fühlt, durchaus in der Lage, eine Weile auf Dynamik, Totalität oder seine eigenen Anhänger zu verzichten und konservativ zu werden, wenn sich das für die Machterhaltung als nötig erweisen sollte. Er hat das bereits am 30. Juni 1934[7] erfolgreich getan. Außerdem ist sein Machtwille nicht der einzige psychologische Pfeiler seines Systems. Noch verhängnisvoller ist seine Liaison mit Deutschland auf der Grundlage gemeinsamer Erbitterung.

Es war ein für die ganze Welt tragischer Zufall, daß Hitlers persönliche Misere so gut mit der deutschen Misere im Jahre 1919 übereinstimmte. Wie Hitler hatte Deutschland ein schreckliches Fiasko erlebt. Es war nicht nur eine militärische Niederlage, sondern auch ein Fiasko der gesamten deutschen Lebensauffassung, die, ähnlich wie die Anschauungen Hitlers, der Welt von Wagner und Makart entsprach. Wie Hitler reagierte Deutschland auf die Niederlage nicht damit, daß es sich dazu entschloß, ihr ins Gesicht zu sehen, nach den eigenen Fehlern zu suchen und sich zu ändern, sondern mit Erbitterung, Trotz und Haß. Diese Neigung zur Erbitterung ist eine überaus große Gefahr und eine pathologische Schwäche des deutschen Charakters. Der Deutsche – der einzelne genauso wie die Nation – tendiert immer dazu, sich verfolgt, gekränkt und schlecht behandelt zu fühlen. Er sieht sich immer gern als der »ehrliche, gute, dumme deutsche Michel«, dem die böse, falsche, neidische Welt alles mißgönnt und dessen Gutmütigkeit ständig ausgenutzt wird. Hier ist jedoch nicht der Platz, diese verhängnisvolle deutsche Idiosynkrasie bis zu ihren historischen Wurzeln zurückzuverfolgen. Sie ist nicht älter als etwa einhundertfünfzig Jahre, scheint aber unausrottbar

---

7 Die »Affäre« Röhm. [Anm. d. Ü.]

zu sein. Sie ist, wie wir wissen, das Resultat eines pathologischen Selbstbewußtseins. Es ist ein kompliziertes Gefühl. Es geht nicht darum, daß es dem Deutschen an Selbstbewußtsein mangelt; in vieler Hinsicht ist es sogar übertrieben. Einerseits setzt er ein immenses Vertrauen in seine Stärke und seine Fähigkeit und ist immer davon überzeugt, daß er es mit der ganzen Welt aufnehmen kann, wenn er »nur seine Ärmel hochkrempelt«. Natürlich ist das ein Irrtum. Andererseits spürt er selbst – und das ist wahrscheinlich ein weiterer Irrtum –, daß er in allen friedlichen und zivilen Belangen hilflos wie ein Kind ist: Er lebt ständig in der Angst, betrogen zu werden, und fühlt sich nur sicher, wenn er jemand einen Schlag versetzen kann; er hat kein friedliches, sondern ein kriegerisches Selbstbewußtsein, eine gefährliche Mischung.

Das Resultat ist furchtbar, wenn dieses militärische Selbstbewußtsein erschüttert wird. Das war im Weltkrieg der Fall. Die Niederlage kann niemals, unter gar keinen Umständen, zugegeben werden. Ein Dolchstoß in den Rücken, Juden, Freimaurer, sie alle müssen dazu herhalten, die Niederlage ungeschehen zu machen. Wenn irgendwer die unangenehme Wahrheit ausspricht, muß er sofort umgebracht werden. Die wütende, blutrünstige Erbitterung, die sich nach 1918 in ganz Deutschland ausbreitete, ist identisch damit, wie Hitler, vom Leben zurückgestoßen und in einer Dachkammer des Männerheims wohnend, auf die Niederlage reagierte. Hitler brauchte nur »Hitler« gegen »Deutschland« auszutauschen, um in Tausenden und Millionen von Deutschen die schreckliche, haßerfüllte Erbitterung aufleben zu lassen, wie er sie empfand.

Wir wollen jene Stellen aus Hitler-Reden kurz Revue passieren lassen, die den spontansten und heftigsten Beifall hervorgerufen haben. Es sind immer jene Passagen, mit denen er die Leidenschaften aufputscht, zum Beispiel: »Hier hat die Weltpresse keinen Grund gefunden, sich zu ereifern – es waren nur Deutsche, die gepeinigt wurden«, und ähnliche Bemerkungen. Was die Themen seiner Propaganda betrifft, die sich gut verkaufen, so erwecken sie immer Minderwertigkeitsgefühle und das Verlangen nach Rache, zum Beispiel: »Umzingelung«, »die Infamie von Versailles«, »die jüdische Weltverschwörung gegen Deutschland«, »die englische Plutokratie«. Wenn man feststellen muß, daß sich sogar seine deutschen Kritiker mit einem Unterton gehässiger Freude über seine außenpolitischen Reden äußern (»Diesmal hat er es ihnen aber gegeben«), dann erkennt man, bis zu welchem Grad Hitler Deutschland ist.

Auch wenn es Ausnahmen gibt, ist die Erbitterung in Deutschland doch ein weitverbreitetes Gefühl, und Hitlers eigene Gehässigkeit hat dazu beigetragen, sie zu mehren. Das ändert aber nichts an der Tatsache, daß er eine allgemeine Neigung zur Erbitterung vorgefunden hat. Es ist gewiß nicht sehr falsch zu behaupten, daß wir es bei dem auf Minderwertigkeitskomplexe zurückzuführenden Haß Hitlers sowie bei seiner herausfordernden Art, die schlimmsten Eigenschaften seines Ichs zur Geltung zu bringen, mit deutschen und nicht allein für Hitler typischen Phänomenen zu tun haben. Man kann ihnen unmöglich damit begegnen, daß man »Deutschland auf halbem Weg entgegenkommt« oder die »Steine des Anstoßes aus dem Weg räumt«. Das können nur Leute vorschlagen, die nichts von der Psyche der Deutschen verstehen. Zu deren krankhaftem Geisteszustand gehört ihre Fähigkeit, sich die Realität so vorzustellen, wie sie sie brauchen. Beweis dafür ist die Umzingelungshysterie, von der Deutschland in letzter Zeit erfaßt war, während Polen von Deutschland tatsächlich in die Zange genommen war. Ob und wie die Deutschen von dieser Psychose geheilt werden können, kann hier nicht erörtert werden. Solange Hitler diese Neigung systematisch und tagtäglich fördert, ist eine Heilung sicherlich unmöglich. Man kann es erst versuchen, wenn Hitler beseitigt ist. Bis dahin aber ist jede Propaganda zum Scheitern verurteilt, welche diese Mentalität ignoriert und versucht, mit den in ihrer Erbitterung völlig vernagelten Deutschen wie mit vernünftigen Menschen zu diskutieren. Es ist heute unmöglich, mit ihnen über alle jene Fragen zu sprechen, die unter die Rubrik fallen: »Deutschlands Rechte, die ihm zu Unrecht vorenthalten werden und die es sich nehmen muß«. Die einzig wirksame Antwort darauf besteht gegenwärtig darin, sich zu prügeln. Damit soll nicht gesagt werden, daß es nicht viele andere Fragen gibt, die man mit ihnen gut diskutieren kann. Wir werden in diesem Buch noch auf viele zu sprechen kommen.

Was das dritte charakteristische Merkmal betrifft, das Hitler mit Deutschland gemeinsam hat, nämlich den Hang zum Theatralischen, so können wir uns kurz fassen. Er spielt im Moment keine große Rolle in der Politik. Es soll hier jedoch darauf hingewiesen werden, daß der Wagnerianer Hitler – Wagnerianer in mehr als nur in musikalischer und ästhetischer Hinsicht – bei den deutschen Wagner-Anhängern Widerhall fand. Tatsächlich ist die Auseinandersetzung um Wagner, die während der letzten hundert Jahre nie aufgehört hat, in unseren Augen nichts anderes als der Kampf zwischen den Nazis und deren Widersachern. Hitlers Denkart und Lebensanschauung waren voll und ganz von Wagner und dessen Anhängern vorweggenommen. Wer sich eingehender mit der Materie befaßt, wird feststellen, daß das erste bis ins kleinste entwickelte Modell von Hitlers Drittem Reich schon in den neunziger Jahren aus dem Bayreuther Kreis hervorgegangen war: die von Bernhard Förster in Paraguay gegründete Kolonie, die den Namen »Neues Deutschland« trägt. Wir dürfen nicht aufhören, über dieses Thema nachzudenken. Hitlers politischer Exhibitionismus, seine Vorliebe für theatralische Inszenierungen, billige Effekte, imposante Paraden und Feiern sowie für Monumentalbauten, wird von der Anti-Wagner-Minorität als abstoßend empfunden, übt aber auf die Wagner-Anhänger in Deutschland, die die Mehrheit bilden, eindeutig eine Anziehungskraft aus. Dessen Bloßstellung kann nicht so leicht als ein Mittel der Anti-Hitler-Propaganda benutzt werden, wie es uns einige sozialistische Propagandisten einreden wollen.

Wir wollen die Ergebnisse unserer Untersuchung kurz rekapitulieren: 1. Hitler fühlt sich an keine politische Idee oder Anschauung gebunden. Er kann auf jede beliebige Idee oder Anschauung verzichten, wenn sie nicht länger vertretbar ist. Um die von Hitler ausgehende Gefahr zu beseitigen, muß Hitler selbst beseitigt werden. 2. Hitler ist insofern Deutschland, als er der deutschen Vorstellung von einem Machthaber entspricht, die deutsche Erbitterung artikuliert und eine gewisse Neigung der Deutschen zum Theatralischen befriedigt. Man schätzt die Psyche der Deutschen falsch ein, wenn man glaubt, man könne dadurch, daß man sich über diese Punkte ausläßt, Hitler bei den Deutschen unbeliebt machen, sosehr diese Eigenheiten anderen Nationen auch als abstoßend erscheinen mögen. 3. Hitler wird in dem Moment unsicher und verwundbar, wo ihm seine Maske heruntergerissen wird. Er verschanzt sich hinter seinen oberflächlichen, ständig wechselnden Ideen und politischen Konzepten und hinter seiner Macht. Die Formel »Krieg gegen Hitler« muß daher ganz wörtlich genommen werden. Es muß von vornherein klargemacht werden, daß dieser Krieg nicht durch Verhandlungen *mit* Hitler beendet werden kann, sondern durch Verhandlungen *über* Hitler. Soweit es das deutsche Volk betrifft, so muß ihm erstens erklärt werden, daß wir deswegen mit den Deutschen verfeindet sind, weil sie für Hitler kämpfen, und zweitens, daß Hitler guten Grund hatte, sie zum Kämpfen zu bewegen, da nur die Leichen seiner Soldaten ihn vor dem Strick bewahren. Der Bann Hitlers wird in dem Augenblick gebrochen sein, wo er nicht mehr als ein Staatsmann und Herrscher behandelt wird, sondern als der Schwindler, der er ist – dessen Beseitigung die Voraussetzung für jegliche Friedensverhandlungen ist.

Aber das Wort »Beseitigung« muß in seinem eigentlichen Sinn verstanden werden. Nur ein politischer Abgang, vielleicht in

Form einer freiwilligen Abdankung zugunsten von Göring oder Heß, die mit theatralischem Pomp stattfindet und als ein »Opfer« hingestellt wird, wäre völlig zwecklos. Das würde nur einen strategischen Rückzug auf eine besser geschützte Position bedeuten und Hitlers Macht nicht eliminieren, sondern vielleicht sogar sein Ansehen erhöhen. Als der »große alte Mann«, der sich auf den Obersalzberg zurückzieht und sich im alten Ruhm seiner früheren Erfolge und in der neuen Heiligkeit seines Amtsverzichts sonnt, würde er von seinem Zufluchtsort aus durch die Person seines Stellvertreters, seines vorgeblichen Nachfolgers, weiterregieren. Wenn die Naziführung und Hitler überleben, bleibt Hitler an der Macht. Denn trotz aller persönlichen Rivalitäten und Ambitionen wissen die Göring, Heß und ihresgleichen, daß Hitler der Dreh- und Angelpunkt des ganzen nationalsozialistischen Systems ist und daß das Kartenhaus zusammenfällt, wenn sie ihn aufgeben.

Auch die Beseitigung seiner Person durch ein erfolgreiches Attentat würde nicht genügen. Es ist ein alter Irrtum zu glauben, daß die Macht einer Persönlichkeit durch deren physische Beseitigung gebrochen werden kann. Es mag wie eine leere Phrase klingen, aber es ist eine Tatsache, daß in solchen Fällen »der Geist weiterlebt«. Hitler würde nicht als die Macht im Hintergrund weiterleben, sondern als Märtyrer, als Heiliger, als Gott. Es ist möglich, daß in einem solchen Fall die Kämpfe, die Rivalen um die Nachfolge führen würden, eine Zeitlang das Regime zerrütten und lähmen würden. Aber nach dieser Übergangszeit würde es um so gefestigter dastehen, denn es würde dann etwas besitzen, was es jetzt nicht hat: einen unzerstörbaren Mythos. Hitler würde einfach in der Rolle wiederkehren, die Lenin in Rußland spielt und die Dollfuß in Schuschniggs Österreich gespielt hat.

Die Beseitigung Hitlers muß total sein, damit sie wirksam ist: politisch, moralisch, physisch. Ob die physische Beseitigung die Form einer Hinrichtung oder eines ständigen Exils, wie zum

Beispiel auf St. Helena, haben sollte, ist von zweitrangiger Bedeutung. Wichtig ist, daß sie den Charakter der Vollstreckung eines Urteils hat und daß das Urteil an *einem* keinen Zweifel läßt: Eine Fortsetzung des Hitlerregimes ist unmöglich, und Deutschland kann nicht länger in Hitlers Namen regiert werden. Nur so können wir die Naziführung, die sich fest verschanzt hat, ausschalten. Sonst würde sie Hitler über seinen Tod hinaus am Leben erhalten. Die Naziführer haben tatsächlich keinen festen Rückhalt im Volk, nicht einmal bei den einfachen Nazis, sondern sind von Hitler abhängig. Würde er nicht mehr an der Macht sein und nicht mehr als Person existieren, würde der Mythos Hitlers genügen, damit sie in ihrer Position bleiben. Wenn wir Hitler loswerden wollen, muß er dreifach ausgetilgt werden – als Institution, als Mensch, als Legende. Die Institution *Der Führer* muß abgeschafft, der Mann beseitigt und der falsche Ruhm seines Erfolgs ausgelöscht werden.
Ist Hitler auf diese Weise dreifach ausgemerzt, wird das nationalsozialistische Regime automatisch aufhören zu existieren.

II. Die Naziführer

Hitler und die Naziführer werden mit Absicht in zwei verschiedenen Kapiteln behandelt. Nichts ist irreführender, als im selben Atem über Hitler und solche hohen Bonzen wie Goebbels, Göring, Ribbentrop und Himmler zu sprechen und Hitler als *Primus inter pares* anzusehen, wie das manchmal getan wird. Er ist ein Phänomen für sich, eine Kraft, die unabhängig von der Schicht der Parteiführer wirkt, die von ihm in ihre Positionen befördert wurden und die er benutzt, wogegen sie in keiner Weise in der Lage sind, unabhängig von ihm zu handeln. Hitler und die Naziführer sind zwei verschiedene Kräfte im heutigen Deutschland, Kräfte von ganz unterschiedlichem Kaliber. Es wäre naiv zu glauben, Hitler könnte eines Tages von einem seiner Stellvertreter, wie zum Beispiel Göring, ersetzt werden, so daß man »Heil Göring« statt »Heil Hitler« sagen würde. Göring könnte nur herrschen, wenn er die Leute veranlaßte, weiter »Heil Hitler« zu sagen. Die Naziführer, einschließlich ihrer prominentesten Vertreter, werden nur in Hitlers Namen herrschen können, mag er lebendig oder tot sein. Sobald Hitler entmachtet ist, werden alle Görings und Goebbels wie trockenes Laub von einem abgestorbenen Baum fallen. Nicht einer von ihnen ist in der Lage, wie Hitler mit Deutschland identifiziert zu werden. Der eine oder andere von ihnen mag sich vielleicht einer gewissen Beliebtheit erfreuen, wie zum Beispiel Göring. Aber das ist genauso unwichtig wie Hitlers oberflächliche Unbeliebtheit. Eine gute, festgefügte Monarchie könnte sich vielleicht auf bloße Popularität stützen, doch niemals ein Reich wie das von Hitler. Man muß viel tiefer in das Unbewußte eindringen zu dem Zeitpunkt, als sich die trotzige Erbitterung des Schurken Hitler auf mystische Weise mit der trotzigen Erbitterung des deutschen Volkes verband.

Hitler, was auch immer man über ihn sagen mag, ist zweifellos ein Phänomen. Jeder der rund 100.000 mehr oder weniger bekannten Nazioberen, die mit ihm zusammen die nationalsozialistische Führung bilden, ganz gleich, ob als Angehörige der höheren Parteigliederungen, der Gestapo, des Reichsnährstandes, der Arbeitsfront oder der Reichsregierung, ist als Person nichts anderes als ein gewöhnlicher Glücksritter und Karrierist, der mit mehr oder weniger fachlichen Qualifikationen und mehr oder weniger Skrupellosigkeit gesegnet ist. Hitler war das Pferd, welches das Rennen gewann. Sie waren alle nur kleine glückliche Wetter, die aufs richtige Pferd gesetzt hatten. Hitler allein entdeckte, wie man aus dem Nichts zur absoluten Macht aufsteigt und wie man diese Macht allem zum Trotz in einem beispiellosen Tempo erweitert. Die anderen hatten nur den Instinkt, sich in einer mehr oder weniger fortgeschrittenen Etappe an seinen Triumphwagen anzuhängen. Sie haben sich in der »Bewegung« vielleicht nützlich gemacht, aber keiner von ihnen hat sie ins Leben gerufen. Das war Hitlers Werk. Und keiner von ihnen hat Hitlers strategische und taktische Methoden in irgendeiner Weise bereichert. In jedem Bereich waren sie nur Ausführende und Nachahmer – selbst in bezug auf Rhetorik und Gestik; in dieser Hinsicht stellen sie nur Kopien Hitlers dar, zum größten Teil unheimlich schlechte. Und da sie im Gegensatz zu Hitler keine schöpferische Rolle bei der Errichtung des Nationalsozialismus in Deutschland gespielt haben, sondern im Gegensatz zum potentiellen Selbstmörder Hitler nur auf den fahrenden Zug aufgesprungen sind, sind sie durchaus dazu bereit, von ihm auch wieder abzuspringen, bevor er in den Abgrund rast. Für diesen Fall haben die Prominenten unter ihnen, wie wir wissen, bereits Vorkehrungen getroffen, indem sie große Summen in neutrale Länder überwiesen haben. Die kleineren Lichter, die dazu nicht in der Lage sind, werden in der elften Stunde zum Verräter werden und leugnen, daß sie jemals irgend etwas mit der Sache zu tun hatten.

Man kann gar nicht genug darüber beunruhigt sein, in welchem Maße Göring von ausländischen rechten Politikern, Goebbels von manchen Intellektuellen unter den Emigranten, Himmler von einem Teil der zweiten Generation von Nationalsozialisten und Ribbentrop von sich selbst überschätzt wird. Keiner von ihnen hätte ohne oder gegen Hitler eine Ausstrahlung wie Hitler. Keiner von ihnen hat auch nur eine einzige kreative politische Leistung (wenn auch im negativen Sinn) erbracht; keiner von ihnen hat, abgesehen von Eigenwerbung, mehr als eine unglaublich übertriebene Aktivität in seinem Fachbereich aufzuweisen, deren äußerst fragwürdiger Charakter bald sichtbar werden wird. Keiner von ihnen ist mehr als ein Finger von Hitlers Hand, dazu noch von seiner linken. Keiner von ihnen verdient als Persönlichkeit ein solches Interesse, welches Hitler zweifellos beanspruchen kann. Keiner von ihnen ist für sich genommen eine politische Kraft oder gar ein politisches Potential von irgendwelcher Bedeutung, und sei sie auch noch so gering.

Aber leider bilden die Naziführer als Ganzes eine politische Kraft und ein Potential, von den zuvor genannten vier Personen angefangen, die ungerechtfertigt berühmt sind, über die eher schattenhaften Figuren Heß[8], Ley[9] und Bürckel[10] sowie die Nazibosse, die in der Provinz und in den Kommunen eine Rolle spielen und der Außenwelt unbekannt sind, bis zu den völlig anonymen Leuten in der Gestapo, einem Apparat von etwa 10 000 Personen, der heute Deutschland beherrscht, organisiert und antreibt. Sie sind als Gruppe so interessant, wie sie als Individuen uninteressant sind. Sie bilden eine homogene herrschende

---

8 Rudolf Heß, Stellvertreter Hitlers in der Führung der NSDAP. [Anm. d. Ü.]
9 Robert Ley, Gründer und Leiter der Deutschen Arbeitsfront und der NS-Organisation »Kraft durch Freude«. [Anm. d. Ü.]
10 Josef Bürckel, 1939/40 Gauleiter und Reichsstatthalter von Wien. [Anm. d. Ü.]

Schicht mit gleichbleibenden Eigenschaften. Im Gegensatz zum »unvergleichlichen« Hitler stellt diese Schicht eine unpersönliche, grenzenlose, sich selbst generierende Masse dar. Sie könnte den Tod und die Ersetzung ihrer bekanntesten Mitglieder ohne merkliche Änderung ihrer Wirksamkeit oder ihres Charakters überleben und, solange es die Umstände erlauben würden, auf die gleiche Weise weiterherrschen. Nur wegen ihrer relativen Mittelmäßigkeit ist sie das stabilste Element des Nationalsozialismus; zugleich ist sie aber auch das Element, das der Naziherrschaft sogar in den kleinsten Einzelheiten ihr unverwechselbares Gepräge gibt. Dies ist etwas, was Hitler als einzelner gar nicht tun könnte. Diese Schicht findet und formt ihre Angehörigen mit einem sicheren Gespür. Alle spielen ihre Rolle auf die gleiche Weise und legen das gleiche persönliche Verhalten an den Tag. Es ist wirklich keine Übertreibung, festzustellen, daß sich die Gesichter der meisten von ihnen unverkennbar ähneln. Jeder, der sie genügend beobachtet hat, kann trotz ihrer individuellen Unterschiede sofort die typische Visage des Naziführers erkennen. Am deutlichsten sieht man das zum Beispiel bei Darré, dem Landwirtschaftsminister, bei Frank, dem heutigen Generalgouverneur von Polen, bei Ley sowie bei Kerrl, dem Minister für Kirchenfragen. Man braucht sich nur ein Gruppenfoto der Gauleiter anzusehen, um diese rätselhafte Gleichförmigkeit zu entdecken.

Daß eine solche homogene Schicht in so kurzer Zeit und ohne eine wahrnehmbare Tradition oder gemeinsame Schulung in Deutschland geschaffen werden konnte, ist ein bemerkenswertes Phänomen. Wir überschätzen Hitlers Fähigkeiten gewaltig, wenn wir glauben, er habe diese Masse im Laufe von zwanzig Jahren aus dem Nichts stampfen können. Er muß sie fertig vorgefunden haben. Von außen fast unbemerkt, muß das Rohmaterial für die nationalsozialistische Führungsschicht bereits vorhanden gewesen sein, so daß es aus der amorphen Masse des deutschen Volkes nur noch ans Tageslicht geholt zu werden brauchte: aus dem Bürgertum, aber auch aus den Schichten der Kaufleute, der Schulleiter, der kleinen Schulmeister, aus den Universitäten, der mittleren Beamtenschaft und der Schicht der alten Reserveoffiziere. Angezogen von Hitlers Persönlichkeit und den hohlen, sentimentalen Phrasen, die als »nationalsozialistische Weltanschauung« bekannt sind, bildeten sie plötzlich einen elitären aggressiven Stoßtrupp.

Es ist heute nicht schwierig, ihre Spuren bis in die Vergangenheit zurückzuverfolgen und die konkreten persönlichen Beweise für den Ursprung der gegenwärtigen Naziführer im kaiserlichen Deutschland, ja sogar in der Zeit davor zu finden. Sie lassen sich zum Beispiel in den mittelständischen Teilen der früheren Burschenschaften, in der Deutschen Turnerschaft, unter den Schulmeistern im Deutschland Wilhelms II. und in weiteren noch obskureren Teilen des sozialen Organismus finden. Das ändert nichts an der Tatsache, daß die plötzliche Entfaltung dieser Schicht, die bereits fertig vorhanden war, etwas ist, was einen aufs höchste erstaunt und erschreckt. Man ist zumindest einen Augenblick lang versucht, den Naziführern zu glauben, wenn sie sagen, sie seien die natürliche herrschende Klasse, die Deutschlands Boden entsprungen sei, und aus diesem Phänomen Schlüsse zu ziehen, die nichts Gutes für Deutschland hoffen lassen, denn es kommt in der Geschichte eines Volkes nun einmal selten vor, daß eine so geschlossene und uniforme Schicht, die zu herrschen gewillt und teilweise darauf vorbereitet ist, *ohne* Tradition und Erziehung aus einer Nation hervorgegangen ist. Trotzdem ist es vielleicht ein Fehler, wegen dieser Tatsachen jede Hoffnung für Deutschland fahrenzulassen. Angesichts der gegenwärtigen Erscheinungen wage ich zu behaupten, daß Deutschland die Fähigkeit besitzt, wenigstens noch ein sechstes Mal das Wunder der Geburt einer Elite aus dem Nichts zu vollbringen und der erstaunten Welt erneut ein ganz anderes Gesicht zu zeigen, das man dann wieder für sein wahres Gesicht halten wird. Ebenso wie sich die Naziführer lange Zeit in dunklen Winkeln des sozialen Gefüges verborgen hielten und sich heimlich und unauffällig darauf vorbereiteten zu herrschen, liegen heute in vielen Teilen Deutschlands potentielle Führungskräfte auf der Lauer. Wenn ihre Stunde schlägt, werden sie zum Vorschein kommen, um die Macht zu ergreifen. In Westeuropa hat man kaum eine Vorstellung von der chaotischen Fruchtbarkeit dieses Landes, das Deutschland heißt und jeden Tag dazu bereit ist, das Leben von neuem zu beginnen, sein gestriges Ich zu verleugnen und sich voll und ganz in den Dienst eines neuen Experiments – zum Guten oder zum Bösen – zu stellen.

Das dürfen wir nicht vergessen, wenn wir die entscheidenden Merkmale der nationalsozialistischen Führungsspitze konstatieren und untersuchen, wie diese Leute an die Macht gelangt sind. Nichts, was wir feststellen, schließt aus, daß auch grundverschiedene Gruppen in Deutschland eine solche Chance erhalten, vorausgesetzt, sie finden den richtigen Augenblick, den richtigen Mann und die richtige Losung.

Die entscheidenden Merkmale der Naziführer sind grenzenlose Korruption, grenzenlose Tüchtigkeit und grenzenloser Zynismus. Wir wollen das eindeutig klarmachen.

Grad und Ausmaß der Korruption der herrschenden Schicht sind beispiellos. Daß sieben prominente Mitglieder der Parteispitze im Laufe von sechs Jahren 142 Millionen Mark gestohlen haben – trotz der Gesetze, welche von ihnen selbst erlassen wurden und die Todesstrafe für solche Vergehen vorsehen –, ist keine krasse Ausnahme, sondern kennzeichnend dafür, wie weit verbreitet diese Erscheinung ist. Diese sieben Männer, die als bankrotte Schuldner zu Amt und Würden kamen, besitzen heute allesamt neben diesen 142 Millionen Mark auch Auslandsguthaben, Schlösser, Landsitze, Stadthäuser und Jagdhütten in Deutschland, deren Wert mindestens der Höhe ihrer Auslandsvermögen und ihres mobilen Kapitals zu Hause entspricht. Aber nicht nur diese sieben prominenten Führer haben dadurch riesige Vermögen erworben, daß sie den Staat, die Partei und andere öffentliche Kassen bestahlen. Der Unterhalt aller Gauleiter und aller hohen SS- und SA-Führer kostet solche Unsummen, daß dies nur bei dreistester Inanspruchnahme öffentlicher Gelder möglich ist. Fast alle diese Leute kommen aus dem Kleinbürgertum, und fast alle führen das Leben von Magnaten. Wenn einer von ihnen beseitigt werden muß, werden diese Unterschlagungen häufig genug als Vorwand benutzt. Korruption war einer der vorgeschobenen Gründe, weshalb zum Beispiel die beiden Gauleiter Kube und Koch (der Letztgenannte wurde begnadigt) sowie der unglückliche Röhm und seine Untergebenen ihrer Ämter enthoben und hingerichtet wurden. Aber da Lebensstil und Ausgabenhöhe bei allen höheren Parteifunktionären gleich sind, liegt es auf der Hand, daß jene, die man für eine Bestrafung herauspickt, beileibe keine Ausnahme bilden.

Darüber hinaus überschreitet die Korruption weit die Grenzen des finanziellen Bereichs. Göring zum Beispiel läßt für seine verschiedenen Häuser und Jagdhütten Gemälde in öffentlichen Museen beschlagnahmen, während Goebbels ein Monopol auf Filmschauspielerinnen wie auf einen Harem beansprucht. Fast alle höheren Naziführer beschäftigen auf ihren Banketten und Empfängen SA- und SS-Männer als Diener und Ordonnanzen. Ley genießt wegen seiner alkoholischen und Streicher wegen seiner sexuellen Exzesse einen besonderen Ruf, obwohl keiner von ihnen ein *Primus inter pares* ist. Kurzum, in den Bereichen von Geld und Moral fühlt sich jeder Naziführer als über dem Gesetz stehend; jeder von ihnen glaubt, daß die von ihm verwalteten Gelder und Güter bis zu einem gewissen Grad sein persönliches Eigentum und die von ihm befehligten Leute seine Sklaven seien. Jeder von ihnen meint, er müsse sich ein so großes Stück vom Kuchen abschneiden, wie er verschlingen kann.

Interessant an diesen Dingen ist die Tendenz zum Ausufern, die sie paradoxerweise schützt. Die Naziführer haben Hitlers Doktrin, wonach nur die größten Lügen die Chance haben, geglaubt zu werden (weil es unmöglich scheint, daß jemand den Mut hat, sie auszusprechen, wohingegen der kleine, scheue Lügner überführt wird), auf das Gebiet der Korruption übertragen. Sie haben also erfolgreich auf die Unfähigkeit der deutschen Öffentlichkeit spekuliert, eine Korruption solchen Ausmaßes als Korruption zu erkennen, während deren bescheidenste Formen durchschaut und entsprechend verdammt werden. So hat man es zum Beispiel in der Weimarer Republik als höchst unehrenhaft für die herrschende Schicht angesehen, daß einige sozialdemokratische Beamte der Berliner Stadtverwaltung – kleinbürgerliche Familienväter, die trotz ihres sehr bescheidenen Einkommens respektabel aussehen wollten – von einer sich um Aufträge der Stadt bemühenden Textilfabrik Geschenke in Form von Kleidung und Seidenhemden angenommen hatten. Jeder dem Mittelstand angehörende Vater in Deutschland wäre versucht gewesen, solche Geschenke zu empfangen, und hätte das eigene Verlangen damit unterdrückt, daß er jene scharf verurteilt, die ihrem Drang nachgegeben hatten. Der gleiche Mann würde es nicht für möglich halten, daß irgend jemand ein paar Millionen Steuergelder mir nichts, dir nichts auf sein eigenes Bankkonto überweist. Wird er mit einem solchen Verhalten konfrontiert, versagt sein Rechtsempfinden, und er steht nur sprachlos da. In seinem Gesicht werden sich Bewunderung, Überraschung und vor allem Unglauben spiegeln. Er wird die Sache einfach nicht glauben wollen, und wenn sie eindeutig bewiesen wird, weicht seine Empörung der Verblüffung.

Die verwirrte deutsche Öffentlichkeit nennt die von den Naziführern begangenen Unterschlagungen wegen ihres enormen Umfangs tatsächlich nicht mehr beim richtigen Namen. Diese Räuber sind so große Banditen, daß sie große Herren geworden sind. Ihre

Macht und ihre Dreistigkeit sind so kolossal, daß die Leute eher dafür dankbar sind, daß für sie noch etwas übriggelassen wurde, als daß sie darüber empört sind, beraubt worden zu sein. Diese Ansicht wird übrigens auch von den Naziführern geteilt. Sie betrachten sich, wie Rauschning[11] es treffend formuliert hat, als den »neuen Hochadel«. Das Bild, das sie von sich haben und das viele verwirrte Deutsche akzeptieren, ist nicht das von Banditen, die Steuergelder stehlen, sondern das von Geldaristokraten, die edelmütig einen Teil ihres Zehnten dem öffentlichen Wohl opfern. Die Naziführer haben clever danach getrachtet, aus den Ideen und Assoziationen Nutzen zu ziehen, die hochgeachtete Überbleibsel aus den feudalen Jahrhunderten sind. Sie haben sich schlau den Hermelin der früheren Landesfürsten umgehängt – der ihnen nicht paßt. Bei aller äußeren Aufmachung des neuen Hochadels bleiben sie ungeheuer aufgeblasene neureiche Bourgeois. Aber das wird nur von den Schichten wahrgenommen, die mehr Bildung und einen besseren Geschmack haben, und dringt nicht in die Hirne der breiten Masse. Am Ende wird die Korruption erkannt, aber hingenommen und erregt keinen Unwillen. Wenn man mit Mitteln der Propaganda Zorn hervorrufen will, steht man vor einer langwierigen, aber vielleicht nicht hoffnungslosen Aufgabe. Man müßte mit großer Geduld ans Werk gehen. Wahrscheinlich würde man mit der Enthüllung kleiner, relativ harmloser Details mehr erreichen als damit, das riesige Ausmaß des Diebstahls aufzudecken. Auf jeden Fall würde man aber auf eine gefühlsmäßige Reaktion stoßen, die am besten im Bibelspruch zum Ausdruck kommt: »Du sollst dem Ochsen, der da drischt, nicht das Maul verbinden.« Um ihre Korruption zu entschuldigen, würden sich die Naziführer mit ihrer phantasti-

---

11 Hermann Rauschning, nationalsozialistischer Senatspräsident von Danzig, veröffentlichte Gespräche, die er in den frühen dreißiger Jahren mit Hitler führte. [Anm. d. Ü.]

schen Tüchtigkeit brüsten sowie damit, daß die Mehrheit der Deutschen ihnen dafür Absolution erteile.

Denn an einem besteht kein Zweifel – auf dem Gebiet der Verwaltungsarbeit legt diese Führerclique eine Tüchtigkeit und Energie an den Tag, die alle Rekorde überbietet. Es ist ihre zweite Grundeigenschaft und gleichzeitig ihre Trumpfkarte sowohl in Deutschland als auch in gewissen Kreisen außerhalb Deutschlands: ihr preußischer Charakterzug – obwohl es ganz falsch ist, die nationalsozialistische Führungsspitze als die Fortsetzung oder den Gipfel des preußischen Ideals anzusehen. So stehen zum Beispiel ihre Korruption und die Tatsache, daß sie den Luxus lieben, in krassem Gegensatz zur strengen Tugendhaftigkeit und zum Asketismus der alten Preußen. Unpreußisch sind auch ihr Abenteurertum und Karrierismus sowie ihr grenzenloser Zynismus, worüber noch viel zu sagen wäre. Aber ihre fachliche Tüchtigkeit ist genauso preußisch wie ihre Neigung, sie zu übertreiben und zu überschätzen.

Tatsächlich ist die Tüchtigkeit in vielen Teilen Preußens und in Nazideutschland zu einem Selbstzweck geworden. Ihr wird eine Bedeutung beigemessen, die sie nicht hat – die eines absoluten Wertes. Das Ergebnis ist erschreckend, viel erschreckender als das des sittlichen Chaos und der Korruption, die unter den Naziführern vorherrschen, aber dies wird kaum erkannt und verstanden, im Gegenteil.

»Wir müssen zugeben, daß sie etwas geleistet haben«, sagen die Apologeten der Nazis in Deutschland, und ihre Augen leuchten dabei auf. Niemand fragt, was dieses »Etwas« ist. Es wird neben der grandiosen Tatsache, daß es vollbracht wurde, als ziemlich unwichtig angesehen. »Wir mögen geirrt und Fehler gemacht haben«, pflegt Goebbels mit einem vornehmen Beben in der Stimme zu sagen, das meistens einmal in jeder Rede vorkommt, »doch eines kann man uns nicht vorwerfen. Wir haben nicht gezögert, die Dinge anzupacken. Wir sind vor Schwierigkeiten und Problemen nicht zurückgewichen.« Diese Worte lösen jedesmal ganz sicher stürmischen Beifall aus. Es handelt sich um einen der seltenen Fälle, in denen Goebbels nicht lügt.

Tatsächlich wird jede politische und staatliche Aufgabe von den Naziführern sozusagen mit aufgekrempelten Ärmeln und einer Gebärde angepackt, die ungefähr bedeutet: Nun werden wir es ihnen geben! Und so handeln sie. Wenn ein Naziführer die deutsche Außenpolitik übernimmt, wie es bekanntlich im Februar 1938 geschehen ist, dann verschlägt es uns den Atem. Jede Taste der diplomatischen Klaviatur wird angeschlagen! Ultimaten mit einer dreistündigen Frist; militärische Besetzung kleiner Nachbarstaaten; epochemachende Ideen, die alle paar Monate als Grundlage neuer europäischer und Weltordnungen verkündet werden; »stählerne Pakte«, die nach drei Monaten wieder aufgekündigt werden; Freundschaftspakte mit Mächten, gegen die tags zuvor noch Weltkoalitionen geschmiedet worden waren; sinnlose Unternehmungen, die dem Betrachter die Sprache verschlagen; eine Kette verwirrender Richtungswechsel und schnelle, spektakuläre Erfolge in Gestalt neu eroberter Provinzen und Staaten. Zugleich verliert das Land rasch seinen internationalen und diplomatischen Kredit, seine eigenen Gesetze werden außer Kraft gesetzt, und eines Tages folgt ein Krieg gegen zwei Großmächte – aber was macht das schon!

Wenn die Nazis die Wiederbewaffnung in Angriff nehmen – wir haben gesehen, wie sie vorgehen. »Innerhalb von zwei Monaten werden dreitausend Flugzeuge fertig sein.« Und sie sind fertig, obwohl zu dem Zeitpunkt, wo sie in Auftrag gegeben werden, weder Fabriken noch Rohstoffe noch Geld vorhanden sind. Sie ziehen am Himmel ihre Schleifen, und am Nationalen Flugtag in Tempelhof sagt ein Deutscher zum anderen: »Dieser Göring bekommt sein Gehalt sicherlich nicht umsonst.« Dabei verzeiht er ihm sogar das, was dieser sonst noch bekommt. Es stimmt, was der Vizepräsident der Reichsbank, Brinckmann (der für verrückt

erklärt wurde), vor kurzem verlautbaren ließ, nämlich, daß die Deutschen für die Flugzeuge zehnmal soviel wie andere Länder bezahlt und dafür minderwertige Produkte erhalten haben. Es stimmt auch, daß, wenn das Heer und die Luftwaffe aufgebaut sind, das Währungssystem unterminiert, die Industrie zerrüttet, das Volk unterernährt, das Schienennetz verschlissen und der Export ruiniert sein werden – aber was macht das schon! All das ist Sache anderer Ministerien, die zusehen können, daß ähnliche Ergebnisse mit ähnlicher Effizienz erzielt werden. Das Heer und die Luftwaffe stehen bereit, und das in einer Rekordzeit. Tüchtigkeit! Schneid! Leistung!
Die Tüchtigkeit der Nazis täuscht. Was die Nazis gerade planen, wird in »gigantischen«, »kolossalen«, beispiellosen Dimensionen ausgeführt, und jedesmal stellt man fest, daß das, was errichtet wurde, zu groß geraten ist. Doch es beeindruckt die Deutschen. Nachdem die Nazis entdeckt haben, daß die Propaganda ein Teil der Politik ist, haben sie den mächtigsten Propagandaapparat der Welt geschaffen: Jeder Deutsche im Ausland ist ein Abgesandter (und Spion) seines Landes, jede Zeitung ein Organ des Reichsministeriums für Volksaufklärung und Propaganda; Spielfilme, Literatur, Musik, Kunst und Wissenschaft – das alles sind verschiedene Bereiche der nationalsozialistischen Propaganda. Und obwohl das dazu führen kann, daß jeder Deutsche im Ausland gemieden und gehaßt wird, daß man keine deutsche Zeitung mehr liest und keine deutschen Filme mehr importiert, daß Literatur, Kunst und Musik in Deutschland vor die Hunde gehen – haben wir den gigantischsten Propagandaapparat der Welt! Und der standhafteste deutsche Emigrant kann seine Bewunderung für den »schlauen kleinen Kerl«, den ungeheuer tüchtigen Propagandaminister, der das zustande gebracht hat, nicht ganz unterdrücken.
Polizei und Staatsschutz: Sie sind bei uns tüchtiger als in jedem anderen Land, ganz gleich, ob in früheren Zeiten oder heute. Die

Staatsfeinde einsperren? Das genügt bei weitem nicht. Hier werden sie gefoltert. Ein besseres Abschreckungsmittel gibt es nicht. Es wird nicht nur gegen Staatsfeinde angewandt. Nein, wir sperren jeden ein, der kein begeisterter erstklassiger Staatsbürger ist, und foltern ihn. Und wie beweist der erstklassige Staatsdiener, daß er einer ist? Er zeigt jeden an, der es nicht ist, und liefert ihn der Folter aus! Jeder Deutsche ein Polizeispitzel! Wenn das Reich nicht tausend Jahre lang existiert, dann bestimmt nicht aus Mangel an Tüchtigkeit. Geht die Kultur zum Teufel? Das ist Sache des Ministeriums für Erziehung und Volksbildung. Siecht die Lebensfreude in Deutschland dahin? Die Organisation »Kraft durch Freude« wird dafür sorgen, daß Deutschland vor Lebensfreude überschäumt! Und sie sorgt mit verheerender Effizienz dafür.

Das ist nationalsozialistische Tüchtigkeit. Es ist die Tüchtigkeit des alten deutschen Lateinlehrers, der den Klassenbesten mit Brille und schlaffen Muskeln so pauken läßt, daß dieser die unregelmäßigen Verben im Schlaf vor sich hin murmelt; die Tüchtigkeit des alten deutschen Turnlehrers, der Turner mit unübertroffenem Bizeps und einem Spatzenhirn herangezüchtet hat. Es ist die Tüchtigkeit eines Schlieffen, Tirpitz und Ludendorff, die Deutschland den Weltkrieg beginnen und verlieren ließen, indem sie einen einmaligen Kriegsplan ausarbeiteten, eine riesige Flotte bauen ließen, einen »uneingeschränkten« U-Boot-Krieg organisierten. Es ist die Tüchtigkeit eines Mannes, der Amok läuft, um den Weltrekord zu brechen. Kurz, es ist die bedrohlichste Form der Beschränktheit, die man kennt.

Aber das wird von der Mehrheit der Deutschen bei ihrer jetzigen Geistesverfassung und ihrem derzeitigen Kenntnisstand nicht im geringsten zugegeben. So wissen sie zum Beispiel nicht, daß sie den Weltkrieg wegen übermäßiger Tüchtigkeit und aus Mangel an Klugheit verloren haben. Statt dessen glauben sie immer noch, daß noch ein wenig mehr Tüchtigkeit zu einem anderen Ergebnis geführt hätte. Nach der Gründung des Deutschen Reiches haben sie herausgefunden, daß sie von der Tüchtigkeit – die bis zu einem gewissen Grade zwar eine Tugend ist, aber sich von der ähnlich relativen und zweischneidigen Tugend der Gründlichkeit nicht sehr unterscheidet – mehr mitbekommen haben als andere Nationen. Und ihre Geschichte besteht seitdem aus einem langweiligen Versuch, sich selbst und der Welt zu beweisen, daß diese Tüchtigkeit das höchste Gut sei und sie dazu berechtige und befähige, die Welt zu beherrschen. Wir wollen hoffen, daß sie eines Tages ihren Irrtum erkennen – vielleicht nach diesem Krieg. Zur Zeit tun sie das nicht. Sie haben völlig vergessen, was ihre Philosophen einmal wußten, nämlich, daß jede Handlung außer der beabsichtigten Tausende andere weitreichende unbeabsichtigte Wirkungen erzeugt, weshalb es in neun von zehn Fällen klüger und besser ist, inaktiv zu bleiben und nicht »energisch zu handeln«. Es interessiert sie auch nicht, daß große Reiche, wie die frühere Habsburgermonarchie oder das gegenwärtige Britische Empire, und generell die Demokratien mit einer Menge Geduld, Toleranz, Diskussion, Rücksichtnahme, absichtlicher Nichteinmischung, abwartender Bedächtigkeit und Umsicht, kurzum mit allem, was die Nazis als »Schlendrian« bezeichnen, meist erfolgreich geleitet wurden und werden. Diese Tatsache macht die meisten Deutschen nicht nachdenklich. Sie fördert nur den Hang, andere geringzuschätzen und mit der eigenen Überlegenheit zu prahlen. Auch die Tatsache, daß es ihnen trotz aller Tüchtigkeit nicht bessergeht, beunruhigt sie nicht, sondern ruft höchstens Ressentiments gegen die falsche, heimtückische Welt wach, welche ihnen den gebührenden Lohn für die Tüchtigkeit verwehrt. Um so mehr ist das für sie ein Grund, diese Tüchtigkeit zu steigern. Tüchtigkeit ist in den Augen der meisten Deutschen heute zu einem Wert und Selbstzweck geworden, weshalb sie keinen höheren Maßstab kennen. Nicht einmal der materielle Gewinn dient ihnen als Gradmesser. Als alle Deutschen im Jahre

1923 durch die Entwertung der Mark in bitterste Not gerieten, während jene Handvoll Männer, die die Inflation herbeigeführt hatten und aus ihr Nutzen schlugen, phantastische Gewinne erzielten, waren viele Deutsche tatsächlich noch stolz darauf, daß wenigstens einige der reichsten Leute der Welt unter ihnen lebten. Dagegen befriedigten die großen Erfolge, die von Stresemann und seinen Mitarbeitern auf dem Gebiet der Sozial-, Wirtschafts- und Außenpolitik erzielt wurden, viele Deutsche deswegen nicht, weil ihre Tüchtigkeit nicht genügend zur Geltung kam, obgleich diese Erfolge sich auf den Geldbeutel eines jeden auswirkten. »Ein lahmes Pack« war das Urteil, das man über diese Staatsmänner der Weimarer Republik fällte, deren Geduld bei ihren Verhandlungen mit ausländischen Gläubigern zum Erfolg führte. Diese Staatsmänner konterten nicht einmal, als sie zu Hause beschimpft wurden. Göring und Himmler sind da aber aus anderem Holz geschnitzt! Leider kann nicht geleugnet werden, daß die Deutschen von heute ihrer größeren Tüchtigkeit weniger Klugheit entgegenzusetzen haben als die meisten anderen Völker. Was also den Naziführern beim deutschen Volk Kredit verschafft, das ist ihre furiose Tüchtigkeit, ihre Manie, hin und her zu hasten, ihre »Dynamik«, ihre »Tatkraft« (um das derzeitige Schlagwort des Nazijargons zu benutzen), die den Naziführern beim deutschen Volk Kredit verschaffen. Dies verschafft ihnen sogar etwas, was noch wichtiger ist: Solidität, Selbstsicherheit und ein gutes Gewissen. Genauso wie ihre Korruption dadurch geschützt ist, daß sie so unglaubliche Ausmaße angenommen hat, bildet ihre wilde Aktivität die Grundlage und das Motiv für ihre Tüchtigkeit. Diese Aktivität hat keinerlei wirkliche Bedeutung und nutzt niemandem, wovon die tüchtigen Naziführer keine Ahnung haben.

Ihr zynischer Nihilismus ist das dritte Merkmal dieser Leute, das ihnen ihr typisches Gepräge gibt und sie so abstoßend macht. Belloc rechnet die Gottlosen zu den »sieben schlechten Gerüchen«. Die Naziführer sind im wahrsten Sinne gottlos; daher rührt ihr übler Geruch. Diese korpulenten, fleischigen, farblosen Männer mit ihrem schwerfälligen Gang, ihren glatten, fetten Gesichtern, ihren kalten Fischaugen und ihrem brutalen, ausdruckslosen Mund sind schreckliche Gestalten, bei deren Anblick jeder gewarnt sein sollte. So sehen Menschen aus, denen nichts heilig ist. Es ist banal zu sagen, daß die Naziführer keine Religion, keine Moral, keine Menschlichkeit und keine traditionellen Hemmungen kennen. Sie selbst rühmen sich offen dieser Dinge, und es wäre Zeitverschwendung, wenn man ihnen das vorhielte. Vielleicht sind sie sich auch nicht der Tatsache bewußt, daß sie vom ästhetischen Standpunkt aus völlig ausdruckslos und leer sind, daß sie jener Normen entbehren, die oft die Religion ersetzen, wie zum Beispiel Ehre, Benehmen, Anstand, Geschmack. Jedermann aber weiß das, der ihre rowdyhaften Manieren kennengelernt hat, ihre widerliche Art, mit der Reitpeitsche herumzuspielen (ohne je auf einem Pferd gesessen zu haben), ihre Freude daran, Schutzlose zu beleidigen, ihre heimliche persönliche Feigheit in kritischen oder gefährlichen Momenten, ihre gegenseitige Niedertracht, ihre Charakter- und Humorlosigkeit. Es genügt, sich einen Film über eine Zusammenkunft der Reichsführer beim Reichsparteitag anzusehen oder eine Radioübertragung während einer Rede Hitlers vor dem Reichstag zu empfangen, um das tierische Gemuhe, Gewieher und Gebelle der versammelten oberen Achthundert während der zugebilligten Pausen zu hören.

Aber es hat wenig Sinn, darüber zu sprechen. Diese Männer kennen keine Religion, Moral und Ästhetik. Nicht einmal eine soziale Norm; »Menschheit« bedeutet in ihrem Vokabular soviel wie »Menschenkarussell«. Da sie absolute Emporkömmlinge sind, haben sie keine Tradition, auf die sie zurückgreifen könnten, keine Vorfahren, deren sie sich würdig erweisen müßten. Was aber genauso merkwürdig wie alarmierend und monströs erscheint, ist die Tatsache, daß es nichts, aber auch gar nichts gibt,

was sie als ein höheres Gesetz anerkennen und dem sie mit ihrer unaufhörlichen Tüchtigkeit dienen können. Abgesehen von allen heiligen Werten Europas, die sie leugnen, an die sich aber alle Führer der zivilisierten westlichen Länder stillschweigend gebunden fühlen – Gott, Ehre, Wahrheit, Glauben, Menschlichkeit, Tradition –, dienen die Staatsmänner anderer Länder dem König, der Verfassung oder dem Land. Die Staatsmänner der Sowjetunion, in der alle diese Institutionen gleichfalls einen äußerst fragwürdigen Wert besitzen, dienen zumindest ihrem marxistischen Religionsersatz und der Sache der bolschewistischen Weltrevolution. Die Naziführer haben nichts, keine Verfassung, kein Prinzip, kein Ideal. Sie dienen nicht einmal ihrem Land. Deutschland hat, wie wir wissen, keine gekrönten Häupter. Es besitzt nicht jenes inspirierende Zentrum aller Kräfte, die um die Prinzipien der »Königlichen Hoheit« – der Hierarchie, des Adels und der Würde des Dienens – geschart sind. Es besitzt auch keine Verfassung, nichts, was der »Freiheit, Gleichheit, Brüderlichkeit« der Franzosen vergleichbar wäre. Vielleicht werden die Verfechter der Nazis hier fragen: »Was ist mit der nationalsozialistischen Weltanschauung?« Darauf müssen wir antworten, daß sie mit Ausnahme der Bezeichnung nicht existiert. Hinter dem prahlerischen Namen verbirgt sich entweder nichts oder höchstens die Doktrin, die es gestattet oder die sogar befiehlt, Juden zu berauben, zu quälen und zu töten. Ein etwas dürftiger Inhalt für eine Weltanschauung!
Was die nächste Verallgemeinerung – die Suche nach einer rassenbezogenen Interpretation der Geschichte und die Theorie der Überlegenheit der »deutschen Herrenrasse« – betrifft, so gibt es eine Unmenge von Widersprüchen und eine große Konfusion. Die »nordische Rasse« sei demnach dazu berufen, alle anderen Rassen zu beherrschen; dieses Recht wird nur den slawisch-romanisch-germanischen Bastarden zugestanden, die das Deutsche Reich bewohnen, nicht aber den ebenfalls nordischen Skandina-

viern und Engländern. Die Deutschen sind angeblich ein Herrenvolk, doch ist es ihnen streng verboten, eine eigene Meinung zu haben, selbst ihre Wahl zu treffen und ihre persönliche Freiheit in Anspruch zu nehmen: Wenn sie keine Nazis sind, müssen sie in Konzentrationslagern geschlagen werden, sind sie aber Nazis, müssen sie das durch grenzenlosen, sklavischen Gehorsam beweisen. Das nennt man das Führerprinzip. Obwohl ein »Herrenvolk«, sind die Deutschen ein Volk von Sklaven, und obwohl die nordische Rasse dazu ausersehen sei, die Welt zu beherrschen, müssen ihre Angehörigen ihres Besitzes beraubt werden. Diese Weltanschauung ist tatsächlich ein Unsinn, wenn nicht gar ein ausgemachter Betrug. Überdies nimmt sie kein einziger Naziführer ernst. Die Naziführer sind eine Realität, doch ihre Weltanschauung ist es nicht.

Es bleibt zum Schluß etwas übrig, dem die Naziführer dienen und an das sie glauben könnten: Deutschland. Sind die Nazis Patrioten? Sie behaupten, sie seien es. Die loyalen Deutschen glauben ihnen, doch sind sie voller Zweifel, und ihr Vertrauen ist zunehmend erschüttert. Einige wohlmeinende Ausländer glauben den Nazis ebenfalls. Sie alle irren.

Ohne Zweifel stimmt es, daß die Naziführer die Grenzen Deutschlands erweitert, seine militärische Stärke und Schlagkraft erhöht und sein Prestige in der Welt gestärkt haben. Es existiert ein pompöser »Schaufenstersozialismus«. Die Arbeitslosigkeit wurde durch Arbeitsmangel ersetzt: Es gibt eine riesige Organisation für Zwangsbeschäftigung und das sogenannte Winterhilfswerk, das mehr Tamtam macht als alle Hilfsorganisationen der Welt zusammengenommen. Das Seltsame daran ist, daß die Armut in Deutschland trotzdem gestiegen, statt gesunken, und das größere, mächtigere und militärisch höher gerüstete Deutschland heute so arm, heruntergekommen und zerrissen ist wie nie zuvor. »An ihren Früchten sollt ihr sie erkennen.« Es ist kein Zufall und kein unerklärliches Schicksal, daß die erfolgreiche und tüchtige

Arbeit, welche die Naziführer »für Deutschland« geleistet haben, dem Land tatsächlich nur geschadet und es noch unglücklicher gemacht hat. Dafür gibt es einen Grund. Dieser besteht darin, daß die Naziführer überhaupt nichts für Deutschland getan haben. Sie lieben Deutschland nicht. Es ist ihnen völlig gleichgültig, und sie bemühen sich niemals, es zu kennen und zu befragen. Es würde ihnen auch nichts ausmachen, es zu zerstören.

Die Naziführer haben zu Deutschland genauso ein Verhältnis wie ein rücksichtsloser Rennpferdbesitzer zu seinem Pferd; er möchte das Rennen gewinnen, und sonst gar nichts. Zu diesem Zweck hat er es so hart wie möglich trainiert und es so rücksichtslos wie möglich geritten. Ob das Pferd seinen Wunsch nach Ruhm teilt und ein Rennpferd sein möchte, ob es zu Schaden kommt und danach sein Leben lang lahmt, sind Fragen, die ihn nicht interessieren. Aber Nationen sind nicht dazu da, Sportmannschaften zu sein. Dieses Schicksal haben die Nazis dem deutschen Volk zugedacht. Die Naziführer beabsichtigen, Deutschland in einen gigantischen Sportclub zu verwandeln, der immer »siegt« – und dadurch sein Glück, seinen Charakter und seine nationale Identität verliert.

Rücksichtslos vernichten diese Männer alles Deutsche, das der Verwirklichung ihres Ideals entgegensteht, und voller Haß und Verachtung sprechen sie über jene inhärenten deutschen Eigenschaften, die Deutschland für ein Rennpferddasein ungeeignet machen. Das Wort »deutsch«, das sie so freigebig und mit einem so bombastischen Pathos benutzen, wenn sie damit ihre Phrasen schmücken, klingt abwertend und tadelnd, wenn sie es in seiner genaueren Bedeutung verwenden, um bestimmte Eigenschaften zu kennzeichnen. Sie scheinen demnach einen Feldzug zu führen gegen die »deutsche Objektivität«, die »deutsche Freundlichkeit«, die »deutsche Hochachtung vor Ausländern« oder gegen besondere Typen wie den »weltfremden deutschen Professor«, den »deutschen Philister« und den »deutschen Träumer«.

Von Anfang an haben die Naziführer in Deutschland nicht wie in ihrem Vaterland geherrscht; sie haben seinen Pulsschlag nicht gefühlt, seine Schwächen nicht verstanden und nicht sehnsüchtig darauf gewartet, es zu retten. Sie haben sich zu Deutschland wie zu einem eroberten Land verhalten, wie zu einer Kolonie, die rücksichtslos behandelt, mißbraucht und bis ins letzte ausgebeutet wird und deren nationales Empfinden, Glück und Wohl man eifrig ignoriert. Der bildliche Vergleich, den Rilke gebrauchte, um die Bolschewiken und Rußland zu charakterisieren, trifft auch genau auf die Nazis und auf Deutschland zu: Sie haben einen Federwischer aus Batist gemacht. Ein Stück Batist eignet sich wirklich hervorragend als Federwischer. Es hält aber einen solchen Gebrauch nicht lange aus. Und niemand wird sagen, daß derjenige, der daraus einen guten Federwischer gemacht hat, sich damit als ein Liebhaber und Kenner von Batist erwiesen habe.

Nie zuvor hat eine herrschende Schicht ein ganzes Land – seine Landschaft und seine Städte – so roh und gefühllos verunstaltet, wie es die nationalsozialistischen Machthaber durch das Abholzen deutscher Wälder, die Errichtung von Befestigungsanlagen, den Bau von Autobahnen und die »Umgestaltung« deutscher Städte getan haben. (Ein ganzes Kapitel wäre für die Beschreibung dieser großkotzigen Bauten nötig, welche die schönsten deutschen Städte verschandelt haben: Bauklötze von gigantischer Größe. Ihre kolossale Ausdruckslosigkeit entspricht der kolossalen Hohlheit der Reden Hitlers und der nationalsozialistischen Weltanschauung. Steinerne Denkmäler als Ausdruck überkompensierter Minderwertigkeitskomplexe.) Noch nie hat eine herrschende Schicht so rücksichtslos ihre Landsleute kommandiert und so zynisch deren Wünsche, deren Bedürfnisse und deren Glück ignoriert. Noch nie haben Machthaber die Untertanen so barbarisch als bloße Nullen behandelt und gleichzeitig behauptet, sie würden sich für sie aufopfern. Noch nie haben Machthaber sich so gleichgültig zu jenem Wesensmerkmal verhalten, das man als den »Geist des deutschen Volkes« bezeichnen könnte, zu dessen religiösen, geistigen und dichterischen Traditionen, zu dem, was »Bildung« genannt und heute weniger klar als »Kultur« bezeichnet wird. (Die Ignoranz dieser Klasse ist unglaublich. Bringen sie es nicht fertig, den ganzen »Egmont«, »Wilhelm Tell« oder »Fidelio« hindurch ruhig in ihrer Loge zu sitzen?) Noch nie hat eine herrschende Schicht so wenig Liebe für ihr Land empfunden – wenn es ihnen schon nichts bedeutet.

Sie erweitern die Grenzen Deutschlands, aber vorher zerstören sie es. Sie vergrößern eigentlich nicht Deutschland, sondern ihr Herrschaftsgebiet. Es erübrigt sich beinahe zu erwähnen, daß sie den von ihnen eroberten und versklavten Ländern – Österreich, der Tschechoslowakei und Polen – »nichts« gebracht haben. Wir wissen, daß dort, wo sie herumtrampeln, nichts mehr wachsen wird. Aber es ist völlig klar, daß das erste Land, in dem sie herumgetrampelt sind, Deutschland war. Nicht einmal Deutschland ist sich dessen genügend bewußt. Aber nach einer gewissen Zeit wird es allmählich zu dieser Erkenntnis kommen.

Denn trotz ihrer beeindruckenden Tüchtigkeit und ihrer augenfälligen, laut gepriesenen Erfolge kommt diese herrschende Schicht den Deutschen fremd vor. Eine witzige Bemerkung macht derzeit selbst unter loyalen Anhängern der Nazis die Runde: »Wir können Hitler ertragen, aber es sind diese vielen kleinen Hitler...« Und diese unausgesprochene, nur aus Furcht verschwiegene Ablehnung hat in letzter Zeit zugenommen. Während Hitlers persönliches Ansehen so gestiegen ist, daß er für den kritischen Durchschnittsbürger inzwischen unantastbar ist, tendiert die Kritik dahin, sich auf das noch Erreichbare zu konzentrieren: »das Regime«, »die kleinen Hitler«, »die kleinen Götter«, oder wie auch immer sie heute genannt werden. Selbstverständlich ist diese Kritik nicht ganz rational. Es gibt keinerlei Möglichkeit, sie durch Diskussion klar zu begründen. Man hat das dumpfe

Gefühl, von diesen Leuten nicht regiert werden zu wollen. Irgendwie merken die Menschen, daß etwas, was am Anfang vertretbar und populär war, zu einem Krebs ausgeartet ist, daß die wilde Jagd kein Ziel und kein Ende mehr hat, daß die Lage von Erfolg zu Erfolg und von Sieg zu Sieg immer schlechter wird. Ohne die seltsame Leere, die hinter dem immer lauter erklingenden »Vorwärts!« steckt, beim Namen nennen zu können, spüren die Menschen sie. Es ist dieser Nihilismus der Naziführer, der sie dem deutschen Volk instinktiv suspekt macht. Der Grund ist die Leere hinter der Dynamik. Die Menschen sehen, daß die patriotischen Vorwände immer dürftiger werden. Vorher waren sie zum Beispiel geneigt, die Preisgabe von Südtirol als einen geschickten Zug im Spiel der hohen Politik anzusehen, statt daran Anstoß zu nehmen. Aber nun auch die Balten! Und morgen vielleicht die Sachsen in Siebenbürgen und die Schwaben im Banat? Zuerst nahmen sie die Überorganisation und den Zwang ruhig hin. Es schien erforderlich, die Arbeitslosigkeit und andere ökonomische Probleme anzupacken. Aber heute – nach sieben Jahren »Aufstieg« – Zwang und Überorganisation wie nie zuvor! Gewaltsame Umwandlung der kleinen Handwerker und Ladenbesitzer in Arbeitnehmer – nachdem erst die »Auflösung der Großindustrie« versprochen worden war! Umsiedlung der Landbevölkerung – nachdem erst »Blut und Boden« für heilig erklärt worden waren! Förderung der Abwanderung vom Lande in die Stadt, nachdem die Deutschen gerade erst wieder »an die Scholle gebunden« werden sollten!

All das dringt in das Bewußtsein der breiten Masse der Deutschen, ohne daß das bis jetzt in Worte gekleidet und vollständig begriffen wird. Und hätten die Deutschen das in vollem Umfang erkannt, riefe das keine unmittelbare Reaktion hervor. Der Druck der etablierten Macht ist noch viel zu groß. Trotzdem ist hier ein Schwachpunkt des Naziregimes, eine der Stellen, wo eine intelligente Propaganda stetig und unermüdlich ansetzen sollte. Der

Boden ist nicht unvorbereitet für die Erkenntnis, daß die Nazis *keine* Patrioten sind, daß sie nicht für Deutschland wirken, daß sie aktive Nihilisten sind und Deutschland bewußt in den Abgrund führen. Um aber den Boden zu bearbeiten, müssen die Staatsmänner außerhalb Deutschlands selbst diese Tatsache erkannt haben. Ich bin mir nicht ganz sicher, ob das überall der Fall ist.

Heiden teilt uns mit, Göring habe am 30. Januar 1933 im Kaiserhof folgende denkwürdige Äußerung getan: »Unsere Vorgänger waren 14 Jahre lang an der Macht. Nun werden wir sehen, ob wir so lange durchhalten können.« Es ist ein Ausspruch, der die Denkweise der ganzen herrschenden Naziclique und deren Einstellung zu ihren Aufgaben blitzartig erhellt. Wer Ohren hat, der höre. Diese unachtsame kurze Bemerkung enthüllt die ganze Wahrheit, sie zeigt die Wurzeln der ganzen liederlichen Verantwortungslosigkeit, der skrupellosen Ausnutzung der Macht, die sich ihrer Kurzlebigkeit bewußt ist, des ungehemmten Strebens nach momentanem Erfolg auf Kosten der Zukunft; des Glaubens an die Gewalt, des Glaubens an die Tüchtigkeit, der korrupten Entschlossenheit, das Eisen zu schmieden, solange es heiß ist, sowie ihrer einzigen Voraussicht – ihre Position für schlechte Zeiten zu stärken; der vollständigen Bindungslosigkeit, des fast naiven Zynismus von Leuten, die den Sprung in die Geschichte wagen, ohne auch nur vierzehn Jahre vorauszudenken. Dieser Ausspruch ist die heimliche Devise des Naziregimes.

Für jemanden, der in längeren Zeiträumen denkt, kann es vielleicht ein Trost sein, daß all die charakteristischen Merkmale dieses Regimes klar auf eine kurze Lebensdauer hindeuten. Und er sollte sich nicht dadurch entmutigen lassen, daß der nach dem ersten Jahr prophezeite Zusammenbruch auch nach sieben Jahren noch nicht eingetreten und in dieser Zeit schon mehrmals falsch vorausgesagt worden ist. Die Anzeichen für ein baldiges Ende haben deutlich zu- und nicht abgenommen; sogar die vielen glücklichen Zufälle und Erfolge des Regimes haben es nicht sicherer gemacht.

Aber eine andere Sache muß sogar den besonnensten und gelassensten Beobachter beunruhigen. Aus Gründen, die nicht unser Thema sind, scheint sich das Tempo der Weltgeschichte zeitweise bedrohlich erhöht zu haben, so daß sieben Jahre im 20. Jahrhundert ein noch größeres Gewicht haben, als ihnen früher beigemessen wurde. Sieben Jahre sind nur ein sehr kleines Intervall in der Weltgeschichte, aber es hat Zeiten gegeben, wo diese Spanne genügte, um den Grund für eine unausrottbare Tradition zu legen. Es sei an die sieben Jahre in Frankreich erinnert, die zwischen der Ausrufung der Ersten Republik und der Periode des Konsulats lagen![12] In ähnlicher Weise haben sieben Jahre Naziherrschaft genügt, um so etwas wie eine Tradition zu schaffen. In Deutschland gibt es bereits etwas, was eine zweite Generation von Nazis genannt werden kann – eine Jugend, die völlig im Schatten der Naziherrschaft herangewachsen und von allen traditionellen und kulturellen Werten erfolgreich isoliert ist. Diese Jugend ist vielleicht gefährlicher als die gegenwärtig herrschende Elite, die trotz alledem irgendwie nicht ganz ernst genommen werden kann. Sie ist der Schatten über der Zukunft Europas.

Wir wollen sie betrachten, und zwar im richtigen Zusammenhang, in ihrem Verhältnis zu der Schicht, die das gegenwärtige Regime in Deutschland aktiv unterstützt. Wir wollen die Nazis genau unter die Lupe nehmen. Und wir wollen von vornherein ganz klar sagen, daß sie wichtiger und gefährlicher sind als ihre gegenwärtigen Führer.

---

12 Die Zeit von 1792 bis 1799. [Anm. d. Ü.]

III. Die Nazis

Zu jedem guten oder schlechten Regierungssystem gehört eine besondere Kategorie von Menschen, die genau zu ihm passen und in diesem System ein prächtiges Leben führen. Wie mächtig das System ist und wie lange es wahrscheinlich Bestand haben wird, läßt sich daran ablesen, wie es den *nicht* zu diesem Typus zählenden Menschen geht und wieweit sie zufrieden sind, wohingegen der Wert des Regimes am Wert der von ihm bevorzugten Kategorie von Menschen und deren Wirken gemessen werden kann. Solange alles normal und komplikationslos verläuft, ist dem Regime der von ihm begünstigte Typus eine Stütze. Aber es kann passieren, daß dieser Typus sich unter dem negativen Einfluß einer Abdankungspsychose selbst aufgibt und »sein« System zerstört – wie es die republikanisch gesinnten Deutschen im Fall der Weimarer Republik getan haben. Oder es können taktische Erwägungen, Entschlußlosigkeit, Furcht vor bevorstehenden schlechteren Zeiten oder ein schier unerträglicher Druck dazu führen, daß Menschen zu Verteidigern eines Regimes werden, das sie im Grunde ihres Herzens schon lange zum Teufel wünschen. Das geschieht heute sehr oft im Dritten Reich. Wenn wir uns zudem vor Augen halten, daß das durch Drohung und Bespitzelung gekennzeichnete System in Deutschland oft sogar Regimegegner dazu zwingt, sich eine Schutzfärbung – in Form der Mitgliedschaft in irgendeiner nationalsozialistischen Organisation – zuzulegen, bietet sich uns ein sehr verworrenes Bild. Die derzeitigen politischen Gruppierungen, die dem System feindlicher denn je gegenüberstehen, haben sich getarnt.

Nach außen hin herrscht eine fast vollständige Übereinstimmung. An vorgeschriebenen Tagen wehen Hakenkreuzfahnen vom Fenster fast jeder Wohnung. Beinahe jeder erwachsene berufstätige

Deutsche ist Mitglied einer der obligatorischen oder halbobligatorischen Organisationen, die für ihn geschaffen wurden. Fast jeder Deutsche befolgt den Befehl, anzutreten, wenn etwas stattfindet, was Goebbels zu einer »spontanen Demonstration« erklärt hat. Die »Wahlen«, die von Zeit zu Zeit abgehalten werden, ergeben fast immer ein beinahe 100prozentiges Abstimmungsergebnis für die Regierung. Alle nehmen an den gleichen »spontanen Demonstrationen« teil, hängen die gleiche Fahne aus dem Fenster, lesen die gleiche Zeitung und hängen das gleiche Hitlerbild an ihre Wand; selbst die Menschen, die in Konzentrationslagern geprügelt werden, kommen daran nicht vorbei. Ein ausländischer Reporter wird von allen mit dem gleichen »Heil Hitler« begrüßt, und alle erklären, sie seien begeisterte Anhänger ihres Führers. Es ist also nicht leicht, die politischen Realitäten im heutigen Deutschland zu ergründen.

Es ist jedoch nicht mehr nötig, an Hand vieler Beweise zu zeigen, daß die vielgerühmte »innere Geschlossenheit« und »nationale Einheit« in Deutschland lediglich vorgetäuscht und inszeniert ist, obwohl es noch nicht lange her ist, daß gewiefte ausländische Politiker, ganz zu schweigen von naiven Touristen, darauf hereingefallen sind. Aber selbst wenn erkannt wird, daß alles Fassade ist, weiß man nicht, was sich dahinter verbirgt. Man wäre voreilig, nähme man, wie das manchmal geschieht, an, daß sich außer einer unzufriedenen, heimlichen Opposition und einer unterdrückten Anständigkeit nichts weiter hinter der Fassade verbirgt.

Deutschland von innen betrachtet sieht also ganz anders aus, als der Außenstehende zu erkennen vermag. Die ganze Nation ist in zwei unversöhnliche Lager gespalten, in das der Parteigänger des Regimes und in das seiner Gegner. Diese Spaltung ist tatsächlich tief. Im Vergleich dazu erscheinen die politischen Gegensätze, wie sie zwischen Linken und Rechten in anderen Ländern existieren oder wie sie in Deutschland vor der Naziherrschaft selbst in den unruhigsten und angespanntesten Zeiten bestanden haben, wie harmlose und kleine Meinungsverschiedenheiten. Die Anhänger und die Gegner des Regimes sind sich fremder als verschiedene Rassen oder verschiedene Arten von Tieren. Sie sprechen eine unterschiedliche Sprache. Was für den einen schwarz, ist für den anderen weiß. Gegenseitiges Verständnis und eine Diskussion sind zwischen ihnen undenkbar. Wenn sie sich zufällig begegnen, besteht Lebensgefahr – natürlich in der Hauptsache für den Gegner des Regimes, der damit rechnen muß, ohne Vorwarnung denunziert, verhaftet und zu Tode gequält zu werden. Aber auch die Nazigegner sind zum größten Teil davon überzeugt, daß man mit Nazis nicht debattieren kann, sondern daß man sie töten muß. Dieser Riß geht durch Klassen, Regionen, Berufe, kulturelle Ebenen und konfessionelle Gruppen. Das trifft auch auf Altersgruppen zu, obwohl die Nazis ihre Mitglieder in der Hauptsache aus der jüngeren Generation rekrutieren, während die Nazigegner eher der älteren Generation angehören. Dennoch kann man keinesfalls behaupten, es handle sich dabei lediglich um einen Kampf der beiden Generationen. Parteigänger und Gegner leben beinahe in zwei verschiedenen Welten. Sie meiden und ignorieren sich gegenseitig, wann immer sie können. Fast alle Klubs und Vereine, die vor 1933 bestanden, sind aufgelöst, weil ihre Mitglieder, die entweder dem einen oder dem anderen Lager angehörten, nicht mehr miteinander auskommen konnten. Millionen früherer Freundschaften sind zerbrochen, sie endeten mit völliger gegenseitiger Entfremdung. In großen Konzernen bilden die Nazis und »die anderen« getrennte Cliquen, die den persönlichen Umgang miteinander auf das unbedingt nötige Maß beschränken. Im Privatleben treffen sich die Nazis und ihre Gegner nur mit ihresgleichen; das verleitet beide oft zu der Annahme, daß es nur Gleichgesinnte gebe. Wenn ein Eindringling aus der anderen Welt zufällig auf einer Party erscheint, ist sie sofort geplatzt, und der Gastgeber kann kaum darauf hoffen, daß irgendeiner seiner Gäste je wieder eine Einladung von ihm annehmen wird. Denn beide Seiten sehen es als eine Beleidigung und große Taktlosigkeit an, wenn sie unter Bedingungen, die Nachsicht und Höflichkeit erfordern, mit ihren Todfeinden zusammengebracht werden.

Es ist schwer einschätzbar, wie sich beide Lager zahlenmäßig zueinander verhalten. Selbstverständlich gibt es keinen objektiven Anhaltspunkt, wie ihn die Wahlergebnisse oder die Mitgliederzahlen der Parteien in anderen Ländern bieten. Das einzige, was getan werden kann, ist, so viele Einzelbeobachtungen wie möglich anzustellen und daraus allgemeine Schlußfolgerungen zu ziehen. Die Zahlen, die wir so erhalten, sind regional verschieden, zugleich ändern sie sich von Zeit zu Zeit. Die letzten annähernd korrekten Angaben über die Wahlergebnisse in Deutschland (5. März 1933) zeigten ein Verhältnis von 56:44 zuungunsten der Nazis. Es besteht jedoch kaum ein Zweifel daran, daß es den Nazis im Laufe des Jahres 1933 gelang, die Mehrheit der Öffentlichkeit für sich zu gewinnen. 1934 erlitten sie wieder starke Einbußen. Der Spätsommer 1934 – als die Ereignisse vom 30. Juni[13] und vom 25. Juli[14] die konservativen bürgerlichen Freunde der Nazis schockierten und selbst unter den Nazis Verwirrung und Panik hervorriefen, als Barthous klare und zielstrebige Politik in Frankreich die Deutschen vor die Alternative »Sturz der Regierung oder Krieg« stellte – war zweifellos die einzige Zeit, in der die Nazis eine geschlossene Mehrheit des Volkes gegen sich hatten.

Seit dieser Zeit ist ihr moralisches Ansehen unaufhörlich gesunken, ihre Machtfülle aber ständig gestiegen. In den Jahren von

---

13 Röhm-Affäre. [Anm. d. Ü.]
14 Ermordung des österreichischen Bundeskanzlers Engelbert Dollfuß durch österreichische Nationalsozialisten. Die konservative Regierung Dollfuß hatte, unterstützt von Italien, eine Machtergreifung der österreichischen NSDAP verhindert. [Anm. d. Ü.]

1935 bis 1937 hatten sie vielleicht eine knappe Mehrheit hinter sich. Das Jahr 1938 brachte eine weitere Flaute mit sich. Die Judenverfolgungen waren zum größten Teil unpopulär, und die Kriegspolitik gegen die Tschechoslowakei, gegen die nur sehr wenige Deutsche feindselige Gefühle hegten, hatte zur Folge, daß die Zahl der Nazianhänger rasch abnahm; im September sank sie von Woche zu Woche und schließlich von Tag zu Tag. Es zeichneten sich Möglichkeiten eines Umsturzes ab. Dann kam München. Was auch immer München bedeutet haben mag, für die Innenpolitik war es der größte Triumph, den die Nazis je erzielt haben, und von diesem brutalen Schlag hat sich die innere Opposition seitdem nicht mehr erholt. Die schwankende unpolitische Masse verhielt sich ein weiteres Mal loyal zum Führer und bekundete ihm ihre Ergebenheit. Seine Feinde waren verzweifelt. Die Hoffnungslosigkeit und das Gefühl, paralysiert zu sein, sind sie seitdem nie mehr losgeworden, nicht einmal beim Ausbruch des jetzigen Krieges, der auch mit einer viel populäreren Parole begann als die Krise von 1938 (Polen ist zum Unterschied von der Tschechoslowakei in Deutschland weitgehend verhaßt) und dem außerdem ein Anfangserfolg beschieden war. Trotzdem ist die Zahl derer, die eher verzweifelt sind, als daß sie mit dem Regime Frieden geschlossen haben, immer noch groß. Heute beträgt das Verhältnis beider Seiten, wie sich mit einigen Einschränkungen schätzen läßt, ungefähr 60:40.

Aber mit dieser groben Unterscheidung von Parteigängern und Gegnern des Regimes ist noch nicht viel erreicht. Es werden nämlich die aktiven politischen Kräfte beider Seiten mit denen addiert, deren politische Haltung nur in einer mehr oder weniger loyalen beziehungsweise illoyalen Einstellung zu den Nazis zum Ausdruck kommt. Wenn wir zwischen den »Aktiven« und den »Inaktiven« auf beiden Seiten unterscheiden, erkennen wir sofort, daß die Nazis ihren Gegnern weit überlegen sind. Bei den Letztgenannten gibt es nur schwache Ansätze – oder sollten wir sagen, nur die Spur – eines organisierten politischen Zieles. Und diese Opposition (wenn wir diesen Begriff auf ein solches organisiertes politisches Ziel anwenden können) splittert sich wieder in viele Gruppen auf: erstens in die Opposition daheim und in die Opposition im Ausland (die politischen Emigranten); zwischen beiden existieren nur wenige und nur schwache Verbindungen. Dann gibt es zweitens die politischen Gruppierungen – die Kommunisten, die Sozialdemokraten, die Liberalen, die Konservativen und die Katholiken. Die Zeit hat noch nicht ausgereicht für die Herausbildung neuer vereinender Ideen; nichts ist ausdebattiert; es sind keine neuen Fronten entstanden; 90 Prozent der Regimegegner oder mehr bilden keine »Opposition«, sondern stellen nur die »illoyale Bevölkerung« dar, bestehend aus unorganisierten einsamen Seelen, von denen jede in tapferer Hoffnungslosigkeit und Isolation ihren persönlichen Krieg gegen das »Dritte Reich« führt. Zu ihnen zählen die wertvollsten Menschen in Deutschland. Momentan stellen sie jedoch keinen aktiven politischen Faktor dar.

Bei den Regimeanhängern ist die Lage ganz anders. Auch unter ihnen gibt es natürlich einen hohen Prozentsatz von Personen, welche die »loyale Bevölkerung« ausmachen und vielleicht nicht ganz zuverlässig sind, wie es 1934 und 1938 die politischen Erdrutsche im Inland gezeigt haben. Aber es gibt einen festen Stamm echter Nazis. Das ist jener Typus von Menschen, denen es unter diesem Regime sehr gutgeht und die folglich dazu bereit sind, es mit Zähnen und Klauen zu verteidigen. Sie sind bestens organisiert, fest entschlossen, bewaffnet, ohne Skrupel und Gefühl. Sie stellen eine zahlenmäßig starke und politisch sogar noch stärkere Garde des Regimes dar. Durch weitere Eskalation des Terrors sind sie vielleicht sogar in der Lage, das Regime intakt zu halten, falls die ganze »loyale Bevölkerung« illoyal wird. Sie sind die deutsche Gefahr.

Sie sind jene Art von Menschen, die bereits unter Wilhelm II. die

Oberhand gewannen, den Weltkrieg entfesselten und während seines Verlaufs Deutschland unter ihre Kontrolle brachten. Sie haben Hitler als »ihren Mann« bezeichnet und ihm geholfen, an die Macht zu kommen. Und sie, nur sie allein, sind dazu bereit, aus lauter Verderbtheit nach dem verlorenen Krieg eine Rätediktatur in Deutschland zu errichten und zu unterstützen. Sie sind das nichteuropäische, ja sogar antieuropäische Element in Deutschland. Sie sind der Grund, weshalb Europa sich darauf einstellen muß, alle fünfundzwanzig Jahre einen Krieg auf Leben und Tod gegen Deutschland zu führen. Der Kampf »gegen den Hitlerismus« muß gegen diese Leute geführt werden, wenn er erfolgreich enden und Frieden bringen soll – einen dauerhaften Frieden. Nur wenn jene Leute ausgeschaltet werden, sind der Frieden, die Freiheit und die Zivilisation in Deutschland wie in Europa gesichert. Das ist das Hauptziel des Krieges gegen Hitler. Erst wenn die Nazis verschwunden sind, werden wir ohne einen Staatenbund auskommen. Existieren sie als eine gesellschaftliche Kraft weiter, wird keine noch so gute Organisation Europa vor neuen Tragödien bewahren.

Diesen Typus meinen wir in diesem Buch, wenn wir von »Nazis« sprechen. Das sind nicht etwa alle loyalen Deutschen, unter denen sich viele betrogene und irregeleitete Personen befinden, die persönlich anständig sind; auch nicht alle jene, die ein Parteiabzeichen tragen und von denen viele es unbedacht oder notgedrungen anstecken. Wo die wirklichen Nazis zu finden und wie sie zu erkennen sind, wird der Leser rechtzeitig erfahren. Zuerst wollen wir diese quasi statistische Aufgliederung des deutschen Volkes abschließen.

Alle Schätzungen führen zu dem Schluß, daß der Anteil der Nazis in Deutschland an der Gesamtbevölkerung rund 20 Prozent beträgt. Etwa 40 Prozent der Bevölkerung verhalten sich loyal und 35 Prozent illoyal zu den Nazis (die Zahlen schwanken, wie wir gesehen haben; es hat vielleicht Zeiten gegeben, in denen die

Illoyalen überwogen). Und höchstens fünf Prozent bilden die Opposition. Wir müssen auf die Emigranten später gesondert eingehen, die zwar wie die Naziführer zahlenmäßig nicht sehr ins Gewicht fallen, aber den Grundstock für einen »Generalstab« von Intellektuellen bilden, in dem neue Ideen entwickelt und debattiert werden können.

Eine solche Einteilung scheint mir in der gegenwärtigen Situation die einzig mögliche zu sein. Wenn man versuchte, Deutschland entsprechend den politischen Tendenzen aufzugliedern, müßte man Riesen und Zwerge nebeneinanderstellen und 75 Prozent der Bevölkerung, die momentan keine politischen Überzeugungen haben, ignorieren. In Deutschland herrscht ein großes Chaos, und es wäre falsch, wenn man dies unbeachtet ließe. Das geistige und politische Chaos in den Köpfen der überwiegenden Mehrheit der Deutschen ist, für sich genommen, ein wichtiges Element bei der Gestaltung der heutigen und der künftigen Politik. Wir müssen uns deshalb mit den Gedankengängen sowohl der loyalen als auch der illoyalen Deutschen vertraut machen, ohne zu versuchen, eine gewisse politische Ordnung und Logik dahinter zu vermuten, die nicht existiert. Aber nun zu den Nazis.

Wer ist ein Nazi? Woran erkennt man ihn?
Sicherlich nicht daran, daß er eine Hakenkreuzfahne aus seinem Fenster hängt. Heute tut das jeder in Deutschland. Es bedeutet nichts. Er ist auch nicht daran erkennbar, daß er Mitglied irgendeiner NS-Gliederung oder der Partei ist. Jeder, der eine Familie hat, für die er sorgen muß, und es sich nicht leisten kann, seine Arbeit zu verlieren, ist in der einen oder anderen nationalsozialistischen Organisation. Und hat er das Pech, einen Beruf auszuüben, in dem die Mitgliedschaft in der NSDAP gefordert wird, tritt er ihr bei. Eine Zeitlang traten Mitglieder bestimmter oppositioneller Gruppen sogar absichtlich der Partei und deren Gliederungen bei, in der naiven Hoffnung, in ih-

nen subversive Zellen gründen und Verwirrung stiften zu können. Die wirklichen Nazis lassen sich demnach nicht so leicht identifizieren.

Es gibt jedoch einige Merkmale, an denen man erkennen kann, ob man es mit einem Nazi zu tun hat. Im großen und ganzen sind die Nazis unter den Mitgliedern der älteren SA, der sogenannten Sturmabteilungen, unter den niederen Parteifunktionären, unter den »Führern« der Hitlerjugend und vor allem unter den Angehörigen der SS zu finden. Außerdem gibt es unter den einfachen Mitgliedern der NSDAP und der Hitlerjugend viele Nazis. Das Parteiabzeichen ist jedoch, wie wir gesehen haben, kein sicherer Beweis – selbst wenn es vor 1933 erworben wurde. Dagegen gibt es außerhalb der Partei und ihrer Gliederungen Nazis, besonders in der oppositionellen Schwarzen Front, einer schismatischen Nazisekte, welche kaum weniger nazistisch ist als die Partei selbst, die erbittert von den orthodoxen Nazis, den jüngeren Offizieren der Wehrmacht und der Marine, besonders aber der Luftwaffe verfolgt werden.

Obwohl es nicht leicht ist, die Nazis an äußeren Merkmalen zu erkennen, gibt es einige untrügliche Kennzeichen, an Hand deren in jedem einzelnen Fall festgestellt werden kann, ob der Betreffende ein Nazi ist. Das wichtigste und einfachste Kriterium ist die Haltung zur Politik gegenüber den Juden in Deutschland. Viele Menschen, die loyale Regimeanhänger sind, mißbilligen die antisemitischen Exzesse, andere ignorieren, bagatellisieren oder entschuldigen sie (in Ausnahmefällen). Sie alle sind keine Nazis. Ein Nazi ist jemand, der dieser allgemeinen und permanenten sadistischen Orgie vorbehaltlos zustimmt und sich daran beteiligt. Das Hauptziel des Antisemitismus besteht erstens darin, eine Art verborgenes Zeichen und wie ein ständiger Ritualmord ein bindendes Geheimnis zu sein, zweitens darin, das Gewissen der zweiten Nazigeneration abzutöten.

Dieses Ziel hat längst das ursprüngliche Motiv verdrängt, ein

Ventil für Hitlers persönliche Erbitterung zu sein; es hat in der heutigen Form des Antisemitismus Ausdruck gefunden. Der Antisemitismus wurde in früheren Zeiten häufig dazu benutzt, eine schutzlose Minderheit zum Sündenbock zu machen, oder er diente als Ventil für antikapitalistische Gefühle. Auf diese demagogische Praxis wird längst verzichtet. Schon seit Jahren bemühen sich die Nazis nicht mehr, sich Vorwände auszudenken, um die Juden zu berauben, zu quälen und zu ermorden. Und das mit Kalkül. Denn die Leute, die solche vorgetäuschten Gründe benötigen, sind diejenigen, von denen man annimmt, daß sie tatenlos daneben stehen und vor Angst zittern. Von denen aber, die dazu imstande sind, Menschen grundlos zu quälen, zu prügeln, zu jagen und zu ermorden, erwartet man, daß sie, durch die eiserne Fessel gemeinsam begangener Verbrechen zusammengehalten, jenen Naziorden bilden, der die Welt unterwerfen soll und dem durch natürliche Auswahl die Skrupellosesten und »Dynamischsten« angehören.

Für die Nazis ist das, und nur das, die entscheidende, die fundamentale Bedeutung des Antisemitismus, und nicht etwa die »Reinheit der deutschen Rasse«, die »Unterdrückung aller undeutschen Einflüsse«, der »Verteidigungsfeldzug gegen die jüdische Weltverschwörung« oder jeder beliebige andere Unsinn. Der Antisemitismus dient wie bestimmte Mut- und Bewährungsproben, die vor der Aufnahme von Kandidaten in die alten Ritterorden oder in die modernen Geheimbünde zur Feststellung der Verschwiegenheit und des Gehorsams angewendet wurden, der Auslese und Prüfung. Die Prüfung zur Feststellung der Eignung als Nazi ist jedoch keine Mutprobe, sondern dient dem Nachweis von Skrupellosigkeit. Der Novize muß in der Lage und dazu bereit sein, die Schutzlosen zu verfolgen, zu berauben und zu ermorden. Daß das Schulungs- und Testobjekt die Juden sind, spielt keine Rolle: Sie sind eine kleine, hinreichend wurzellose und zugleich begabte Gemeinschaft, die sozusagen gerade zur

Hand ist; einige andere Gruppen wären ebenso gut geeignet, aber der Zufall wollte es, daß es die Juden waren.

Es ist ziemlich sinnlos, nach weiteren Ursachen für den Antisemitismus zu suchen, obwohl die loyalen deutschen Bourgeois und einige entgegenkommende Ausländer den Nazis den Gefallen getan haben, alles, was gegen die Juden vorgebracht werden könnte, wieder aufzurühren und aufzuwärmen. Sie haben das Wesentlichste übersehen. Die Juden haben zweifellos Fehler wie jedes andere Volk, aber zu behaupten, sie müßten wegen dieser Fehler von den Nazis verfolgt werden, bedeutet gleichzeitig, den Nazis das Recht zu geben, alle Menschen und alle Völker zu verfolgen, da kein Mensch und kein Volk makellos ist. Daß die Nazis die Juden nicht nur umbringen, sondern auch verleumden, ist nur natürlich; denn der Mörder hat sich immer zu rechtfertigen gesucht, indem er das Opfer schlechtmachte. Was man ernst nehmen muß, ist die Tatsache, daß so viele Leute in Deutschland und anderswo dazu bereit waren, den Nazis Gehör zu schenken und damit den Mord faktisch zu sanktionieren. Und zeigt nicht die Art und Weise, wie die Nazis ihre Landsleute behandeln, die keine Anhänger der Nazis sind (inzwischen auch die Österreicher, Tschechen und Polen), daß sie es verstehen, das, was sie bei der Mißhandlung der Juden lernen, auf andere Völker anzuwenden? Die Juden bleiben das *ständige* Opfer, bei dem die Nazis ihre Skrupellosigkeit üben und praktizieren. Der Antisemitismus bleibt folglich das wichtigste Kennzeichen der Nazis. Wenn alle jene Nazis, die an den Judenverfolgungen teilgenommen oder ihnen zugestimmt haben, entmachtet sind, werden wir die erstaunliche Feststellung machen, daß nicht nur die Juden, sondern auch die Polen, die Tschechen, die Österreicher und die unterdrückten Deutschen wieder frei atmen können; daß die deutsche Gefahr gebannt ist und daß Deutschland aus eigenem Antrieb wieder in den Schoß der europäischen Zivilisation zurückkehrt. Es ist – in gewissem Sinne – nur gut, daß das Unmenschliche und

Animalische, das im Blutstrom der meisten Völker vereinzelt vorkommt und sich nur hin und wieder in individuellen Verbrechen manifestiert, in Deutschland zur Parole geworden ist, wodurch es an einer Stelle sichtbar wird und ein riesiges Geschwür bildet. Ist es erst aufgeschnitten, wird ein gründlicher Reinigungsprozeß stattfinden, und Deutschland wird sehr wahrscheinlich ein besseres Land sein als vor der Naziära.

Was das heutige deutsche Problem angeht, so sind wir nun bei dem springenden Punkt angelangt, und man möge mir verzeihen, daß ich nun einige Details herausarbeiten muß. Diese Sache muß aber begriffen werden, weil sonst nichts verstanden werden kann und weil eine nur teilweise Kenntnis der Fakten, die nicht gründlich verarbeitet und aufgenommen werden, vollkommen wertlos und irreführend ist. Das Wesentliche ist: *Der Nazismus ist nicht eine Ideologie, sondern eine magische Formel, die auf eine bestimmte Art von Menschen anziehend wirkt. Es ist eine Form von »Charakterologie« und nicht von Ideologie. Ein Nazi zu sein bedeutet, ein bestimmter Typus zu sein.*

Die Nazis unterscheiden sich also grundlegend von anderen politischen Parteien, mit denen sie sich rein äußerlich auf gleichem Niveau befinden. Zwar kann man die Konservativen, die Liberalen oder die Sozialisten scherzhaft als Typen mit einem vorgefaßten Standpunkt beschreiben. So spricht man zum Beispiel vom alten konservativen Gentleman mit Schnurrbart und Pfeife und vom liberalen Akademiker mit Brille. Aber das ist spielerisch gemeint und oberflächlich, und niemand wird ernsthaft leugnen, daß ein und derselbe Mann bei einer umfassenderen Betrachtung vom Konservatismus zum Liberalismus oder Sozialismus, beziehungsweise umgekehrt, wechseln kann, ohne im mindesten seinen Charakter zu ändern. Man kann unter den Anhängern aller dieser politischen Doktrinen Männer unterschiedlichsten Charakters finden: den Umsichtigen und den Wagemutigen, den Empfindlichen und den Dickfelligen, den Ehrenmann und den

Intriganten, den Abenteurer und den respektablen Familienvater. Nicht so die Nazis. Die Nazis sind ein Typus für sich. Wir wollen sie näher betrachten, und das, was die »nationalsozialistische Weltanschauung« genannt wird, dient keinem anderen Zweck, als diese Spezies zusammenzuhalten und ihr den Rücken zu stärken. Dies erklärt, nebenbei bemerkt, das erstaunlich niedrige geistige Niveau ihrer »Weltanschauung«, die anderen politischen Doktrinen nicht vergleichbar ist und es im Grunde nicht verdient, bekämpft oder diskutiert zu werden. Ihre politischen Leitsätze und ihr politisches Programm bestehen aus zusammenhanglosen und unverdauten Phrasen, die aus drittklassiger »Aufklärungsliteratur« zusammengeklaubt sind. Aber das verhindert nicht, daß diese »Weltanschauung«, die keine ist, ein sehr wirksames Mittel darstellt, um eine bestimmte Kategorie von Menschen miteinander eng zu verbinden, und daß sie an bestimmte Instinkte appelliert. Wir unterliegen zwei Täuschungen: Erstens werden wir, weil die Nazis für sich selbst laut Reklame machen, dazu verleitet zu glauben, daß es so etwas wie eine nationalsozialistische »Ideologie«, »Doktrin« oder »Weltanschauung« gebe; zweitens werden wir, weil eine solche Doktrin eigentlich nicht vorhanden ist, dazu verleitet zu glauben, daß überhaupt nichts existiere. In einer Flasche mit der Aufschrift »Bester Weinbrand« muß sich nicht unbedingt ein Getränk befinden. Es kann sich auch um ein sehr wirksames Rattengift handeln.

Niemand hat sich offener über dieses entscheidende Merkmal des Nationalsozialismus geäußert als Hitler selbst, und wir können seine Äußerungen durchaus als Ausgangspunkt wählen, auch wenn sie gewöhnlich eine versteckte, aber plumpe Lüge enthalten. Doch diese entdeckt man leicht.

In seiner Triumphrede auf dem »Parteitag des Sieges« der NSDAP im Jahre 1933 sagte Hitler sinngemäß das Folgende: Er, Hitler, sei nun nach dem Sieg dazu bereit, sein Geheimnis zu enthüllen. Es bestehe darin, daß er über die Grundlagen des

politischen Erfolges nachgedacht habe; seine Gegner hätten das unterlassen. Das Geheimnis bestehe darin, eine »Weltanschauung« zu verkünden und eine Parole auszugeben, die automatisch die dynamischsten, aktivsten, aufopferungsvollsten, heldenmutigsten und stärksten Charaktere zusammenführe. Dieser Gemeinschaft der Starken und Energischen könne der Erfolg nicht lange versagt bleiben, da das Starke immer über das Schwache siege. Der Marxismus oder der Liberalismus könnten immer nur Feiglinge und Schwache anziehen und seien deshalb von einer Doktrin besiegt worden, um die sich Titanen scharen. Er, Hitler, habe das vollbracht. Er habe seinen Anhängern niemals etwas versprochen, sondern ständig Opfer, Risikobereitschaft, Heldenmut von ihnen verlangt. So habe er Gefolgsleute von beispielloser Opfer- und Risikobereitschaft und beispiellosem Heldenmut um sich versammelt. Wer diese Eigenschaften nicht besessen habe, sei ferngeblieben. Das Ergebnis sei eine unbesiegbare Schar, »und diese Schar wird niemals wieder zersetzt und zersprengt werden ...« Hier steigert sich die Rede zum Schrillen, Operettenhaften und ist rational nicht mehr erfaßbar. Aber das Obengesagte ist interessant genug, und es ist sehr schade, daß man es nicht besser beachtet hat. Es enthält das Eingeständnis, daß sich die nationalsozialistische Weltanschauung auf den Plan gründet, eine bestimmte Art von Menschen zu rekrutieren, damit sie eine »unbesiegbare Schar« bilden, die in der Lage ist, zu erobern und zu beherrschen. Das galt in erster Linie für die politische Kriegführung im Inneren, aber nun braucht nicht länger erklärt zu werden, daß die ehrgeizigen Bestrebungen weit über die Grenzen Deutschlands hinausgehen. Tatsächlich muß das Nazilied wörtlich verstanden werden:
»Heute gehört uns Deutschland
und morgen die ganze Welt.«
Doch nun beginnt die Lüge. Dies ist der Fall, wenn Hitler behauptet, die wesentlichsten Charakterzüge, die seine Gefolgschaft

besitzen müsse, seien Heldentum und Opferbereitschaft, und dies seien die Eigenschaften, die zum Sieg der Nazis geführt hätten. Die Sachlage ist komplizierter. Es ist weithin bekannt, daß die Nazis nicht durch mutige Taten an die Macht gelangt sind, sondern durch Intrigen, und daß die »heldenmütigen« SA- und SS-Männer erst dann auf ihre Gegner losgelassen wurden, wenn diese völlig entwaffnet, versprengt und hilflos waren. Hitler hat niemals etwas anderes von seinen Gefolgsleuten verlangt. In seinen Stellungnahmen nach 1923 bezog er immer den Standpunkt, daß er »völlig legal« an die Macht kommen würde und erst dann »Köpfe rollen« würden, usw. Hitler appelliert also nicht so sehr an den Heldenmut, obwohl er das Wort ständig auf den Lippen führt, als an den Sadismus, an das Vergnügen bei der brutalen, fanatischen, gnadenlosen Verfolgung derer, die bereits mit »völlig legalen Mitteln« bezwungen und wehrlos gemacht worden sind (»brutal«, »fanatisch«, »gnadenlos« sind einige der Lieblingsausdrücke Hitlers, die einen schauerlichen Nebensinn haben). Der »Kampf«, den seine Anhänger führen sollten, war ein völlig legaler, aber auch völlig unfairer Kampf gegen eine sanftmütige, zögerliche und nachsichtige Regierung, ein risikoloser Kampf, bei dem die Nazimörder mit Gnade rechnen konnten. Nach dem Sieg – daran ließ er von Anfang an keinen Zweifel – sollten sie sich jedoch keinerlei Zwang auferlegen. Offensichtlich richtete sich die Aufforderung *nicht* an heldenmütige, aufopferungsvolle Naturen.

An wen dann? Was für Menschen waren das, die sich instinktiv von Hitler, von seinen Versprechungen, seinen Drohungen, seiner rasenden Wut auf jedermann, seiner Forderung nach bedingungsloser Unterordnung und seinen Ermunterungen zu beispiellosen Orgien des Hasses angezogen fühlten? Was für Menschen waren das, die auf diese äußerst komplizierte Mischung von Unnachgiebigkeit, Grobheit, Disziplin, Zurückhaltung, Askese, Phrasendrescherei, Sensationsgier, Abenteuerdrang, Luxus und kollektiven Ausschweifungen; auf diese seltsame Kombination von hündischer Treue und Korruptzeit, von altmodischer deutscher Schlichtheit und hypermoderner Organisation, von der »Zurück-zum-Boden«-Forderung und den stromlinienförmigen Autos und den tollen Flugzeugen, vom Herrenvolk und dem Stillgestanden sowie von den Lagerfeuern und den Belohnungen für Denunziationen mit schlafwandlerischer Sicherheit reagierten? Wie war es möglich, daß eine relativ große Zahl von Menschen die in diesem Gewirr offensichtlicher Widersprüche verborgene Einheit begriff? Wo befindet sich der archimedische Punkt in der Massenseele der Nazis, über den Hitler sie so sicher steuert, so daß er sie bei allen seinen Wendungen um 180 Grad hinter sich weiß? Woher kommt dieses fast mystische Verständnis, das seine in die Millionen gehende Gefolgschaft in die Lage versetzt, aus den Lügen ihres Führers herauszuhören, daß er nur die anderen belügt? Was eint die Nazis, da es nicht die zweifelhafte Sammlung von Widersprüchen sein kann, die ihre »Weltanschauung« darstellt?

Das sind hochwichtige Fragen, ohne deren Beantwortung nicht der Anspruch darauf erhoben werden kann, daß man den Feind kenne. Erstaunlich ist, wie wenig bisher getan worden ist, um durch Recherchen und Überlegungen eine Antwort darauf zu finden. Viele geben sich heute selbst mit sehr oberflächlichen Erklärungen zufrieden. Sogar ernst zu nehmende Leute glauben, daß ein Phänomen wie das Zusammenschweißen der Nazipartei mit allen ihren Folgen – dem Verzicht auf ein Privatleben, der Zerstörung der Familie, dem Denkverbot, dem Krieg gegen Christentum, Humanismus und Kultur sowie der Etablierung einer Bandenmoral – auf solche ephemeren Dinge zurückgeführt werden kann wie bestimmte Klauseln des Versailler Vertrags, die Umverteilung des Reichtums als Ergebnis der Inflation oder die Arbeitslosigkeit in der Wirtschaftskrise von 1929 bis 1933. Diese Faktoren sind tatsächlich von Hitler für demagogische Zwecke ausgenutzt worden und haben geholfen, manche seiner zufälligen Anhänger und Wähler zu gewinnen, doch können sie niemals das wirkliche »Wunder« erklären, jenes entscheidende Ereignis, das lange vor dem »öffentlichen« Debüt der Partei stattfand, nämlich den Aufstieg der Partei: die Tatsache, daß auf den verworrenen, rein emotionalen Aufruf eines Hitler, einer ebenso obskuren wie monströsen Person, buchstäblich Hunderttausende so hingebungsvoll reagierten, als hätten sie ihr ganzes Leben lang auf ihn gewartet. Was für Leute waren das, und worauf haben sie gewartet?

Es waren im wesentlichen Menschen jener Generation, die in der Zeit von 1900 bis 1910 geboren wurden. Als Kinder hatten sie den Ersten Weltkrieg, als Schuljungen das Scheitern der linken Revolution und als Jugendliche die Inflation von 1923 erlebt. Sie hatten den Krieg nicht wie die Soldaten an der Front als Realität erlebt, sondern als das grandiose Sportereignis, das die deutsche Kriegspropaganda aus ihm gemacht hatte. Sie waren nie wieder in der Lage, Nationen als etwas anderes anzusehen als gigantische Klubs, die dazu da waren, Wehrsportfeste zu fördern. Nie wieder würden sie sich von der Vorstellung trennen können, daß jede andere politische Auffassung entweder durch Heuchelei oder Schlampigkeit gekennzeichnet sei. In ihren Überzeugungen wurden sie durch den Zusammenbruch der konfusen linken Revolution von 1918/19 bestärkt, deren ziemlich verworrene linke Parolen, bei denen sich ein verspäteter radikaler Liberalismus auf eigenartige Weise mit dem Marxismus und Pazifismus vermischte, die einzige Alternative zur Kriegssportidee zu sein schienen. Schließlich kam die Inflation, die zur Folge hatte, daß ein verrücktes Faschingsjahr lang die jungen Leute das Zepter schwangen und sich über die lebenslangen Erfahrungen der Alten lustig machten. Diese wilde Orgie, bei der alle bürgerlichen Begriffe von Ordnung wie trockenes Holz in Flammen aufgingen, förderte das Selbstvertrauen der Jugend, ihren Leichtsinn, ihre Passion für

Unordnung und ihre Abenteuerlust. Dies waren sozusagen die positiven Eigenschaften, durch die sie sich vor anderen Generationen auszeichnete. Hinzu kamen eine ausgeprägte »Dynamik«, ein starker Instinkt für sofortige, kurzlebige Erfolge, eine ungeheure Unsicherheit und Unberechenbarkeit und eine vollkommene Gleichgültigkeit gegenüber dem nächsten und übernächsten Tag.

Die nachfolgenden Jahre, in denen das Leben in Deutschland zeitweise normal zu werden schien, lassen erkennen, was dieser Generation fehlte. Es war nicht wenig. Es fehlte ihr vor allem jedes Talent zum Privatleben und für privates Glück – ein Talent, das auch in den besten Zeiten bei den Deutschen weniger entwickelt ist als bei anderen Völkern. Liebesfähigkeit, Nachdenklichkeit, ruhiger Fleiß, Sinn für die Raffinessen der Zivilisation und die »kleinen Freuden« – all das war nicht vorhanden. Es war die Generation, die die »neue Nüchternheit« in der Liebe erfand und deren künstlerische Produktivität völlig erloschen war. Und sie sahen das nicht etwa als einen Mangel an, weit gefehlt. Sie hatten keine Werte und keine Tradition. Ihre Väter gehörten selbst zu einer orientierungslosen Generation und hatten durch den Krieg ihr Gleichgewicht verloren. Sie hatten zum größten Teil ihre Überzeugungen aufgegeben und sehnten sich danach, von der Bühne abzutreten. Ihr Augenmerk hatten sie auf die »Jugend« gerichtet, der sie geduldig schmeichelten. Diese Jugend, ungebildet und lernunwillig, lehnte alles, was Mühe verursachte und für ihre nur an einfache Kost gewöhnten Sinne zu fein war, als lächerlich und wertlos ab. Diese Werte wurden als »bürgerlich« abgestempelt. Unter diese Rubrik »bürgerlich« fielen – die Aufzählung erhebt keinen Anspruch auf Vollständigkeit – zum Beispiel Liebe, Familienleben, Religion, Verantwortungsgefühl, Bescheidenheit, Individualität, Kunst, Geschäft, Redlichkeit, gute Manieren, Beethoven, Goethe, »dieses ganze Geschwafel über Erziehung«, Autorität, Toleranz, Objektivität. Langweiliger Zeitvertreib schien das einzige zu sein, was dieses Privatleben auszeichnete; dessen Fadheit wurde allerdings erkannt, und deshalb versuchte man ihm zu entfliehen.

Was also konnte ein befriedigendes, »spannendes«, »lohnendes« Leben ausfüllen? Einzig und allein jene aufregenden, unvergeßlichen Vergnügungen, die aus der Kindheit und Jugendzeit in Erinnerung geblieben waren: das Kriegspielen, das riesige Durcheinander, Autofahren, Tempo, »Gemeinschaftsgeist«, große kollektive Abenteuer, Sensationen, Revolution, Überfälle und Morde sowie grelle Schlagzeilen in den Zeitungen. Das war es, was diese jungen Leute erwarteten. Ein neues »großes Zeitalter«, ein Zeitalter der großen Sensationen, die von der Politik kostenlos geliefert wurden, »verrückte Geschichten«, neue Beweise dafür, daß das Unmögliche möglich sei, und neue vernichtende Schläge gegen die verachtete »Bourgeoisie« und alles, was damit in der Terminologie dieser jungen Leute gemeint war. Sie waren dazu bereit, ihr Leben, das so langweilig geworden war, freudig dafür aufs Spiel zu setzen. Wenn sie es nicht riskieren mußten, um so besser. Sie waren gewiß dazu bereit, das Leben der »Bourgeoisie« zu opfern.

Und nun sehen und verstehen wir, warum Hitler und sein Nazismus genau zu dieser Generation paßten, als ob sie füreinander gemacht gewesen wären. Wir erkennen endlich die entscheidenden Berührungspunkte und fragen uns nicht mehr, weshalb die Nazis Hitler nicht im Stich lassen, wenn er Deutschland in die Barbarei, in die Inflation, in den Krieg, in den Abgrund führt. Gerade das ist es, was er ihnen versprochen hatte und was sie von ihm erwarteten! Sie hatten ein sehr gutes Gehör für Hitlers Reden. Sie lasen sie nicht, wie das ausländische Staatsmänner tun, sondern hörten sie – und daher wußten sie sehr genau, daß »Frieden«, »Kultur« und »Antibolschewismus« nur Phrasen waren; sie waren für die Tölpel, die »Bourgeois« und die Ausländer, bestimmt, während für sie, die Eingeweihten, der *Ton* das war, was zählte, weil er oft mehr sagte als die Worte: »Gebt es ihnen«, »Los, auf sie drauf«, »Wir werden es ihnen zeigen« und »Schlagt sie zusammen« …

Alle Ressentiments und alle Negationen des Nazismus waren in diesen jungen Leuten schon vorhanden. Welche Genugtuung für sie, daß sie der seltsamen Welt des Geistes, der Zivilisation, der »Bourgeoisie« endlich den Fuß auf den Nacken setzen konnten. Die Bücherverbrennung[15], die Angriffe auf Universitäten, Literatur, Theater, Presse, Gesetz – das alles war ein Riesenspaß, ganz gleich, unter welcher Parole diese Abenteuer gerade stattfanden. Ebenso wie im Jahre 1923 konnte man den rückständigen alten Meckerern zeigen, was zählte und was nicht. Primitiver Vandalismus, die mutwillige Zerstörung all dessen, was den »Bourgeois« teuer war (die Nazis nennen sie heute gern »Philister«) – das war eine der wenigen Lebensfreuden, die ihnen noch geblieben waren und die sie noch nicht ausgekostet hatten. Eine merkwürdige, nur eingeweihten Nazis bekannte Tatsache ist, daß mit den »Nürnberger Gesetzen« Liebenden der Krieg erklärt wurde, und zwar solchen, die trotz des Gesetzes[16] und trotz Drohungen zusammenblieben. Endlich konnte man sich an jener »bürgerlichen« Liebe rächen, die nicht nüchtern berechnend war. Endlich konnte man all diese sentimentalen Flittchen aus dem Bett holen und sich noch ein wenig amüsieren, bevor man sie ins KZ oder ins Zuchthaus schickte oder die Sterilisation anordnete!

15 Am 10. Mai 1933 von den Nazis in Berlin und anderen Universitätsstädten organisierte öffentliche Verbrennung von Werken deutscher und ausländischer Schriftsteller (u. a. Henri Barbusse, Bertolt Brecht, Lion Feuchtwanger, Maxim Gorki, Heinrich Heine, Erich Kästner, Heinrich und Thomas Mann, Kurt Tucholsky, Arnold und Stefan Zweig, Émile Zola). [Anm. d. Ü.]
16 Das 1935 in Nürnberg beschlossene »Gesetz zum Schutze des deutschen Blutes und der deutschen Ehre«, das die Handhabe für die Terrormaßnahmen gegen die Juden gab. [Anm. d. Ü.]

Die Auflösung der Familie, ihre Degradierung zu einer Institution, deren Aufgabe es war, für möglichst viele Nachkommen zu sorgen, die Verlagerung des Schwerpunktes des Lebens von der Familie zur Horde, zur SA, zur SS, zum Luftschutz, zur Hitlerjugend, oder was auch immer alte Wünsche befriedigen mochte: Wie hatte diese Generation es genossen, während des Krieges von der Familie befreit zu sein, da die Väter an der Front waren und die Mütter das Geld verdienen mußten. Wie hatten sie diese »bürgerlichen Institutionen« gehaßt! Und der Krieg gegen die »Pfaffen«, den sie freudig begannen, nachdem sie von oben einen heimlichen Wink bekommen hatten. Er wurde keineswegs wegen des neuen »deutschen Glaubens« geführt, der natürlich nur ein unsinniger Quatsch war (ein richtiger Junge glaubte ebensowenig an Wotan wie an Jesus), sondern nur, um Genugtuung dabei zu empfinden, »es ihnen richtig zeigen« zu können. Ganz zu schweigen von den Juden, die anscheinend nur dazu da waren, geschlagen zu werden, weil sie gar nicht in der Lage waren, zurückzuschlagen. Sie waren verdammte Hundsfötte, mit ihrer Spiritualität, ihrer Sentimentalität, ihrem Familienleben, ihrem aufreizenden Individualismus, ihren hehren Gefühlen, ihrer zur Schau gestellten Kultur, ihrer Liebe zur Kunst und ihrem verfluchten Geld. Der Nazismus hatte tatsächlich viele kleine, wunderbare Präsente für die Generation von 1900 bis 1910 parat: Marschieren statt Denken; die Lastwagen, in denen man durch die Straßen rasen konnte (die »Revolution« begann damit, daß SA-Leute mit Lastautos durch die Straßen brausten); die Rationierung der Lebensmittel, die zur Folge hatte, daß der »Philister« sich endlich keine Butter mehr auf das Brot schmieren und sich keine Tasse Bohnenkaffee mehr nach dem Mittagsschlaf gönnen konnte; die Inflation, die den geschniegelten »Bourgeois« um sein Geld bangen ließ, und die Konzentrationslager, die ihm endlich Respekt einflößten …

Es waren jedoch nicht nur die kleinen Freuden, mit denen der

Nazismus diese erwartungsvolle Jugend beglückte. Er bescherte ihr das, was sie am meisten brauchte, um glücklich und zufrieden zu sein: das große Kriegsspiel. Endlich hatte das Leben wieder einen Sinn. Es war ein einfacher und klarer Lebensinhalt, den sie begreifen konnten: Deutschland, ein Sportverband, dem man angehörte, um die eigenen Grenzen zu erweitern und jedes Jahr ein bis zwei Siege zu erringen. Und wie gut es war, daß man auf Grund der »Rasse« dem Sportverband angehören durfte, das heißt auf Grund der Tatsache, daß man vier getaufte Großeltern hatte. Eine glänzende Idee! Wie dumm wäre es gewesen, wenn man wegen irgendeiner »bürgerlichen« Exzentrität zugelassen worden wäre – weil der »Geist der Nation« (was auch immer das bedeuten mochte) verkörpert werden sollte oder weil man darauf bestehen würde, man solle »lernen, um zu besitzen« (»Faust«). Hier bin ich, Fritz Schulze, Sohn und Enkel der ausschließlich deutschen und arischen Schulzes, 1,80 groß, blond, blaue Augen, ohne körperlichen Makel, ohne Seele und daher zur auserwählten Rasse gehörig, für die Gott sei Dank alles geopfert, mit anderen Worten, aller Ballast über Bord geworfen werden muß. Es kann nicht geleugnet werden, daß dieser einfache Religionsersatz viele Nazi-Schulzes glücklich gemacht hat. Es war ein billiges, vorgefertigtes Glück, wie sie es vorher nie gekannt hatten.
Wir wollen sofort einige Mißverständnisse ausräumen, die vielleicht durch dieses Bild entstanden sind, das nur in groben Umrissen gezeichnet worden ist.
Wenn wir von der Generation von 1900 bis 1910 sprechen, gehen wir natürlich nicht davon aus, daß jede Person dieser Generation ein Nazi ist, und auch nicht davon, daß in der vorangehenden Generation keinerlei Nazis vorkommen, sondern davon, daß die nazifreundliche Einstellung in der erstgenannten Generation weiter verbreitet ist. Das Bild sieht bei der nachfolgenden Generation, die im Dritten Reich groß geworden ist, wieder anders aus. Wir haben versucht, deutlich zu machen, wie der Nazismus die

Seele eines einfachen, durchschnittlichen Menschen dieser Zeit beeinflußt hat. Selbstverständlich gab es unter den Nazis auch viele, die durchaus intelligent waren. Das Bild verschiebt sich damit. Die Hauptschwierigkeit besteht darin, daß mit diesen intelligenten Nazis der Verzicht auf Intelligenz oder, vielleicht genauer gesagt, deren Pervertierung zu einem zusätzlichen Stimulus des Nazismus wurde. Denn Intelligenz gehörte zu den Merkmalen, die von dieser Generation instinktiv abgelehnt wurden, und da Intelligenz sich dort, wo sie vorhanden ist, schwer ausrotten läßt, muß sie wenigstens mißbraucht werden. Auch die Dummheit kann tatsächlich eine Menge hervorragender Köpfe gebrauchen, um sich zu rechtfertigen, und die Rolle des *Advocatus Diaboli* ist nicht ohne Reiz. Es kommt vor, daß man unter den Nazis Leute findet, die diese Rolle spielen.

Betätigungsdrang, Sensationsgier und Abenteuerlust auf der einen und geistige Trägheit, Phantasielosigkeit und Lebensuntüchtigkeit auf der anderen Seite waren die Eigenschaften, die in einer einzigen Generation von Deutschen so weit verbreitet und für den Nazismus wesentlich waren. Es ist schwer zu sagen, welches nun ihre positive und welches die negative Seite ist. Soweit wir wissen, hat diese Generation wie nie zuvor aus der Not eine Tugend gemacht und von vorhandener Schwäche und Leere, von Gedankenlosigkeit, Gefühllosigkeit und Unwissenheit, von Nihilismus und Zynismus Nutzen gezogen: Sie hat daraus Stärke, Enthusiasmus und Elan gewonnen.

Psychologen werden in einer fernen Zukunft nicht leugnen können, wie eigenartig dieses Phänomen war. Die reale Gefahr und die Stärke der Nazis variieren je nach deren geistiger Minderwertigkeit; fast jedem »dynamischen« Plus steht ein moralisches Minus gegenüber. Die Nazis sind Menschen mit einem psychischen Defizit, die, weil sie keine Lebensart haben, die eigentlichen Werte des Lebens wie Liebe, Verantwortungsbewußtsein und Lebensfreude nicht kennen. Seelisch unterentwickelt und verkümmert, sind sie eine bedrohliche Macht, die, wenn sie sich voll entfaltet hat, nur schwer gezügelt werden kann. Das ist das Phänomen des Nazismus.

Hier sei ein weiteres Beispiel genannt, um das Gesagte zu verdeutlichen: die Grausamkeit der Nazis.

Jeder weiß, daß diese Männer innerhalb und außerhalb ihrer Konzentrationslager jahrelang täglich Greueltaten begangen haben, die in ihrer Art und ihrem Ausmaß in der europäischen Geschichte beispiellos sind. Ich möchte dem Leser Einzelheiten ersparen. Die Fakten sind bekannt. Jeder, der sie nicht kennt, sei auf das Weißbuch der britischen Regierung verwiesen, das jedoch im Vergleich zur großen Menge der festgestellten grauenhaften Tatsachen nur einen verschwindend kleinen Teil der weniger schlimmen Fälle enthält.

Wenn jemand den subjektiven Faktor dieser Fälle, nämlich den Täter, genauer unter die Lupe nimmt, erwartet ihn eine Überraschung: Der Täter paßt nicht zu den Untaten. Das Ungeheuerliche wird von sehr durchschnittlichen, schwachen, unbedeutenden Männern begangen. Psychisch, nicht moralisch, besitzen sie allesamt nicht die absolute Eigenschaft der Grausamkeit. Die wäßrigen, ausdruckslosen Augen dieser hochgewachsenen SS-Männer enthalten nichts von der sinnlichen, bewußten Grausamkeit, die vielleicht Europa im Mittelalter gekannt hat. Sie sind nur Männer von ungeheurer Gefühllosigkeit. Sie steigern die Qualen ihrer Opfer und denken sich täglich neue Torturen aus, um ein wenig sadistische Lust dabei zu empfinden, genauso wie ein impotenter Mann versucht, sich mit jedweder Perversion zu stimulieren. Nicht anders sind ihre bürokratischen Kollegen, die in den Büros sitzen und ihre Opfer mit Methoden quälen, die zwar geringere körperliche Schmerzen hervorrufen, aber nicht weniger wirksam sind. Dieser Sadismus ist überall pedantisch und roh, und die Qualen der Opfer werden damit ins Unerträgliche gesteigert. Die Folterknechte müssen den Opfern ein Maximum an Schmerzen bereiten, damit ihre eigenen abgestumpften Nerven überhaupt etwas spüren. Und dies – das Wiedererwachen des Sadismus, für dessen Verhinderung und Unterdrückung das christliche Europa zweitausend Jahre lang gekämpft hat – ist der einzige Beitrag der Nazis zur Kulturgeschichte. Aber obgleich die Brutalität das einzige ist, wozu sie sich emporschwingen können, hilft sie ihnen, sich als »tolle Kerle« zu fühlen. Was das betrifft, so müssen die Nazis, zumindest die der ersten Generation, ein Übermaß an Aktivität an den Tag legen, um sich selbst ständig zu beweisen, daß sie etwas darstellen. Ihrer fieberhaften Dynamik liegt die Furcht zugrunde, daß sie völlig bedeutungslos sind. Vielleicht kann man sagen, daß der Nazismus, auf die kürzeste Formel gebracht, Nihilismus in Aktion ist, Weltherrschaft aus Langeweile – etwas ganz Neues in der Geschichte. Kein Wunder, daß es der Welt angesichts eines solchen Feindes schwindelt.

Wenn sich die Menschen die Mühe gemacht hätten, die Nazis zu studieren und deren psychische Möglichkeiten und Grenzen zu untersuchen, hätten sie bald erkannt, daß Hitlers Friedensversprechungen falsch sein *mußten*, selbst wenn er sie ernst gemeint hätte. Mit solchen Anhängern kann es einfach deswegen keinen Frieden geben, weil sie den Frieden sterbenslangweilig finden. Einzig und allein mit der Vorbereitung auf einen Krieg, mit dem Krieg selbst, mit Vernichtung und mit weiteren Kriegsvorbereitungen können sie ihre Zeit totschlagen. Es gibt viele, die sagen, das deutsche Volk bestehe wie jedes andere aus Menschen, die nichts anderes wollen, als in Frieden zu leben, zu arbeiten, zu lieben, Kinder großzuziehen und das Leben zu genießen. Das trifft sicherlich nicht auf jenen Teil des deutschen Volkes zu, der jetzt Oberwasser hat, auf jene Deutschen, auf denen Hitlers Macht beruht.

Der Gedanke an ein friedliches Leben, an seine Mühen und Freuden, ruft bei den richtigen Nazis, die von Hitler offen umworben und umgarnt wurden (ausgenommen alle anderen Deutschen, die genauso unterdrückt werden wie die Tschechen und die Polen), nichts anderes hervor als ein widerwilliges Gähnen. Wer die ständigen Opfer der Deutschen für »Führer und Volk« bewundert, übersieht die Tatsache, daß alles, was für den normalen Bürger ein Opfer ist, für die Nazis die Befreiung von Unbehagen und Langeweile bedeutet. Sie haben keine Freude an einem Privatleben, an der Familie, an friedlicher Arbeit, an selbständigem Denken oder an Freizeit, im Gegenteil, all das ist ihnen ein Greuel. Und dieses Gefühl schlägt bei ihnen in Haß und Verachtung um, damit sie weiterleben können. Isoliert in einer friedlichen und glücklichen Gemeinschaft, ist ein Nazi natürlich ein sehr unglücklicher Mensch, und Hitler hat ganz recht, wenn er sagt, er habe vielen Unglücklichen zu ihrem Glück und Selbstvertrauen verholfen. Aber was für Leuten? Hier hat das ungeheuer starke Gefühl der Nazis, einen »Clan« oder eine »Horde« zu bilden, seine Wurzeln. Nur eine Umgebung völlig Gleichartiger, die wie er lebensuntüchtig sind und Krieg, Unordnung und Zerstörung als einzigen Lebensinhalt ansehen, kann den Nazi davor bewahren, sich über sein eigenes mißratenes Ich trübe klarzuwerden. Hierin wurzelt der Drang zum ständigen Angriff, das dauernde Verlangen nach Siegen; denn die Nazis brauchen fortwährend den spektakulären Beweis dafür, daß sie den verachteten »Bourgeois« – den Leuten, die gelernt haben zu leben – überlegen sind, sonst könnten sie es nicht glauben. Vor allem benötigen sie ständig große und immer größere Sensationen und Abenteuer, um der Langeweile zu entrinnen, und diese Sensationen können nur kriegerisch und destruktiv sein, weil Frieden für sie gleichbedeutend mit Langeweile ist.

Bernard Shaw fragt selbst heute, ob Hitler nicht friedlich würde, wenn der Vertrag von Versailles annulliert würde, genauso wie Bismarck nach der Gründung des Deutschen Reiches friedlich wurde. Um eine Antwort darauf zu geben, braucht nicht einmal auf ein Argument wie dieses zurückgegriffen werden, nämlich,

daß Hitler mit der Unterwerfung solcher Länder wie der Tschechoslowakei und Polens, die nie zu Deutschland gehört haben, weit über die Annullierung des Versailler Vertrags hinausgegangen ist. Es gibt eine viel bündigere Antwort: hinter Hitler stehen die Nazis. Bismarck hatte nicht Nazis hinter sich, sondern ganz andere Kräfte. Mit Ausnahme einiger ehrgeiziger Offiziere gab es wohl kaum jemanden in Preußen und in Deutschland, der nicht die Segnungen des Friedens einem Leben in endlosen Kriegen vorgezogen hätte. Nicht so die Nazis. Was würden denn die Nazis in Friedenszeiten anfangen? Hitler würde die Zeit vielleicht damit verbringen, riesige Gebäude zu zeichnen, aber wären die Millionen von Nazis mit einem Dasein als Maurer zufrieden? Jeder, der die Nazis kennt, muß über den Gedanken lachen.
Aber auch die Zerstörung der eroberten Länder ist kein ewiges Vergnügen. Es kommt der Tag, da sie völlig und endgültig zerstört sind. Dann muß etwas Neues und Größeres zerstört werden. Genauso wie Morphinisten gezwungen sind, ihre Dosis zu steigern, wenn sie eine wahrnehmbare Wirkung erzielen wollen, müssen die Nazis ihre Unternehmungen ausweiten. Das ist durch eine Steigerung ihres Kriegspotentials möglich. *Die Nazis sind tatsächlich von Natur aus unfähig, im Frieden zu leben.* Das ist die einfache und schreckliche Wahrheit, der man ins Auge blicken muß. Alle ihre Vorwände für ihre Kriege – die übrigens nicht im Jahre 1939 begonnen haben –, mögen es die nur scheinbar berechtigten Klagen über den Versailler Vertrag oder die provokatorischen Lügen sein, die den Angriffen auf Österreich, die Tschechoslowakei und Polen vorangingen, dienen nur dazu, den »Bourgeois« sowohl in Deutschland als auch im Ausland Sand in die Augen zu streuen. Die deutschen »Bourgeois«, die mit ein wenig »Nachhilfeunterricht« seitens der Gestapo loyal geblieben sind, lassen es zu, daß ihnen ein X für ein U vorgemacht wird. Bernard Shaws Beispiel zeigt, daß es auch außerhalb von Deutschland Leute gibt, die sich täuschen lassen.

Die Nazis waren eine menschliche und kulturelle Kuriosität, bevor sie ein politisches Phänomen wurden. Sie lassen sich noch heute besser als eine bestimmte Gruppe von Leuten, als eine psychologische Spezies, definieren denn als eine politische Organisation. Denn nicht jedes Mitglied der Nazipartei ist, wie wir bereits festgestellt haben, ein Nazi. Es hat nicht geklappt, einen »Orden« ins Leben zu rufen, durch den die echten Nazis eine politische Organisation in reiner und umfassender Form erhalten hätten. Zwei Entscheidungen Hitlers haben das verhindert. Die eine traf er bereits in der »Zeit des Kampfes«, vor der Machtergreifung, als das allerwichtigste Ereignis stattfand, nämlich als sich die über ganz Deutschland verstreuten Nazis zusammentaten, um die Partei, die politische Organisation, zu gründen. Wir haben gesehen, daß Hitler immer darauf bedacht war, jene Personen für sich einzunehmen, die er am meisten brauchte: die Nazis. Aber eine seiner politischen Schwächen, die sich bereits in jenen Anfangsjahren bemerkbar machte, ist seine ständige Effekthascherei, die ihn immer wieder dazu verleitet, seine politischen Konzepte verzerrt darzustellen, um sie den Leuten schmackhaft zu machen. Er konnte es nicht lassen, die Aufforderung zum aktiven Nihilismus mit einem vorgetäuschten Patriotismus, Sozialismus und Heroismus zu verbrämen und ihn dadurch zu verwässern und zu entwerten. Die meisten kamen rasch dahinter, doch einige fielen darauf herein. So kommt es, daß sich unter den ältesten Parteimitgliedern einige befinden, die keine Nazis sind, sondern entweder Patrioten, Sozialisten und Romantiker oder verwirrte Idealisten. Im Unterschied zu den echten Nazis nahmen sie einige der »Ideen« ernst, die Hitler, der Demagoge, verkündete, zum Beispiel solche Losungen wie »Zurück zum Boden« oder »Gemeinnutz geht vor Eigennutz«. Viele von ihnen fielen vor der Machtergreifung ab. Eine solche Gruppe von Abtrünnigen ist die »Schwarze Front«, die noch heute ein Ärgernis für die Nazis ist. Diese Pseudonazis, die irrtümlich in die Partei eingetreten waren, liefern heute einige der auf besten Insiderinformationen beruhenden Kritiken des Nazismus, so zum Beispiel Strasser und Rauschning. Andere hatten dazu keine Möglichkeit, denn es ist nicht leicht, die Partei zu verlassen, wenn man erst einmal drin ist, und diese Leute erkennt man nur, wenn man trotz ihres goldenen Parteiabzeichens mit ihnen ins Gespräch kommt. Das Vorhandensein dieser Nichtnazis in der alten Garde der Partei (von denen es einige Tausende gibt) trägt zu jener Inkohärenz und Schwäche des Kernes dieser nach außen hin starren Organisation bei, die für einen aufmerksamen Beobachter deutlich erkennbar sind.

Diese Mängel sind noch deutlicher geworden auf Grund des Beschlusses – und das ist Hitlers zweite Entscheidung –, mehrere Millionen neuer Mitglieder in die Partei aufzunehmen oder gar in sie zu zwingen. Es ist bekannt, daß Hitler und seine Berater lange zögerten, bevor sie diesen Beschluß faßten, und daß ihre Politik im Gegenteil mehrere Jahre lang das Ziel verfolgte, die Partei als einen aus den echten Altnazis bestehenden »Orden« zu erhalten, der durch Mitglieder der Hitlerjugend verstärkt werden sollte. Das wäre der einzig mögliche Kurs gewesen, wenn die wirklichen Nazis der Kern der Stoßtruppen hätten bleiben sollen und Hitlers Erfolgsrezept, das sich an die »dynamischen« Typen richtete und alle anderen zur Unterordnung verdammte, weiter angewendet worden wäre. Aber dieses Ziel wurde aufgegeben, und die Partei hat heute mehr Mitglieder, die in den Jahren 1937/38 aufgenommen wurden, als »wahre« Nazis, die aus der Zeit vor 1933 stammen. Es kann keinen Zweifel daran geben, daß die Partei als Machtinstrument erheblich darunter gelitten hat. Sie hat zwar jetzt beträchtlich an Größe gewonnen, aber an Solidität verloren. Die heutige Mammutpartei ist gegen eine Spaltung weniger immun, als es die alte, kleinere, aber psychisch homogenere Gruppe der waschechten Nazis war.

Man muß sich jedoch vor dem in den demokratischen Ländern

weit verbreiteten Fehler hüten, daraus die Schlußfolgerung zu ziehen, die neuen »Parteigenossen« könnten durch ihre Meinungen und ihr Votum den Charakter der Partei von innen heraus ändern und schließlich die echten Nazis verdrängen. Diese Möglichkeit existiert nicht. Die NSDAP ist nicht eine »Partei« in demokratischem Sinne, sondern eine Organisation, die noch autoritärer ist als das von ihr beherrschte Dritte Reich. Der einfache Parteigenosse hat nur Pflichten, keine Rechte, obwohl er außerhalb der Partei vielleicht gewisse Privilegien genießt und andere einzuschüchtern vermag. Das einzige, was er zu tun hat, ist, »seinen Mund zu halten« und zu gehorchen. Er hat sogar noch striktere Befehle zu befolgen und wird noch stärker kontrolliert als der gewöhnliche »Bürger«. Er ist dazu verpflichtet, einen beträchtlichen Teil seiner Freizeit und seines Geldes für die Partei zu opfern, und bei dem geringsten Anzeichen eines Gesinnungswandels oder einer eigenen Meinung droht ihm noch schwereres Ungemach als anderen. Ganz abgesehen von finanziellen Erwägungen und Prestigegründen kann bei der Entscheidung, die Partei für neue Beitritte zu »öffnen«, vielleicht der Wunsch eine Rolle gespielt haben, einige Millionen von Menschen – von denen viele »höhere« Posten innehaben und Einfluß besitzen – fester im Griff zu haben. Diese Leute, die allein schon dadurch einen Beweis für Charakterschwäche geliefert haben, daß sie die Aufnahme in die Partei beantragten, tendieren, sobald sie ihr angehören, ohne Zweifel dazu, rasch ihre bisherigen Meinungen aufzugeben und das nazistische Gedankengut zu übernehmen. Denn nur sehr starke Charaktere sind in der Lage, weiter so zu denken und zu fühlen wie bisher, während sie etwas anderes sagen und tun müssen. Sobald Worte und Verhaltensweisen unwiderruflich vorgeschrieben sind, passen sich schwächere Charaktere mit ihren Gedanken und Gefühlen allmählich an. Und die neuen Parteigenossen sind, wie wir bereits erwähnten, nicht die stärksten Charaktere.

So weit, so gut – anscheinend. Aber nicht nur anscheinend. Denn es besteht letzten Endes ein großer Unterschied zwischen denen, die aus Schwäche oder Berechnung, oder weil sie anpassungsfähig sind, nazistische Überzeugungen annehmen, und echten Nazis. Die einen sind die Männer, die mit den Wölfen heulen, und die anderen die Wölfe, oder, anders ausgedrückt, die einen brummen mit den Dynamos, und die anderen sind die Dynamos. Die Altnazis sind die Männer, die Nazis auf Grund eines Minderwertigkeitskomplexes sind, weil sie nichts anderes sein können und weil sich in ihrer Aggressivität die ganze Energie äußert, die aus der Verzweiflung entsteht und kein anderes Ventil hat. Die neuen Parteigenossen sind lediglich Mitläufer. Die irrationale Aufforderung, die Hitler an aktive Nihilisten richtete, um sie als Gefolgsleute zu gewinnen, war ein Geniestreich; die Methode, mit der er heute aus den Schwächsten und Gefügigsten mit Zwang und Überredung Nazis macht, ist ein politisches Hasardspiel. Es beruht auf einer großen Fehlkalkulation, die erst dann sichtbar werden wird, wenn die Partei einem großen Druck und einer starken Belastung ausgesetzt ist. Wenn der Augenblick für den entscheidenden Test gekommen ist, bei dem die Partei als letzten Ausweg die Skrupellosigkeit auf die Probe stellt, und wenn sie ohne jede moralische Unterstützung mit nackter Gewalt ein störrisches Volk regieren muß, werden wir sehen, wieviel weniger sie heute dafür geeignet ist als noch vor drei Jahren. Wir haben erfahren, daß es bereits einige Parteigenossen, kleine Funktionäre und Blockwarte gibt, die mit ihren Nachbarn gemeinsam ausländische Sender hören, statt diese Nachbarn zu denunzieren. Das bedeutet an sich nicht viel, doch es straft das Land Lügen. 1933 wäre das unmöglich gewesen.

Momentan halten die alten und echten Nazis die Zügel fest in den Händen, während die unechten und die neuen Nazis rein äußerlich weitestgehend konform gehen, und es entsteht der allgemeine Eindruck, daß es eine homogene, vitale politische

Armee sei. Aber der Notstand ist noch nicht eingetreten. Wenn das der Fall ist und wenn alle Nazis unter großem Druck und unter sehr ungünstigen Bedingungen auf die Probe gestellt sind, wird man wahrscheinlich feststellen, daß ein großer Teil der Parteigenossen, besonders jene spät hinzugekommenen Mitglieder, den Test nicht bestehen werden. Aber eine solche Situation kann nicht durch Propaganda herbeigeführt werden, sondern nur durch Druck. Die Propaganda muß in ganz anderen Richtungen entfaltet werden und andere Personen beeinflussen. Was die neuen Parteigenossen betrifft, so können wir sie dadurch einem starken Druck aussetzen oder großes Unbehagen in ihnen hervorrufen, daß wir sie beim Wort nehmen, sie wie die Nazis behandeln, die sie zu sein vorgeben, und schonungslos Krieg gegen sie führen. Je offener wir versuchen, ihnen den Rückzug abzuschneiden, um so mehr werden sie sich instinktiv bemühen, ihn zu decken. Obwohl sie als Typus vielleicht nicht weniger abstoßend sind als die eingefleischten Nazis, möchten sie im Unterschied zu diesen um keinen Preis als Verlierer dastehen und lassen zu, daß Angst und Berechnung ihr Verhalten bestimmen. Erfolg und Macht haben auf sie eine große Anziehungskraft ausgeübt, Mißerfolge und Schwächen werden das Gegenteil bewirken. Und nur das! Es wäre ganz falsch, sie mit dem »anständigen deutschen Volk« zu verwechseln, mit dem wir »nicht verfeindet« sind und das nur aufgeklärt und befreit werden muß. Sie haben in den feindlichen Linien Stellung bezogen. Aber sie sind dort die schwächste Stelle, gegen die der stärkste Schlag geführt werden muß.

Es hat den Anschein, als ob höhere Parteikreise sich dessen bewußt sind, daß die Partei »verwässert« wurde und kein schlagkräftiger Stoßtrupp mehr ist. Und nicht nur die Partei. Alle Massenorganisationen, wie zum Beispiel die SA, die Arbeitsfront und der Reichsnährstand, in die eine große Anzahl gefügig gemachter Nichtnazis hineingedrängt wurde, tendierten in den letzten Jahren dazu, aus der vordersten Linie der politischen Front zu verschwinden, und werden zu einer Art von Reserve. Zwei Organisationen haben im Gegensatz dazu an Einfluß gewonnen: die Hitlerjugend und die Gestapo. In beiden ist die zweite Generation der Nazis stark vertreten – die Jugendlichen, die unter Hitler groß geworden sind und ein normales, zivilisiertes Leben faktisch nicht kennen. Die beiden wichtigsten Ereignisse der jüngsten deutschen Geschichte waren die folgenden: erstens die Tatsache, daß zum größten Teil die Hitlerjugend – das heißt Jugendliche im Alter von 14 bis 18 Jahren – damit beauftragt wurde, die großen Judenpogrome vom November 1938 durchzuführen, und zweitens, daß die Gestapo unmittelbar nach Ausbruch des jetzigen Krieges, als die Weltkriegsveteranen ungeachtet ihrer Zugehörigkeit zur Nazipartei an die Front geschickt wurden, ihre Freiwilligen aus den Reihen der Siebzehn- bis Dreiundzwanzigjährigen rekrutierte. Beide Ereignisse zeigen, daß das Naziregime sich immer mehr auf seine zweite Generation verläßt.

Hier beweisen Hitler und seine Stellvertreter jenen sicheren Instinkt, der sie selten im Stich läßt, wenn es auf die Erhaltung ihrer Macht ankommt. Denn während alle ihre Reden über die Einigung des deutschen Volkes und dessen nationalsozialistische Erziehung nur leeres Geschwätz sind, wurde bei der heranwachsenden Generation das Ziel der nationalsozialistischen Erziehung weitgehend erreicht.

Die Entfaltung des Nazismus in Deutschland erstreckt sich über drei Generationen. Sie beginnt mit der Freigeisterei und dem Zynismus derjenigen, die zwischen 1870 und 1900 geboren sind: der ersten Generation, die im Dritten Reich groß werden sollte. In dieser Generation fängt das an, was man als Verfall des deutschen Geisteslebens bezeichnen kann: die Apostasie von jenem Humanismus und jener Achtung der geistigen Werte, die in den hundert Jahren zwischen 1770 und 1870 Deutschlands Größe ausgemacht und ihm, ohne daß sie zur Reichseinigung führten, zu einem so hohen Ansehen in der europäischen Zivilisation verholfen hatten. Die deutsche Geistigkeit wurde jetzt durch die Anbetung des zeitweiligen Erfolges ersetzt. Sogar vor 1914 waren einige charakteristische Elemente des Nazismus in Deutschland vorherrschend: Zivilisationsmüdigkeit, Zynismus, Nihilismus, der seine Wangen rot schminkt und Vitalität vortäuscht, großdeutsche Ambitionen, Friedensmüdigkeit und frohe Erwartung des Krieges, der, als er kam, mit Freuden- und Heilrufen begrüßt wurde. Dann ein Einschnitt: die »Kriegsgeneration«, die den Krieg erlebt und seine Last getragen hatte, von ihm genug hat und nichts mehr von ihm wissen will. Aber diese Generation will von gar nichts etwas wissen, sie hat keine positiven Ziele, keine geistigen Traditionen; sie welkt nur dahin.

Die nachfolgende Generation – die erste Nazigeneration – vollendete den offenen Bruch mit den europäischen Werten, für die ihre Väter noch ein Lippenbekenntnis abgelegt hatten, und bekennt sich rückhaltlos zum Nazismus. Zugleich haben die Vertreter dieser Generation noch das Gefühl, »revolutionär« zu sein, sie verspürten, zumindest noch am Anfang, den Rausch des Aufruhrs, des großen Abenteuers, der Anarchie. Unter ihnen befinden sich noch pittoreske Verschwörer und bewaffnete Ritter, Gestalten wie Röhm, Roßbach und Ehrhardt. Sie haben immer noch eine letzte, verdrehte Beziehung zum großen europäischen und deutschen Geistesleben, und sei es nur eine des Ressentiments und des Hasses. Bei ihnen spürt man noch einen schwachen Abglanz von dem, was sie zerstören … Die nächste Generation wächst in einer Maschinenwelt auf, die bereits tot und steril ist. Sie kennt nichts Besseres.

Die zweite Nazigeneration besteht ganz allgemein aus nach 1918 Geborenen. Sie ist zum größten Teil nie mit den Werten, Problemen und Ideen in Berührung gekommen, welche die europäische Zivilisation ausmachen; diese jungen Leute kennen davon nur einen dunklen, verdrängten, heuchlerischen Aberglauben vergangener Zeiten und unterentwickelter Demokratien. Sie besuchten heruntergekommene Schulen, in denen sie nichts lernten. Viele von ihnen kommen aus Nazifamilien, und alle sind so erzogen, daß sie ihrer Familie mißtrauen, wenn diese nicht nationalsozialistisch ist. Alle marschierten vom zehnten Lebensalter an. Für alle war der Nazismus von Kindheit an die einzige geistige Nahrung, die ihnen geboten wurde, und allen hat sich unauslöschlich die Idee des Reichsbundes für Leibesübungen eingeprägt, daß sie als seine Mitglieder ihr Leben für den Nazismus hingeben müssen. Diejenigen von ihnen, die auf Grund ihrer jugendlichen Neigung zum Widerspruch und zur Kritik diese Ideen ablehnen, haben noch nichts anderes gefunden, woran sie glauben und wofür sie eintreten können. Ihre einzigen Alternativen sind Zynismus und ein Schulterzucken. Diejenigen jungen Leute, deren Familien zivilisiertere Traditionen bewahrt haben, leben schon von früh auf in zwei Welten und lernen, ein Doppelleben zu führen sowie den Heuchler zu spielen, so daß sie oft bald nicht mehr wissen, wann sie aufrichtig sind und wann sie heucheln. Die Mehrheit jedoch, die Masse, verbringt ihre Zeit damit, daß sie trainieren, Trommeln schlagen, Nazilieder singen und in Vorbereitung auf künftige Kriege und Siege Synagogen niederbrennen (und morgen werden es katholische Kirchen sein), ihre Verwandten denunzieren, jüdische Geschäfte plündern, in Lastautos durch die Straßen jagen und sich mit 17 freiwillig bei der Gestapo oder der SS bewerben.

Diese Generation von Nazis kennt die patriotische Gefühlsduselei nicht, die Hitler noch immer so sehr liebt. Spricht man mit diesen jungen Leuten, könnte man zuerst glauben, sie seien knallharte Anhänger der Opposition, so geringschätzig sprechen sie vom »offiziellen Geschwafel« über »Blubo«[17], »Führer und Volk«, »Kraft durch Freude«, »Winterhilfe«, »die versklavten Sudeten-

---

17 »Blut und Boden«. [Anm. d. Ü.]

deutschen« usw. In Wirklichkeit sind sie so gute Nazis, daß sie das Geschwafel nicht mehr brauchen. Bei ihnen hat der Nationalsozialismus seine pompösen Relikte aus den Tempeln von Wagner und Makart, in denen Hitler betet, hinausgeworfen und ist rationell geworden. Was sie inspiriert und begeistert, ist die schon gar nicht mehr verheimlichte Vision von jener riesigen, uniformen Einrichtung für Arbeit, Fortpflanzung und Erholung, zu der sie die eroberte Welt machen wollen: der Traum von der *Tabula rasa*. Die Intelligenten unter ihnen lesen Jünger und Niekisch, und der Ausspruch des sowjetischen Marschalls Tuchatschewskij »Die Welt muß wieder nackt werden« findet bei ihnen große Resonanz.

Diese Jungen neigen nicht zu heftigen Gefühlsaufwallungen wie die älteren Nazis, die sich damit zu berauschen pflegen. Ihr Stil ist fast trocken. Für sie bedeuten Mord, Folter und Zerstörung nicht mehr das wollüstige Chaos, sondern »die neue Ordnung«. Das Leben in den Räumen des Wachpersonals der Konzentrationslager ist das einer flotten, sachlichen Kameradschaft. Der Apostel dieser Generation ist nicht der etwas langweilige Führer, den sie momentan unangetastet lassen, aber über den sie sich durchaus wie über einen leicht lächerlich wirkenden alten Pauker lustig machen, sondern Himmler, der Mann der pedantischen, methodischen Vernichtung, der nie erregte, schmallippige, lächelnde, ruhige Henker mit dem Kneifer auf der Nase. Rauschning findet, daß die deutlichen ästhetischen und persönlichen Unzulänglichkeiten, die die erste Generation der Nazis verkörperte, bei der zweiten Generation nicht so auffallend sind. Nun ja, das ist eine Geschmacksfrage. Ich persönlich fände, wenn ich eine Wahl treffen müßte, diese Hysteriker trotzdem nicht ganz so abstoßend wie diese Musterschüler der Unmenschlichkeit.

Eine Tatsache darf nicht unerwähnt bleiben: die frappierende Ähnlichkeit der zweiten Nazigeneration mit der zweiten Generation der Bolschewiken in Rußland. Es kann nicht geleugnet werden, daß beide Generationen sich sehr voneinander unterscheiden. Aber beide standen auffällig genug im Dienst der Beseitigung der Freiheit. Die einen begannen damit, die ökonomische Freiheit und das Privateigentum abzuschaffen, und gingen später dazu über, die Rede-, Gewissens- und Meinungsfreiheit zu beseitigen, die anderen gingen in der umgekehrten Reihenfolge vor. Beide beleidigten sich gegenseitig auf unbeschreibliche Weise und versuchten ihr Volk davon zu überzeugen, daß es keinen tieferen und tödlicheren Gegensatz auf Erden gäbe als zwischen diesen beiden Methoden, das gleiche zu tun – ein Schauspiel, das im Rückblick nicht einer gewissen Komik entbehrt. Sei es, wie es sei, doch ist die Freiheit des Menschen in allen ihren Formen sowohl in Rußland wie in Deutschland beseitigt worden. In beiden Staaten sind nun die trennenden ideologischen Hüllen gefallen oder durchsichtig geworden – auch dann, wenn in Deutschland Hitler und Göring noch nicht zu Trotzkisten erklärt und liquidiert worden sind. In all seiner nackten Monstrosität steht der Roboter da: der Mensch, der jede Verbindung zur Menschlichkeit verloren hat und nach Plan lebt, das Produkt einer Zuchtanstalt, ein Rädchen im Getriebe einer Maschinerie für die Industrie und den Krieg, mit »Kraft durch Freude« oder mit Sport geistig abgelenkt und mit Autofahren oder Fallschirmspringen emotional befriedigt, ein Mensch, der den Arm hebt und unartikulierte Laute von sich gibt wie ein Automat, Sätze wie ein Papagei äußert und dazu bereit ist, alles zu tun, was ein unbekanntes Zentrum befiehlt – ein Mensch, dem man sein Bewußtsein, seinen Verstand und seine Seele wie durch eine Operation entfernt hat.

In der ersten Generation geschah dies unter einem ideologischen Vorwand, in der zweiten Generation existiert dieser Vorwand nicht mehr, und es erhebt sich allen Ernstes die Frage, ob diese Lebewesen noch Menschen genannt werden können. Rein körperlich sind sie allem Anschein nach noch Menschen, geistig aber

nicht mehr. Doch wer weiß, wie wenig Generationen es dauern wird, bis sie vielleicht auch körperlich degenerieren werden.
Derzeit interessiert uns weder das Geistige noch die Biologie, sondern die Politik. Und aus unseren Beobachtungen läßt sich eine sehr klare politische Schlußfolgerung ziehen.
Zahlreiche freiwillige und unfreiwillige Propagandisten Hitlers versuchen momentan, die Westmächte damit zu erschrecken, daß die einzige Alternative zum Nazismus in Deutschland der Bolschewismus sei und daß ein besiegtes Deutschland aus reiner Schikane bolschewistisch würde. Die Wahrheit ist, daß dies nicht die *Alternative* zum Nazismus ist, sondern die unvermeidliche und vorhersehbare *Konsequenz*, und daß, was immer auch mit einem besiegten Deutschland geschehen kann, ein siegreiches Deutschland diesen Weg einschlagen muß. Das folgt nicht so sehr aus dem gegenwärtigen Ribbentrop-Molotow-Pakt, einem rein taktischen Manöver, sondern aus der inneren Entwicklung beider Länder, die zunehmend parallel verläuft. Rußland ist heute in vieler Hinsicht bereits nazistisch und die zweite Nazigeneration – die Nomenklatura in beiden Fällen ausgenommen – bolschewistisch. Es ist sehr gut möglich, daß die zweite Nazigeneration im Moment der Niederlage versuchen wird, sich selbst mittels einer Rochade zu retten. Sie werden ihre Etiketten ändern und sich Bolschewisten nennen, ihre früheren Führer liquidieren, wie das die Russen 1936/37 getan haben – und weiter herrschen wie bisher. Eine solche Namensänderung sollte niemanden besonders erschrecken. Ein »bolschewistisches Deutschland« würde bedeuten, daß nach der Umtaufung alles beim alten bliebe; die gleichen Leute würden prügeln und geprügelt werden, und Deutschland würde die gleiche Gefahr für die Welt darstellen.
Aber wir sagen nicht, die Welt müsse dies zulassen. Die praktische Antwort auf die Drohung eines sowjetischen Deutschland besteht darin, daß nicht nur der Nazismus bekämpft und vernichtet werden muß, sondern auch die Nazis. Die Gefahr eines bol-

schewistischen Deutschland wird mit diesen Leuten verschwinden.

Die theoretische Antwort besteht jedoch in Folgendem: Heute, da die Deutschen eine überlegene Koalition zum Krieg herausgefordert haben, liegt es nicht mehr in ihrer Hand, uns mit einem Deutschland zu drohen, das nach ihrem Willen gestaltet ist. Das heutige Problem, mit dem sich die Patrioten unter ihnen gedanklich auseinandersetzen müssen, ist, ob Deutschland überhaupt in irgendeiner Form erhalten werden kann. England und Frankreich haben es erstaunlicherweise bisher unterlassen, den Deutschen zu versichern, daß die Möglichkeit der Vernichtung Deutschlands besteht und daß nur sie selbst diese Gefahr durch eine positive Anstrengung beseitigen können. Eine solche Erklärung würde die außenpolitischen Auffassungen erschüttern, die von den loyalen und patriotischen Deutschen außerhalb der Nazipartei vertreten werden. Sie würde ihnen zumindest die Verantwortung verdeutlichen, von der sie – ob man es glauben will oder nicht – gegenwärtig nichts zu wissen vorgeben.

IV. Die loyale Bevölkerung

Es ist sehr wichtig, daß wir den Unterschied zwischen den Nazis und den loyalen Deutschen begreifen, und zwar nicht aus Rücksicht auf die letzteren und auch nicht deswegen, weil man ihnen sehr unrecht täte, wenn man sie mit den von ihnen unterstützten Nazis in einen Topf würfe, sondern weil die Unterscheidung zwischen Kerntruppen und unausgebildeten Hilfstruppen auf dem moralischen und psychologischen Schlachtfeld genauso wichtig ist wie auf dem militärischen und strategischen.
Sicherlich macht es für den Soldaten im Felde keinen Unterschied, ob sein Gegner auf ihn schießt, weil er selbst ein Nazi ist und schon allein deswegen gern schießt, oder weil er ein loyaler Deutscher ist und das Schießen als eine drückende, aber patriotische Pflicht ansieht, oder weil er gezwungen ist, gegen seinen Willen zur Waffe zu greifen, und keine andere Wahl hat, als die Zähne zusammenzubeißen und zu schießen, um nicht selbst erschossen zu werden. Doch für den Propagandisten und den Politiker, die bestrebt sind, die Aufgabe des Soldaten zu erleichtern und den Krieg möglichst zu verkürzen, macht es durchaus einen Unterschied. Im ersten Fall kann nichts anderes getan werden, als den Soldaten physisch kampfunfähig zu machen; im zweiten und im dritten Fall gibt es vielleicht psychologische und politische Mittel, die, wenn sie richtig angewendet werden, den Soldaten dazu bringen, nicht zu schießen; damit bewirken sie vom militärischen Standpunkt aus genausoviel und vom politischen Standpunkt aus vielleicht sogar noch mehr, als wenn er totgeschossen, verwundet oder gefangengenommen werden sollte. Aber wenn man diese Mittel richtig anwenden will, muß man genau wissen, mit welcher Art von Menschen man es zu tun hat und wie er die Dinge sieht. Es hat keinen Sinn, ungeduldig zu sagen: »Mitgefan-

gen, mitgehangen!« Es ist besser, die Motive des zweifelnden Anhängers zu prüfen. Dann kann man vielleicht Gegenargumente entwickeln, die ihn zur Aufgabe seiner Überzeugungen bringen und die einem selbst die Mühe zu ersparen, ihn zu fangen und zu hängen. Aber das heißt ja nicht, daß die Gegenargumente ausschließlich aus Schulterklopfen und Süßholzraspeln bestehen müssen.

Wir wollen auf diese Fragen näher eingehen. Wer stellt die loyale Bevölkerung in Deutschland dar? In welcher Hinsicht unterscheidet sie sich von den Nazis? Wieso toleriert und unterstützt sie diese trotzdem?

Der loyale Teil der deutschen Bevölkerung, das heißt diejenigen, die dem Naziregime treu dienen, ohne Nazis zu sein, macht heute 40 Prozent der Gesamtbevölkerung Deutschlands aus, und wenn man allgemein von »den Deutschen« oder »dem Durchschnittsdeutschen« spricht, denkt man unwillkürlich an diese Menschen. Sie sind zugleich jene Bevölkerungsgruppe in Deutschland, die historisch am deutlichsten im Abnehmen begriffen ist. Im Kaiserreich und im Ersten Weltkrieg stellte sie fast 90 Prozent der Bevölkerung dar, bei bestimmten Höhepunkten, wie zum Beispiel im August 1914, sogar beinahe 100 Prozent. Ihre politische Grunddoktrin war »Kaiser und Reich«, das heißt, sie waren dazu bereit, für »Kaiser und Reich« einen größeren Teil ihres Lebens – in Form von Zeit, Geld und Arbeit – zu opfern, als die meisten Menschen für den Staat zu opfern gewillt sind. Dafür erwarteten sie von »Kaiser und Reich«, daß eine Politik betrieben wurde, die ihre ziemlich empfindliche Eigenliebe befriedigte, ihnen das Gefühl gab, »stolz darauf zu sein, Deutsche zu sein«, und ihnen einen privaten Freiraum garantierte, in dem sie »einfach Mensch sein« konnten. In diesem Gehege waren sie auf ihre Weise reizend und hochzivilisiert. Im politischen Bereich, in ihrer Eigenschaft als Untertanen des Kaisers und als Reichsbürger, spielten sie selbst damals nur eine unbedeutende Rolle.

Eine Zeitlang ging alles glatt. Aber unter der Oberfläche hatten sich viele Veränderungen vollzogen. Erstens war das Kaiserreich auf eine ungewöhnliche Art zusammengebrochen, wodurch jedem unvoreingenommenen Beobachter klar wurde, daß ein verborgener Konstruktionsfehler vorgelegen hatte. Obwohl der Schaden bis zu einem gewissen Grade repariert wurde und viele Deutsche niemals in vollem Umfang begriffen haben, was er eigentlich bedeutete, veranlaßte er manche doch zum Nachdenken. Zweitens hatten sich die zerstörerischen Elemente in der großen, indifferenten Masse der loyalen Bevölkerung – die Feinde der Zivilisation – unter dem Nazibanner versammelt. Und drittens ergriffen diese eines Tages die Macht. Das blieb nicht ohne Wirkung auf die ursprünglich loyale Bevölkerung. Denn die neuen Herren machen sich im Unterschied zu den alten nicht im geringsten die Mühe, ihren Untergebenen private Freiräume zuzubilligen, sondern befehlen ihnen kühl und unverhohlen, sich dem Staat »total« zur Verfügung zu stellen, und verfolgen eine Politik, die jedem anständigen Deutschen die Schamröte ins Gesicht treibt. Sie haben tatsächlich einen Teil der zahlreichen devoten Untertanen des Kaiserreiches dazu getrieben, illoyal zu werden. Aber der noch etwas zahlreichere Rest versucht unter völlig veränderten Bedingungen, blind und mit Gewalt an den alten Prinzipien festzuhalten, die ihr Leben unter dem Kaiser bestimmten, mit dem einzigen Unterschied, daß der Ausdruck »Kaiser und Reich« durch »Führer und Volk« ersetzt wurde. Diese Leute glauben nach wie vor, sie brächten einfach ein paar Opfer, damit sie weiterhin stolz darauf sein können, Deutsche zu sein, und im privaten Umgang sind sie überraschenderweise immer noch angenehm und sehr zivilisiert. Kurz gesagt, der loyale Teil der Bevölkerung in Nazideutschland besteht heute noch immer aus Konservativen und Nationalliberalen der Kaiserzeit, die nicht zugeben wollen, daß seither eine wesentliche Veränderung eingetreten ist.

Schon daraus erhellt, daß sie trotz ihrer großen Zahl der schwächste und innerlich morscheste Teil der Bevölkerung sind. Es sind Menschen, die in einer irrealen Welt leben, eifrig die fundamentalen Tatsachen ihrer Existenz ignorieren und unter dem Einfluß der unaufhörlichen Propaganda sich an Illusionen und Lügen klammern. Das erklärt auch die beiden großen politischen Erdrutsche, welche sich beim loyalen Teil der Bevölkerung 1934 und 1938 ereigneten.

Es ist unmöglich, die loyale Bevölkerung in Deutschland, ebenso wie die Nazis, genauer einzugrenzen, und es lassen sich auch keine bestimmten Organisationen, Klassen, Regionen oder Altersgruppen nennen, denen sich die loyalen Bürger zuordnen ließen. Man kann sie nur als einen psychologischen Typus definieren, nicht als eine organisatorische Einheit. Sie sind faktisch überall anzutreffen, in jeder Gesellschaftsschicht, jeder Gegend und jedem kulturellen Bereich. Es lassen sich nur gewisse Hinweise geben.

Die Hochburgen der Loyalität sind das Kleinbürgertum und die gehobenen Mittelschichten in der Provinz, während die gehobenen Mittelschichten in den Großstädten meist illoyal eingestellt sind. Besonders beim Hochadel, bei den orthodoxen Katholiken (aber nicht immer bei den orthodoxen Protestanten), bei den Arbeitern mittleren Alters und bei den älteren Arbeitern, die durch die Schule der früheren sozialdemokratischen Gewerkschaften gegangen sind, ist ein Mangel an Loyalität festzustellen. Über den Grad der Loyalität in verschiedenen Gesellschaftsschichten lassen sich kaum genauere Angaben machen. Vom regionalen Gesichtspunkt aus betrachtet ist die Bevölkerung in Ostpreußen, Pommern, Schlesien und Sachsen loyaler eingestellt als in Süd- und in Westdeutschland. Die politische Szene ändert sich jedoch erstaunlicherweise von einer Stadt zur anderen. So ist zum Beispiel Nürnberg eine der loyalsten und Würzburg eine der illoyalsten Städte.

Die loyale Bevölkerung hat in der inneren Struktur des Staates noch gewisse Positionen inne, die, wenn die Leute es wollten oder wenn sie nicht so loyal eingestellt wären, zu Schlüsselpositionen ausgebaut werden könnten. In der staatlichen Verwaltung sind die loyalen Untertanen fast genauso zahlreich wie die Nazis, und unter den Juristen bilden sie noch immer die Mehrheit. Sie sind ziemlich zahlreich an Universitäten und Schulen vertreten. Und der Witz besteht darin, daß die Presse viel mehr loyale und sogar illoyale Nichtnazis beschäftigt als Nazis. Einer der höchsten Beamten der Reichsschriftkammer hat, wie ich erfahren habe, geäußert, daß seines Wissens 75 Prozent der Redakteure politisch unzuverlässig seien und daß er das dulden müsse, da es nicht genügend fähige Nazijournalisten gebe. Und er könne sie dulden, da die »unzuverlässigen« Redakteure ihre Aufgabe nicht schlechter erfüllen als die besten Nazis. Von Angst und Ehrgeiz getrieben, handeln sie gegen ihr Gewissen und tragen als Mitarbeiter der berüchtigten Nazipresse dazu bei, zynisch die Wahrheit zu entstellen.

Bis vor kurzem hatte das Heer noch als sicherer Hort für konservative Loyalität gegenüber dem Reich gegolten. Aber seit dem 4. Februar 1938[18] ist das Heer zunehmend vom Nazismus durchdrungen. Die jüngeren Offiziere sind in der Regel Nazis. Die älteren sind meist noch loyal eingestellt, eine Tatsache, die man nicht überbewerten, aber dennoch nicht ganz unbeachtet lassen sollte. Es können Umstände eintreten, unter denen dies eine gewisse Bedeutung haben könnte. Als Kuriosum sei erwähnt, daß es sogar in der Reichsregierung »Loyalisten« gibt. Zu nen-

---

18 Am 4. Februar 1938 wurde der bisherige Oberbefehlshaber des Heeres, Generaloberst Werner Freiherr von Fritsch, unter dem unzutreffenden Vorwurf der Homosexualität entlassen. Hitler übernahm danach das Amt des Reichskriegsministers, machte sich selbst zum Oberbefehlshaber des Heeres und schuf das Oberkommando der Wehrmacht. [Anm. d. Ü.]

nen wären hier der Finanzminister Graf Schwerin von Krosigk, der Reichsarbeitsminister Seldte und der Reichsverkehrsminister Dorpmüller.
Worin besteht also der entscheidende Unterschied zwischen den »Loyalisten« und den Nazis? Was gibt uns das Recht, eine Trennlinie zwischen ihnen zu ziehen und sie in zwei verschiedenen Kapiteln zu behandeln? Denn sie stimmen in zwei wichtigen Punkten überein: Sie treten für das Weiterbestehen des Hitlerregimes und den Sieg im Krieg ein und verhalten sich praktisch so ähnlich, daß es im Augenblick kaum eine Rolle spielt, ob ein Posten von Nazis oder von loyalen Deutschen besetzt ist.
Der Unterschied besteht jedoch in Folgendem: Die Nazis sind glücklich, *weil* es ihnen glänzend geht; dagegen sind die loyalen Deutschen, *obwohl* sie leiden und stöhnen und sich unglücklich fühlen, für das Weiterbestehen des Hitlerregimes. Die Nazis haben sich die Hauptprinzipien und -ziele des Regimes voll zu eigen gemacht, und deswegen unterstützen sie es. Die loyalen Deutschen machen sich, was diese Prinzipien und Ziele betrifft, selbst etwas vor und unterstützen das Regime auf Grund dieses tagtäglichen Selbstbetrugs. Den Verzicht auf Persönlichkeit, Religion, Privatleben und Zivilisation betrachten die Nazis als Befreiung und Erlösung, die loyalen Deutschen hingegen sehen dies als ein schweres patriotisches Opfer an. Weil es ihr Krieg ist, möchten die Nazis ihn gewinnen. Die loyalen Deutschen möchten ihn, obwohl es nicht ihr Krieg ist, gewinnen, weil sie es für richtig und angemessen halten, in Kriegen des Vaterlandes den Sieg herbeizuwünschen. Die Nazis sind selbstsicher, forsch, vergnügt und ruhig. Die loyalen Deutschen sind zwiespältig, unsicher, von quälenden Zweifeln erfüllt. Die Nazis belügen Gott und die Menschen, äußern sich aber untereinander zynisch und schamlos offen. Die Nazis wissen, was sie wollen. Die loyalen Deutschen wissen nicht, was sie tun.
Das ist der Unterschied. Ich möchte wiederholen, daß er auf

dem militärischen Schlachtfeld völlig unwichtig ist, doch auf dem moralischen und psychologischen Schlachtfeld, wo durch Druck, Drohungen, Diskussion, Propaganda, Gedanken, Worte, aber auch Taten der Kampfwillen des Feindes gestärkt oder gebrochen wird, ist er von großer Bedeutung. Es ist der Unterschied zwischen einem Feind, der starr in seinem Denken ist, und einem Feind, der in seinen Überzeugungen höchst wandelbar ist. Dieser Unterschied verdient es meines Erachtens, erwogen zu werden.

Aber hier müssen wir uns davor hüten, einen verhängnisvollen Irrtum zu begehen. Wenn die loyalen Deutschen mit sich selbst uneins sind, das heißt, wenn ihre geistige Verfassung schlecht und instabil ist, bedeutet das nicht, daß es freundliche, vernünftige Menschen seien, denen man nur ein faires Angebot zu machen und sie davon zu überzeugen brauchte, was sowohl in ihrem als auch im nationalen Interesse liegt – wie zum Beispiel, daß ihnen, wenn sie Hitler entmachten und auf Polen und die Tschechoslowakei verzichten, als Gegenleistung Zugang zu den Rohstoffmärkten gewährt und aus dem selbstverschuldeten Bankrott herausgeholfen wird. Es ist nicht einfach. Diese Leute sind nicht nur unvernünftig, es sind die unvernünftigsten Menschen der Welt. Ihre Denkweise ist nicht einfach und klar, sondern erstaunlich konfus – eine Mischung aus Idealismus und Gerissenheit, aus Mißtrauen und Naivität, aus Gier und Opferbereitschaft, aus Grausamkeit und Sentimentalität, aus Anständigkeit und Infamie, aus Klugheit und Dummheit, aus Halsstarrigkeit und Inkonsequenz, aus Empfindlichkeit und Taktlosigkeit, aus Harmlosigkeit und Bosheit, aus Wendigkeit und Beschränktheit – und all das möglicherweise in verschiedene Kästchen unterteilt, die sauber voneinander getrennt sind. Wir müssen uns nicht über die Mühe beklagen, die es kostet, die Knoten und Knäuel in diesen Köpfen zu entwirren, wenn wir herausfinden wollen, wie wir diese Menschen beeinflussen können. Es ist eine reizvolle Aufgabe wie die

Lösung eines schwierigen Rätsels. Doch der Preis, der dabei zu gewinnen ist, lohnt sich durchaus.
Es handelt sich tatsächlich um ein kniffliges Rätsel – das schwierigste, welches das heutige Deutschland der Welt aufgibt. Einerseits existieren mehrere Millionen normaler, zivilisierter Europäer – private Individuen, die oft anständig, sympathisch und liebenswürdig, manchmal auch hoch gebildet sind; andererseits gibt es die unvergeßlichen Greueltaten unseres Jahrhunderts, die zum Himmel schreien, Greueltaten, die im Namen dieser normalen und zivilisierten Menschen, häufig mit deren Duldung, im allgemeinen mit ihrer Zustimmung und immer ohne deren ausdrückliche Mißbilligung verübt werden. Wenn man sich diesem Phänomen zuwendet, kann man nicht verstehen, wie es zustande kam. Darüber, daß man ihnen Jahre und Jahrzehnte verwundert und verständnislos gegenübersteht, könnte man eigentlich lachen, wenn das Ganze nicht so bedrohlich wäre. Schlägt man in einer englischen Zeitung die Seite mit den Leserbriefen auf und liest man allein in einer Ausgabe folgende Meinungen:
»Deutschland, ein Volk, das genauso zivilisiert ist wie unseres ... Hitler ist durch die leeren Bäuche und die Unzufriedenheit, die durch Versailles, die Besetzung des Ruhrgebiets und die Reparationen entstanden ist, an die Macht gekommen ...«
»Deutschland ist grundsätzlich ein raubgieriges Land ... Im Laufe von siebzig Jahren hat es fünf Kriege geführt ... Sie würden Hitler weiter verehren, wenn er, wie versprochen, in der Lage wäre, ihnen das Vermögen des Nachbarn herüberzureichen ...«
Daraus dann die Schlußfolgerungen:
»... Wenn dieser schreckliche Krieg vorbei ist, werden wir unseren Gegnern wieder auf die Beine helfen müssen ...«
»... ›Zerschmettert Deutschland‹ sollte die Losung des Tages lauten, vernichtet es völlig ...«
So geht es weiter, tagtäglich.

Was die loyale deutsche Bevölkerung betrifft, so ist den Briefeschreibern nicht bewußt, daß beide recht haben, nämlich daß diese Deutschen ein Doppelleben wie Dr. Jekyll und Mr. Hyde führen, daß sie sowohl die netten, gastfreundlichen, angenehmen Leute sind, denen ihre englischen und amerikanischen Bekannten beim besten Willen nichts Böses zutrauen, als auch jene, welche die Verbrechen an den Belgiern im Jahre 1914, an den Juden in den Jahren 1933 bis 1939, an den Polen und Tschechen in den Jahren 1939 und 1940 entschuldigen oder gar selbst begangen haben, Verbrechen, von denen die gleichen Engländer und Amerikaner mit Schaudern in ihren Zeitungen gelesen haben. Das Ganze ist schwer zu verstehen. Aber man muß es verstehen, wenn man irgendwelche Fortschritte erzielen will. Jedes Wort, das an diese Deutschen gerichtet wird und auf Illusionen und Halbwahrheiten beruht, wird sein Ziel verfehlen, sowohl im Krieg als auch im Frieden.

Die Engländer und die Amerikaner würden die loyalen Deutschen besser verstehen, wenn sie den Blick auf die Fürsprecher und Freunde der Nazis in ihren eigenen Ländern richteten. Die politischen Vorstellungen solcher Leute sind von denen der loyalen Deutschen oft nicht zu unterscheiden. Daher ist es nicht verwunderlich, daß sie bei einem Glas rheinischen Weines häufig ihrer beiderseitigen Sympathie freien Lauf lassen. Auf beiden Seiten findet man die gleiche mangelnde Kenntnis vom wahren Wesen des Nazismus, die gleichen etwas abgegriffenen, dürftigen Moralvorstellungen, auf Grund deren ungeheure Verbrechen und Greueltaten mit kleinen Exzessen und Gesetzesverstößen verwechselt werden, den gleichen schlechten politischen Geschmack, die gleiche Vorliebe für Theatralik und Phrasen, den gleichen falsch verstandenen Patriotismus, die gleiche Turnverein-Mentalität, die gleiche Bereitschaft, sich von anderen ein X für ein U vormachen zu lassen und sich selbst zu betrügen, den gleichen schwach entwickelten Realitätssinn.

Sogar die Propaganda ist fast mit dem identisch, was die Nazis den Einfaltspinseln bei sich zu Hause und im Ausland auftischen.

Wir wollen unsere Analyse der loyalen deutschen Bevölkerung nicht deswegen mit einem Überblick über diese Propaganda beginnen, weil wir der Meinung sind, daß sie für alles allein verantwortlich sei, sondern weil jede Propaganda Anhaltspunkte enthält, die Rückschlüsse auf die Mentalität derer zulassen, für die sie gemacht wird. Die Nazipropaganda zeichnet sich durch eine besondere Eigenschaft aus: Sie wird nicht geglaubt, aber sie wirkt. Das enge Verhältnis, das Dr. Goebbels zur Lüge hat, ist sowohl in Deutschland als auch außerhalb wohlbekannt. Nur die Dümmsten glauben Wort für Wort, was das Ministerium für Volksaufklärung und Propaganda von sich gibt. Aber selbst die Klügsten sind davon genauso beeinflußt wie von Werbeplakaten. Kein Mensch, mit Ausnahme der Allerdümmsten, glaubt ernsthaft, daß er durch die Verwendung einer bestimmten Zahnpaste blendendweiße Zähne bekäme, daß der Gebrauch der einen oder anderen Seife eine Ehe glücklich oder unglücklich mache und daß bei einer Entlassung wegen Unfähigkeit oder bei einer Beförderung wegen guter Leistungen ein Malzbier oder ein Kakaotrunk vor dem Schlafengehen empfehlenswert seien. Aber obwohl er all das nicht glaubt, wird er in vielen Fällen die Zahnpaste, die blendendweiße Zähne verspricht, die Seife, die Eheglück verheißt, und das Bier, das berufliche Erfolge verspricht, einfach deswegen kaufen, weil er sich die Namen gemerkt hat und diese im Unterbewußtsein mit angenehmen Gefühlen assoziiert werden.

In ähnlicher Weise bezweckt die Nazipropaganda nicht so sehr, geglaubt zu werden und zu überzeugen, sondern in unserem Kopf zählebige Ideen und Phantasien entstehen zu lassen. Nur sehr dumme Deutsche glaubten zum Beispiel die Schauergeschichten, die 1938 über die Tschechen und 1939 über die Polen erzählt wurden. Die meisten Deutschen äußern dazu nur mit einem Schulterzucken: »Goebbels.« Aber obwohl sie vielleicht jede Erklärung für eine Lüge halten, nimmt schließlich in ihren Köpfen ein Bild Gestalt an, das jedesmal wieder in ihrem Gedächtnis auftaucht, sobald das Schlüsselwort »Tscheche« oder »Pole« erwähnt wird, das ihnen einen stumpfnasigen, unangenehmen, häßlichen, zwergenhaften Halbaffen in Erinnerung ruft, der vor mehreren ärmlich gekleideten Frauen, Kindern und blonden Männern, die an Pfähle festgebunden sind, mit einem Revolver, einer Peitsche oder einem Gummiknüppel herumfuchtelt. *Und dieses Bild läßt sich nicht durch Nachdenken oder die Wirklichkeit korrigieren.* Wie die Plakate über die Perlenzähne und das eheliche Glück beeinflußt es aber dennoch die Meinung und das Verhalten.

Kaum jemand hat ernsthaft die phantastischen Lügen geglaubt, die deutsche Zeitungen vor einiger Zeit über die sittlichen Verfehlungen von Mönchen und katholischen Priestern verbreiteten. Aber bei fast jedem Menschen schlummerte damals und einige Zeit danach das Bild vom Sittenstrolch im Unterbewußtsein. Genau das hatte man mit den Lügenmärchen bezweckt. Viele Menschen in Deutschland sehen die nationalsozialistische Rassentheorie als Unsinn an und verabscheuen den Antisemitismus, aber niemand, der einem dunkelhaarigen Mann begegnet, kann umhin, sich im stillen zu fragen: »Ist er ein Jude?« Das ist die von der Propaganda beabsichtigte Wirkung. Ich weiß nicht, wie viele Deutsche derzeit ernsthaft glauben, Winston Churchill habe die »Athenia« versenken lassen: nicht viele, wage ich zu behaupten. Aber ich bin mir sicher, daß in jedem Hirn unausweichlich eine Assoziation zwischen Churchill und der »Athenia« besteht: »Churchill – das ist der ›Athenia‹-Mann!« Wenn sie ernsthaft darüber nachdenken, was selten geschieht, wird ihnen meist bewußt, daß es eine sehr unglaubwürdige Geschichte ist. Trotzdem bleibt Churchill der »Athenia«-Mann.

Genauso wie die Propaganda imaginäre Bilder und Assoziationen erzeugt, die die Realität überdecken, ist sie imstande, die Realität verschwinden zu lassen – nicht durch Leugnen der Fakten, sondern durch Schweigen. Im Grunde weiß jeder Deutsche – und richtet sein Verhalten danach –, daß es Konzentrationslager gibt, in denen Menschen mißhandelt werden. Aber da Konzentrationslager kaum je in seinen Zeitungen erwähnt werden, vergißt er in einem anderen Bereich seines Gehirns, daß sie existieren. Er nimmt kein Bild von ihnen wahr, höchstens taucht das vage Bild von unrasierten, kümmerlichen, unangenehmen Gestalten in ihm auf, die er ungern sehen möchte, wenn sie in Reih und Glied angetreten und von großen, blonden jungen Männern bewacht sind. Dieses Bild beherrscht ihn, wenn er seine ausländischen Gäste unterhält und bei einem Glas rheinischem Wein lächelnd die Märchen über angebliche Greueltaten in Deutschland erwähnt. Ihm steht nur dann der kalte Schweiß auf der Stirn, wenn er selbst in Gefahr ist, inhaftiert zu werden. Genaugenommen weiß jeder Deutsche auf Grund von Beobachtungen, was mit den Juden in Deutschland geschieht. Aber weil er kaum etwas darüber liest und weil er das undeutliche Gefühl hat, daß es nicht gut wäre, viel darüber zu wissen, mißtraut er oft lange dem, was er mit eigenen Augen sieht. Und wenn der Führer beiläufig äußert »Den Juden ist nicht ein einziges Haar gekrümmt worden«, fragt man sich schließlich, ob das stimmt oder nicht. Auf diese Weise wird durch bewußtes Totschweigen und durch Ablenkungsmanöver nachträglich der Eindruck erweckt, als ob viele Ereignisse, die zeitweilig die Deutschen beschäftigt haben, sich gar nicht zugetragen hätten. Hat es wirklich einen Reichstagsbrand gegeben? Und einen 30. Juni 1934? Niemand spricht heute noch über diese Vorfälle. Vielleicht hat es sie nie gegeben.

Außerhalb von Deutschland wundern sich die Leute oft über die deutlich erkennbare Verlogenheit der Nazipropaganda, die dummen, unglaublichen Übertreibungen, das groteske Totschweigen dessen, was allgemein bekannt ist. Wen kann das überzeugen, fragt man sich. Die Antwort lautet, daß die Nazipropaganda nicht überzeugen, sondern einen Eindruck hinterlassen möchte. Ob man etwas glaubt oder nicht – es darf nur nicht vergessen werden. Die Nazipropaganda verschmäht es, an die Vernunft zu appellieren: Sie richtet sich an das Gefühl und die Phantasie. Ihre Manipulatoren wissen, daß die Deutschen nicht in Ermangelung von Verstand, sondern durch das Übermaß an Gefühlen dumm sind, und sie schüren diese Emotionen.

Eine solche Propaganda kann offensichtlich nur bei Leuten mit einem sehr gering entwickelten Realitätssinn erfolgreich sein. Das trifft in der Tat auf die loyalen Deutschen zu. Das ist das erste, was man über die loyalen Deutschen wissen muß: Sie haben ein sehr geringes Wahrnehmungs- und Unterscheidungsvermögen und wenig gesunden Menschenverstand – und das unabhängig von ihrem Bildungsgrad und ihrer Intelligenz. Das Hausmädchen und der Universitätsprofessor neigen gleichermaßen dazu, eher eine überzeugend vorgetragene Behauptung zu glauben, als ihren fünf Sinnen und ihrem Urteilsvermögen zu trauen. Beim Hausmädchen nennt man das Wirrköpfigkeit, beim Professor geistigen Tiefgang, aber es ist ein und dasselbe. Den Deutschen, besonders jenen, mit denen wir uns hier befassen, geht völlig die Gabe ab, die einfachen Dinge einfach zu sehen und den eigenen Augen zu trauen. Das ist eine weitverbreitete Eigenschaft, besonders bei den romanischen Völkern. Man kann einem Italiener oder Franzosen unmöglich weismachen, er sei völlig satt, wenn er Hunger hat, oder er mache ein vorteilhaftes Geschäft, wenn ihm das Geld aus der Tasche gezogen wird. Es ist aber jeden Tag möglich, viele Deutsche davon zu überzeugen. Ein eindrucksvoll gemaltes Bild, das aussieht wie etwas, wovon sie irgendwo einmal etwas gehört haben, überzeugt sie viel mehr als das, was sie mit den eigenen

Augen wahrnehmen. Das klingt wie ein Scherz, aber es ist die reine Wahrheit.

Hier ist der Beweis. Jeder zweite Deutsche wird jedem, der es hören will, voller Überzeugung sagen, in der Weimarer Republik seien Unterernährung, Wohnungsmangel und Not weit verbreitet gewesen, während sich jetzt »alles verbessert« habe und »niemand in Deutschland hungert oder friert«. Alles voller Überzeugung! Vielleicht wird er noch hinzufügen, er sei in vielen Punkten mit Hitler nicht einverstanden, wir müßten aber zugeben, daß ...

Doch die Fakten, die er nicht nur mit eigenen Augen sieht, sondern auch mit seinem Magen wahrnimmt, beweisen das Gegenteil. Was auch immer man an der Weimarer Republik auszusetzen hat, es gab in ihr Nahrungsmittel in Hülle und Fülle, niedrige Preise, hohe Löhne und Gehälter, genügend Wohnungen und Freizeit. Inzwischen gibt es weniger und teurere Nahrungsmittel, niedrigere Löhne und Gehälter, Wohnungsmangel und Überstunden. Aber was der loyale Bürger täglich in den Zeitungen liest, auf Versammlungen hört und in Propagandafilmen sieht, beeindruckt ihn viel mehr als der Hunger beim Essen, die Streitigkeiten mit seiner Frau wegen des Familienbudgets, die vergebliche Suche nach einer Bleibe oder andere prosaische Ärgernisse.

Der Deutsche steht immer mit einem Fuß in dieser Welt, und den anderen setzt er gern in eine Traumwelt, und diese Traumwelt liefert jetzt die Nazipropaganda. In seinem tiefsten Inneren weiß er das und trägt dem Rechnung. Seine Fähigkeit, sich selbst zu belügen, ermöglicht es ihm, auch anderen auf die erstaunlichste Weise ein X für ein U vorzumachen. Das Lamento über das unterdrückte und verfemte Deutschland wurde so lange wonnevoll und erfolgreich angestimmt – nicht von den Nazis, sondern von ihren aufrichtigen und anständigen Opfern –, bis man es wider besseres Wissen glaubte. Wie kompliziert! Wie deutsch.

Wenn man näher untersucht, *was* die Nazipropaganda den loyalen Deutschen sagt und *was* sie ihnen vorenthält, erkennt man, daß man daraus ziemlich genaue Rückschlüsse auf die sittlichen Maßstäbe ihres Publikums ziehen kann. Die Nazis machen zwei ganz verschiedene Arten von Propaganda. Die eine, die dazu beitragen soll, mehr Nazis zu ködern, ist hauptsächlich in Lagern und Schulungszentren, in den »Logen des Ordens«, sowie in ähnlichen Einrichtungen anzutreffen. Sie wird im allgemeinen auf mündlichem Wege in geschlossenen Kreisen vermittelt, sie dringt aber häufig auch in die Parteipresse ein und wirkt somit auch auf die Öffentlichkeit. Sie wirbt mit Brutalität, Rücksichtslosigkeit, Härte, Fanatismus, mit ausgesprochenen Welteroberungsplänen. Kurzum, sie ist offen und zynisch.

Die andere Propaganda wird »für das Volk« gemacht, genauer gesagt, für den loyalen Teil der Bevölkerung; der illoyale ist mehr oder weniger abgeschrieben. Die Propaganda lügt ständig, aber damit erhebt sie die Untugend zur Tugend. Sie wird vom Ministerium für Volksaufklärung und Propaganda angeordnet. Ihr Hauptträger ist die gleichgeschaltete Presse. Ihre Beiträge triefen vor gerechtem Zorn und vor Demut. Welteroberung? Nur Dummköpfe und Verleumder glauben, daß »wir Deutsche« zu so etwas fähig seien. »Wir« lieben mit Lammsgeduld den Frieden. Wir sind dazu bereit, mit jedem Staat einen Nichtangriffspakt zu schließen. Hat das der Führer nicht in all seinen Friedensreden wiederholt? Wenn wir Krieg führen, tun wir das nur aus den erhabenen Beweggründen Lohengrins: um unterdrückte unschuldige und verfolgte hilflose Menschen zu retten. Wie gern hätten wir Österreich, die Tschechoslowakei und Polen unangetastet gelassen! Es war nur ihre unverbesserliche Niedertracht und Grausamkeit, die uns schließlich dazu zwang, diese Länder zu annektieren. Terror? Massenexekutionen? Folterungen in Konzentrationslagern? Selbstverständlich nein. Alles Erfindungen der jüdischen Presse. Wenn wir schon von den Juden reden, so wurde keinem einzigen von ihnen je ein Haar gekrümmt. Wir schützen uns höchstens selbst vor der berüchtigten jüdischen Weltverschwörung, die das deutsche Volk vernichten will. Wir wollen nichts von England, wir liegen mit ihm nicht im Streit – obwohl es der Feind der Menschheit ist und vernichtet werden muß. Aber gegen das Land haben wir nichts. Wir wollen nichts von Frankreich, überhaupt von niemandem etwas – höchstens die Kolonien, die uns geraubt wurden. Und Lebensraum. Und jene Deutschamerikaner, die uns geboren wurden. Wir bedrohen Amerika? Lächerlich.

Das Ganze ist dumm und abscheulich. Aber gleichzeitig wird zweierlei deutlich: Die Nazis halten es für nötig, ihren loyalen Anhängern in Deutschland eine seltsame Komödie vorzuspielen. Außerdem halten sie sie für ziemlich anständige, wenn auch nicht allzu intelligente Leute. Vor allem scheint die Vorliebe der Nazis für Grausamkeit, Verfolgung und Unterdrückung von diesen loyalen Deutschen nicht geteilt zu werden. Um ihnen diese Dinge schmackhaft zu machen, muß immer der Anschein erweckt werden, als ob es die SS-Männer seien, die grausam verfolgt und unterdrückt werden, während die gefährlichen Sadisten jene seien, die sich hinter Stacheldraht in den Konzentrationslagern befinden. Der Presse wird immer wieder eingebleut, daß sie keine Fotos oder Nachrichten abdrucken dürfe, die Mitleid für irgendeine Person oder Gruppe wecken könnten. Die Nazis haben sichtlich Angst vor der Macht des Mitleids der loyalen Deutschen. Offenbar rechnen sie mit einem gewissen Gerechtigkeitsgefühl und einem gewissen Maß an Friedfertigkeit. Auch wenn sie einerseits von Zeit zu Zeit vorsichtig gegen diese Eigenschaften polemisieren und sie den Deutschen auszureden versuchen, fühlen sie sich andererseits dazu verpflichtet, bei der Gestaltung ihrer Propaganda Rücksicht darauf zu nehmen.

Die Nazis sind in den Augen der loyalen Deutschen nicht die

Zerstörer, sondern die Bewahrer und Fürsprecher der Familie. (»Wer hat für die Familie mehr getan als wir? Ehedarlehen. Steigerung der Geburtenrate.«) Nicht die Feinde, sondern die Retter des Christentums und der Kirche. (»Was wollen diese streitsüchtigen Priester eigentlich? Sie haben es uns zu verdanken, daß sie predigen können, ohne belästigt zu werden, und daß ihre Kirchen nicht niedergebrannt werden. Wir haben uns niemals in die Seelsorge eingemischt.«) Keine Revolutionäre, sondern bewaffnete Hüter des Staates. (»Deutschland – eine Insel des Friedens. Überall um uns herum wanken die Fundamente der Ordnung. Von Land zu Land breiten sich die Flammen der Revolution aus. Der Lebensstandard sinkt. Arbeitslosigkeit, Kriege, Bürgerkriege, Regierungskrisen. Wir haben dafür gesorgt, daß uns das alles erspart bleibt. Wir feiern das Erntedankfest voller Dankbarkeit und in Eintracht. Der Führer wacht über uns.«) So müssen die Nazis die Mehrheit ihrer Landsleute überzeugen, damit diese das Gegenteil von dem glauben, was die Nazis sind und was sie wollen. Die Tatsache, daß die Nazis dabei so erfolgreich sind, spricht gegen die Klugheit und politische Reife der Deutschen. Aber daß die Nazis sich dieser Mühe unterziehen müssen, spricht eigentlich für die Moral und die Anständigkeit des deutschen Volkes.

Ein wichtiger Einwand muß gemacht werden. Die Nazis trennen beide Arten von Propaganda nicht sauber voneinander und achten keineswegs sorgsam darauf, daß »das Volk« nicht weiß, was tatsächlich geschieht. Mit Absicht und mit einer gewissen Raffinesse machen sie es den Leuten schwer, die Lügen zu glauben, die sie ihnen auftischen. Sie erklären, daß keinem Juden je ein Leid zugefügt worden sei, und gleichzeitig bieten sie an jeder Straßenecke ihre Zeitung »Der Stürmer« feil. Sie wirken ständig in zwei Richtungen. Sie brüsten sich sowohl mit ihrer Menschlichkeit und Bescheidenheit als auch mit ihrer Rücksichtslosigkeit und Strenge. Beinahe in ein und derselben Rede sprechen sie von Deutschlands grenzenloser Friedensliebe und von der »neuen Aufteilung der Welt«. Und sie wissen, daß sie in beiden Fällen mit Beifall rechnen können. Vor allem haben sie eine unübertreffliche Art, die Maske fallen zu lassen, wenn eine Tat vollbracht ist. Sie scheinen zu wissen, daß sie sich das leisten können; daß etwas in ihrem Publikum vorhanden ist, was sich mißbrauchen läßt; daß die Leute vielleicht zuerst betrogen und dann mit dem Resultat überrascht werden möchten. So verkündete Hitler dem deutschen Volke, das eine große Vorsicht und Zurückhaltung gegenüber dem tschechischen Abenteuer an den Tag legte, daß Deutschland nichts von den Tschechen wolle, daß die Tschechen nur aufhören sollten, die Sudetendeutschen zu unterdrücken, daß lediglich die Autonomie für die verfolgte Minderheit gefordert werde. Aber zehn Tage nach München erklärte er unter lautem Beifall, er habe nicht später als im Mai »den Befehl gegeben, spätestens bis zum 2. Oktober in die Tschechoslowakei einzumarschieren«. Wenn die Deutschen einfach nur anständige und unbefangene Menschen wären, hätten sie wütend auf diese Verlautbarung reagiert, die erkennen ließ, daß ihre Dummheit ausgenutzt und ihre Anständigkeit mißbraucht worden war: daß man sie dazu gebracht hatte, mit verbundenen Augen einen Mord zu begehen. Aber ihre Reaktion waren Bewunderung und Beifall. Aber vielleicht war es gerade das, was sie gewollt hatten: einen Mord zu begehen, ohne davon etwas zu wissen; während der Tat die Augen verbunden zu haben, aber danach die goldene Uhr und die Geldbörse des Opfers zu bekommen; sich über die Früchte ihrer Untat zu freuen und ein schlechtes Gewissen nur vorzutäuschen.

Wir haben es hier mit einem charakteristischen Merkmal der loyalen Deutschen zu tun, das schwer zu begreifen ist, aber dennoch verstanden werden muß: mit einem jener Komplexe, der den Deutschen, und nur ihnen, vertraut und für sie selbstverständlich ist. Es handelt sich um die doppelte oder, genauer gesagt, die dreifache Moral, der sie im Bereich der Politik huldigen – und der sie sogar schon in der Zeit vor den Nazis zu huldigen pflegten.

Der Deutsche ist in seinem Privatleben nicht amoralischer als andere Europäer. Seiner eigenen Ansicht nach hat er sogar eine höhere Moral, aber auch hierin unterscheidet er sich nicht von anderen. Natürlich verhält er sich bisweilen unmoralisch, doch büßt er dafür auf die übliche Weise: mit einem schlechten Gewissen. Er erkennt die Existenz einer höheren Moral an, auch wenn er gegen sie verstößt. Vielleicht hat die deutsche Moral andere Nuancen als die Moral anderer Nationen. So ist Engländern manchmal aufgefallen, daß der Durchschnittsdeutsche sich im Privatleben nicht immer an die englischen Regeln des *fair play* hält. Das ist durchaus möglich. Fairneß ist jedoch eine typisch englische Tugend; den gleichen Rang nimmt bei den Deutschen die eher orientalische, wenn auch weniger ausgeprägte, aber trotzdem nicht weniger noble Tugend der Großzügigkeit ein. Wir werden hier nicht weiter auf diese Frage eingehen. Es genügt die Feststellung, daß man dem Deutschen unrecht täte, wenn man leugnete, daß er als Privatperson und in Friedenszeiten ein durchaus sittliches Empfinden hat und danach handelt.

Aber eine auffallend und vielen schleierhaft scheinende Tatsache ist, daß von dieser Sittlichkeit und Anständigkeit »des Deutschen« nichts übrigbleibt, wenn »die Deutschen« auf den Plan treten: daß sie sich als politische Masse mit ihrer außerordentlichen Skrupellosigkeit, ihrer Unzuverlässigkeit, Arglistigkeit, ihren Lügen und ihrer Barbarei von anderen zivilisierten Nationen unterscheiden, und das nicht erst seit der Machtergreifung der Nazis.

Das Komische dabei ist, daß der Durchschnittsdeutsche sich dessen nicht bewußt ist. Er selbst merkt nicht, daß er in der Politik gegen die Moral verstößt; ihm scheint vielmehr, daß die *Politik* unmoralisch sei. Die Politik ist in seinen Augen ein Bereich, wo es allgemein üblich ist, skrupellos, unaufrichtig und arglistig zu sein. Alle anderen Nationen sind seines Erachtens genauso, und wenn zum Beispiel die Engländer behaupten, es gebe ein Moralgesetz in der Politik, so halten die Deutschen das für eine widerliche Heuchelei.

Wir müssen für einen Augenblick die Frage zurückstellen, wie die Deutschen zu der Überzeugung gelangt sind, daß die Politik ein schmutziges Geschäft ist, dessen Regeln Verrat, Bosheit und Bestialität sind. Tatsache ist, daß sie diese Auffassung haben. »Politik verdirbt den Charakter«, sagt ein deutsches Sprichwort, und ein Diplomat ist ein notorischer Lügner, ein erfolgreicher Diplomat aber ist einer, der besser lügt als seine Rivalen. Und auf den Versuch, sittliche Normen und Anstand in den politischen Bereich einzuführen, reagiert ein Deutscher genauso aufrichtig empört wie jeder andere, der sich über einen groben, absichtlichen Verstoß gegen die Regeln eines Spieles aufregt. Für den Durchschnittsdeutschen existiert eine private und eine politische Moral, wobei die politische Moral das genaue Gegenteil von der privaten ist. Verrat, Erpressung, Diebstahl, Meineid, Mord, Raub sind nach deutscher Auffassung im politischen Leben keine Verbrechen und Exzesse wie im Privatleben. Die Politik, so behauptet er, bestehe gerade aus diesen Dingen. Sagt jemand etwas anderes, so wolle er den dummen Deutschen, der viel zu gut für diese Welt sei, lediglich in Sicherheit wiegen, um dessen politischen Sturz leichter planen zu können.

Denn der Deutsche ist sich überhaupt nicht dessen bewußt, daß seine Auffassung von Politik eine nationale Besonderheit ist. Er denkt, die Politik sei ihm aufgenötigt. Er sehne sich danach, gut und friedfertig zu sein, aber die böse Welt zwinge ihn dazu, an dem bösen Spiel teilzunehmen. Er persönlich hat an diesem Spiel der Politik überhaupt kein Interesse. Aus diesem Grund schreckt der anständige, normale, moralische Deutsche im allgemeinen vor einer politischen Betätigung zurück. Niemand ist von Natur aus so unpolitisch – man könnte auch sagen: antipolitisch – wie der Deutsche. Solange diese Zurückhaltung aufrichtig geübt wird, ist dagegen nichts einzuwenden, besonders wenn man sich an die bedeutenden musikalischen, dichterischen und philosophischen Leistungen erinnert, welche Deutschland dieser politischen Zurückhaltung zu verdanken hat. Selbst heute zieht es der normale Deutsche vor, sowenig wie möglich etwas mit Politik zu tun zu haben. »Ein garstig Lied! Pfui! Ein politisch Lied«, sagt er. Er zieht es vor, die Politik denen zu überlassen, die sich erbieten, sich in seinem Namen um sie zu kümmern: Kaisern und Führern.

Aber hier führt ihn seine Moralvorstellung wieder in die Irre. Seine Führer begehen die Verbrechen, vor denen er zurückschreckt, die er aber insgeheim für notwendig und wünschenswert hält, und sie ersparen ihm sogar gnädig die Unannehmlichkeit, sich als Mittäter vorzukommen. Diese Leute vergöttert er, wie keine andere Nation je ihre Staatsmänner verehrt hat. Und ihre Erfolge, die in seinem Namen errungen wurden und zum Teil von ihm abhingen, berauschen ihn, obwohl er sich gescheut hätte, die Mittel anzuwenden, mit denen sie erzielt wurden. Das ist der geheime Grund, weshalb diese gutmütigen, unbekümmerten, anständigen Menschen vor skrupellosen, sadistischen Führern auf die Knie fallen. Ihr Verhältnis zu den Auserwählten, ihren Prinzen, Führern und Helden, gleicht dem Verhältnis, welches primitive Völker ihren Göttern gegenüber haben, welche sie beschützen, ihnen den Sieg bescheren und gleichzeitig alle Schuld auf sich nehmen. Andere Nationen haben das meiste Vertrauen zu denjenigen ihrer Politiker, in denen sie sich selbst wiedererkennen und die in großem Rahmen die Staatsangelegenheiten so regeln, wie ihre Landsleute in kleinem Rahmen ihre Privatangelegenheiten ordnen. Die Deutschen hingegen wünschen sich Machthaber, deren Politik nicht im geringsten ihrem Privatleben ähnelt, und zwar Machthaber, die ganz anders sind: »bedeutend«, »dämonisch«, »genial«, »hervorragend«. Die Deutschen möchten keine ehrlichen Bevollmächtigten und Sachwalter haben, sondern Idole. Wenn ihr Idol sie im Stich läßt – wenn es ihren Krieg verliert, so wie der Kaiser den Krieg von 1914/18 verloren hat –, wird ihm alle Schuld zugeschoben, und es wird vom Postament gestoßen. Danach betrachten diese Leute die Welt mit unschuldiger Miene, haben ein reines Gewissen und geraten außer sich, wenn sie für die Taten ihres Idols auch nur im geringsten verantwortlich gemacht oder aufgefordert werden, das, was angerichtet worden ist, wiedergutzumachen.

Wenn das Idol jedoch einen Sieg erringt, kennt ihre Begeisterung keine Grenzen. Betrachten Sie das Verhältnis der Deutschen zu Bismarck. Es gleicht nicht dem Verhältnis einer Nation zu einem erfolgreichen Staatsmann und einer bemerkenswerten Persönlichkeit, die aus ihrer Mitte hervorgegangen ist, sondern kann nur von einem theologischen Standpunkt aus erklärt werden. Bismarck ist zum ewigen Stammesgott der Deutschen geworden. Seine Äußerungen haben endgültige, orakelhafte Bedeutung, wie sie die Bibelzitate bei den scholastischen Diskussionen im Mittelalter besaßen. Von den volkstümlichen Anekdoten, die über ihn in Umlauf sind und bezeichnenderweise stets etwas einseitig ausgewählt sind, geht die gleiche tröstende Wirkung aus wie von den Heiligenlegenden. Der Gedanke an den späteren Eisernen Kanzler, der als junger Rechtsanwalt seinen Richter zurechtwies, oder an die Entsendung des besiegten Feindes als Vermittler zu den Friedensverhandlungen ruft in den meisten schüchternen Deutschen Begeisterung und ein Machtgefühl hervor, als ob er selbst gerade die Welt erobert hätte. Und derselbe deutsche Vater, der seinen Sohn streng rügt, weil dieser einen schwächeren Mitschüler geschlagen oder jemanden falsch beschuldigt hat, sagt zu ihm bei feierlichen Gelegenheiten mit bebender Stimme: »Was für ein genialer Mann war er doch, als er die Verantwortung auf sich nahm und die Emser Depesche[19] änderte. Er entfesselte damit einen Krieg auf Leben und Tod, stürzte einen Kaiser und schmiedete mit Blut und Eisen das Deutsche Reich zusammen!« Er würde vor Wut erblassen, wenn er erführe, daß sein Sohn ein ärztliches Attest fälschte, um eine Schulstunde zu schwänzen. Aber die größte Fälschung der Weltgeschichte flößt ihm die gleiche religiöse Ehrfurcht ein wie die Kreuzigung Jesu.

Nachdem wir gesehen haben, an welche Gefühle und Vorstellungen Hitler appellieren kann, fällt es uns nicht schwer, zu verstehen, daß seine Unzuverlässigkeit, seine Bereitwilligkeit, wortbrüchig zu werden, und seine Eroberungsgelüste – jene Eigenschaften, die letzten Endes dazu führten, daß die Welt die Geduld mit ihm verlor – die Pfeiler seiner Macht bilden, und zwar weit über den engsten Kreis seiner Gefolgsleute hinaus. Eroberungen scheinen für den Deutschen das selbstverständliche Ziel der Politik und die Unzuverlässigkeit und Treulosigkeit deren Mittel zu sein; eine gelungene Erpressung oder eine arglistige Täuschung sind ein »diplomatischer Sieg«, und die Entrüstung ausländischer Staatsmänner über Hitlers Methoden ist ein Ausdruck der Wut und der Eifersucht, welche die nicht so Tüchtigen wegen des Erfolgs ihrer Rivalen empfinden. Wenn Hitler nur seine Außenpolitik, sein wortbrüchiges Handeln, seine Eroberungen und die Ausplünderung anderer Völker zu verantworten hätte, bräuchte er keine

---

19 Telegramm über eine Unterredung zwischen dem preußischen König Wilhelm I. und dem französischen Botschafter vom 13. Juli 1870 aus Bad Ems, von Bismarck durch Kürzungen verschärft und veröffentlicht, läßt in Frankreich und Deutschland die Kriegsstimmung anwachsen und ist äußerer Anlaß für die Kriegserklärung Frankreichs an Preußen am 19. Juli 1870. Im Deutsch-Französischen Krieg führt die Schlacht bei Sedan am 2. September 1870 zur Kapitulation der französischen Armee und zur Gefangennahme Napoleons III. Im Frankfurter Friedensvertrag (10. Mai 1871) wurden Frankreich 5 Mrd. Goldfranken Kriegsentschädigung und die Abtretung von Elsaß-Lothringen an Deutschland auferlegt. [Anm. d. Ü.]

Lügenpropaganda, um von den Deutschen akzeptiert zu werden. Die Schwachpunkte seiner Herrschaft sind eigentlich jene Merkmale, die die Welt vielleicht nicht ganz richtig als »innere Angelegenheiten Deutschlands« geduldet und ignoriert hat und dies auch jetzt noch zu tun geneigt ist: den systematischen Feldzug gegen das Privatleben, die persönliche Freiheit und die private Sittlichkeit; die Beseitigung aller privaten Annehmlichkeiten, die es im Schatten einer schlechten Politik unter Bismarck und dem Kaiser gab; die Intoleranz und Grausamkeit, die das Leben in Deutschland zur Hölle machen; die zunehmende Versklavung jedes Deutschen und die immer stärkere Einengung des privaten »Lebensraums«; die tägliche Zunahme der Greueltaten, mit denen die Nazis die einen Deutschen fast ebenso unvermeidlich für sich einnehmen, wie sie die anderen Deutschen abstoßen (ein Grund für die ständige Propaganda, welche die Erinnerung der Letztgenannten an jene Ungeheuerlichkeiten auslöschen soll). All das hat weit mehr als Hitlers Außenpolitik dazu beigetragen, daß so viele Deutsche jetzt eine ablehnende Haltung gegenüber den Nazis haben und daß selbst die loyal eingestellten Deutschen sich über ihre Gefühle im unklaren sind. Denn die loyalen und die illoyalen Deutschen sind nicht so verschieden, wie es manche gern behaupten, sosehr sie sich auch heute gegenseitig hassen. Der Hauptunterschied zwischen ihnen besteht darin, daß das private Gewissen und das private Ehrgefühl bei den illoyal eingestellten Deutschen stärker waren als Patriotismus und Loyalität, wohingegen die anderen sich nur in einem unfruchtbaren inneren Zwiespalt befinden und mit selbstquälerischen Gedanken dahinleben. Die Nazis haben zu viele Trümpfe gegen sie in der Hand. Auf einige davon wurde bereits eingegangen, aber mit dem größten befassen wir uns absichtlich erst zum Schluß. Er erfordert eine genaue Analyse. Es handelt sich um den Appell an den Patriotismus.

Wenn der loyale Deutsche am stärksten in seinem Glauben wankend wird; wenn dadurch, daß sich in seiner nächsten Umgebung etwas Abscheuliches ereignet, für einen Moment der wahre Charakter der Propaganda sichtbar und jeder Selbstbetrug in bezug auf das Vorgefallene unmöglich wird; wenn einem Gebildeten von all den Reden Hitlers über »Kultur« und von dessen »Kulturtaten« übel wird; wenn der kleine Ladenbesitzer erleben muß, daß sein »volkswirtschaftlich unrentables« Geschäft auf Anordnung der Behörden geschlossen und er selbst gezwungen wird, beim Bau von Verteidigungsanlagen und Autobahnen Fronarbeit zu leisten; wenn der 197. Fragebogen ausgefüllt werden muß; wenn der nationalsozialistische Verband für Viehzucht oder der nationalsozialistische Skatverband den loyalen Deutschen auffordert, Mitglied zu werden, Beiträge zu zahlen und an Kreisappellen teilzunehmen; wenn der Verband der Zahnärzte ihn vor die Wahl stellt, sich entweder von seiner nichtarischen Frau scheiden zu lassen oder die Zulassung zu verlieren; wenn selbst den Loyalsten Verbitterung, Verzweiflung, Scham und Zorn zu übermannen drohen, hält ihn eines zurück, nämlich der im ersten Moment rührende Gedanke – daß er all das »für Deutschland« erduldet.

Machen wir uns nichts vor. In vielen Dingen werden die loyalen Deutschen sicherlich von den Nazis belogen, oder sie belügen sich selbst; vor vielen Dingen verschließen sie ihre Augen, und in vielen Fällen irren sie sich; manches ertragen sie widerwillig oder wünschen sich insgeheim, daß es geändert werde. Aber es gibt einen Punkt, an dem sie mit den Nazis wirklich einer Meinung sind: an dem der Nazismus genau mit ihren Bestrebungen und Ideen übereinstimmt. Dieser Punkt ist entscheidend. Bestünde dieser Einklang nicht an irgendeiner Stelle, wären sie nicht so leicht dazu bereit, blindlings Opfer zu bringen und sich selbst zu betrügen. Nur wenn sie in dieser Beziehung ihre Denkweise ändern, kann man hoffen, daß diese loyale Gefolgschaft von den Nazis isoliert werden kann.

Diese merkwürdige Auffassung von Patriotismus hat seit der

Reichsgründung in Deutschland vorgeherrscht. Die Nazis sind die schreckliche Folge der Überzeugungen, die schon lange vorher – in normalen, zivilisierten Zeiten – propagiert und der Jugend an deutschen Schulen und Universitäten eingeimpft wurden. Sie sind die furchtbare Inkarnation der Ideale der bombastischen Sonntagsredner, die von 1870 bis 1918 und danach erfolgreich wirkten. Wenn kultivierte loyale Deutsche versuchen, mit dem Nazismus zu brechen, erweisen sich ihre eigenen heiligsten Ideale als Hemmschuh. Wirken die Nazis nicht ausschließlich »für Deutschland«? Haben sie Deutschland nicht mächtiger, gefürchteter, siegreicher gemacht als sonstwer vor ihnen? Dient nicht alles, was sie tun, auch wenn es furchterregend zu sein scheint, dazu, Deutschland noch mächtiger, gefürchteter, siegreicher zu machen? Und muß man Deutschland nicht »über alles« setzen? Muß man deshalb nicht jedes Opfer bringen, das die Nazis fordern? Und ist nicht jedes dieser Opfer neben den glänzenden Siegen, die »für Deutschland« errungen wurden, eine Lappalie, eine Belanglosigkeit?

Heute sind Patriotismus und Opferbereitschaft sicher Tugenden. Aber jede Tugend kann sich, wie wir wissen, ins Gegenteil verkehren, und der deutsche Patriotismus ist das beste Beispiel dafür, falls er überhaupt je eine Tugend gewesen ist. Schon vor langer Zeit – lange vor den Nazis – ist er degeneriert. Er hat jedes Maß und jeden Sinn verloren. Er macht aus dem »Vaterland« eine leere, abgedroschene Floskel, und gleichzeitig erhebt er es zu einer Gottheit. Bei einer genaueren Analyse entdeckt man das gleiche charakteristische Merkmal, das auch dem Nazismus eigen ist: aktiven Nihilismus oder, umgekehrt, destruktive Totalität. Der deutsche Patriotismus war der schwächste Punkt im Deutschland der Vor-Hitler-Zeit, die Stelle, wo die Toxine des Nationalsozialismus eindringen konnten. Und er ist immer noch der einzige Punkt, in dem die Nazis und viele zivilisierte Deutsche, die keine Nazis sind, wirklich übereinstimmen.

Der Patriotismus ist eine Emotion, die unter vernünftigen Verhältnissen latent vorhanden sein sollte. Er ist nichts weiter als die natürliche Reaktion auf eine tatsächliche *Gefahr* für das »Vaterland« – für das Territorium, die Sprache und die Sitten des Volkes, für die Unabhängigkeit des Staates und das Selbstbestimmungsrecht. Ein gesunder Patriotismus ist das, was die Belgier im Jahre 1914 oder die Finnen im Jahre 1939 der Welt vor Augen führten. Der Patriot ruft in Friedenszeiten einen leicht komischen, wenn auch angenehm komischen Eindruck hervor. Es ist normal und natürlich, die eigene Heimat und die eigenen Landsleute zu lieben und sie im stillen fremden Ländern und Völkern vorzuziehen. Aber je mehr im stillen, um so besser. In Friedenszeiten erinnern Patrioten, selbst die harmlosesten und sympathischsten von ihnen, ein wenig an Männer, die ihre Frauen in aller Öffentlichkeit herzen und küssen.

Was haben die Deutschen in den letzten hundert Jahren aus dieser gesunden, zarten Pflanze »Patriotismus« gemacht? Sie sind sich, wo auch immer sie sich befinden mögen, zuallererst ihres »Deutschtums« bewußt. In Zeiten tiefsten Friedens gehen sie wie in einem nationalen Theatersalon umher, ängstlich darauf bedacht, bei den trivialsten Gelegenheiten »deutsch« zu denken, »deutsch« zu fühlen, »deutsch« zu lieben und ewig »dessen eingedenk zu sein, daß sie Deutsche sind«. Was dieses Deutschtum genau bedeutet, wird bald fast nicht mehr erkennbar sein. Das »Deutschland«, an das diese Unglücklichen von morgens bis abends zu denken gelernt haben, ist so etwas wie eine mystische Gottheit. Wovon lebt diese Gottheit? Von Opfern.

Für »Deutschland« muß jedes Opfer gebracht werden – das ist den deutschen Kindern schon Generationen vor den Nazis eingebleut worden. Und deswegen haben die Deutschen in den letzten dreißig Jahren »für Deutschland« tatsächlich Opfer gebracht, und zwar mit einer Bereitwilligkeit und Geduld, die rührend wären, wenn diese Opfer einem besseren Zweck dienen würden. In der jetzigen Ära sind sie nur einmal, in einem Zeitraum von sechs Jahren in der Weimarer Republik, normal ernährt worden. Im letzten Krieg, in den ersten fünf Nachkriegsjahren sowie unter Brüning und Hitler haben sie »für Deutschland« bereitwillig und geduldig »Surrogate« gegessen, um den Krieg gewinnen zu helfen, um »Deutschland vor dem Bolschewismus« zu retten, um zu beweisen, daß sie keine Reparationen mehr bezahlen konnten, um den nächsten Krieg vorzubereiten. Bis heute sind deutsche Patrioten in der Lage, sich durch das Essen minderwertiger Lebensmittel eine Art von geistiger Befriedigung zu verschaffen, wie sie die Flagellanten im Mittelalter durch Selbstgeißelung zu erlangen suchten. Eine Regierung, die ihnen genug zu essen gäbe, würde bei ihnen in den Verdacht geraten, nicht genügend patriotisch zu sein und nicht genug »für Deutschland« zu tun. Mit der hilflosen, traurigen Geduld, mit der ein Pudel gestattet, daß man ihm seinen Knochen wegnimmt, haben die Deutschen zweimal zugelassen, daß man ihnen ihre Ersparnisse »für Deutschland« stahl, ganz zu schweigen von jenen Tausenden von sinnlosen Opfern an Freizeit, Geld, Komfort und kleinen Annehmlichkeiten, die Hitler ihnen tagtäglich und systematisch abverlangt. »Für Deutschland will ich mir gern eine Nacht um die Ohren schlagen«, sagt der deutsche Patriot, wenn die SA ihn zu einem Nachtmarsch abkommandiert. Als im Jahre 1936 die Gummibänder eingezogen wurden, die man um Bücherpäckchen streifte (der Gummi wurde vom Heer für Reifen gebraucht), hörte ich, wie ein kleiner Buchhändler mit einem kleinen Seufzer sagte: »Aber ich werde gern jedes mit einer Schnur zugebundene Päckchen aufschnüren, wenn das dem Führer hilft, den Frieden zu erhalten.«

Bis jetzt klingt das alles ziemlich pathetisch, ja sogar leicht verrückt. Aber »Deutschland« verlangt nicht nur Opfer an Hab und Gut, von Menschenleben ganz zu schweigen, das heißt, es verlangt nicht nur ehrenhafte Opfer. »Deutschland« verlangt auch Opfer, die ganz allgemein als unehrenhaft angesehen werden: Opfer an Charakter, Gewissen, Einsicht und Moral. »Für Deutschland« muß ein Mann von seiner Frau getrennt werden, wenn sie nicht arisch ist; man muß lügen, stehlen und töten. Schon der Kaiser, der in dieser Hinsicht Hitler vorwegnahm, hatte seine Soldaten instruiert, sie müßten auf ihre Verwandten schießen, wenn er ihnen den Befehl dazu gäbe. Und der deutsche Patriotismus schluckte das – mit einer gewissen Begeisterung. Hier beginnt das Ganze widerlich zu werden. Der demoralisierende, destruktive Charakter der patriotischen Degeneration, die das deutsche Volk erfaßt hat, beginnt sichtbar zu werden. Aber das ist noch nicht der Höhepunkt. Er steht noch bevor.

»Deutschland« verlangt auch, daß ihm Deutschland geopfert wird. Die nationale Substanz, die Kultur, der ererbte Charakter, die Sitten und Gebräuche, die das wirkliche Deutschland ausmachen, die Landschaft, die Architektur der Städte, das Wohl des Landes, der gute Name und die Ehre – all das muß »für Deutschland« geopfert werden. Dieses »Deutschland«, für das die Opfer der Leute nie enden, ist nicht das zwischen den Alpen und dem Meer gelegene schöne, fruchtbare alte Land mit seinen Städten und Feldern, seinen Fabriken und Eisenbahnen, mit seinen Bewohnern, seinem Brauchtum, seiner Sprache, Dichtung und Musik. All das würde ohne Opfer genauso gut, ja sogar besser existieren, aber alles wird dem Untergang geweiht. Das »Deutschland«, dem geopfert werden muß, ist ein rätselhaftes Phantom, ein Gespenst. Aber es hat ein irdisches Symbol: das »Reich«.

Der Patriotismus, den sich die Deutschen seit der Reichsgründung zu eigen gemacht haben, ist keine Vaterlandsliebe, sondern eine Vaterlandsbindung. Er ist ein Gefühl, das die sittliche, geistige und ästhetische Verantwortung teilweise lähmt. Er ist sozusagen ein blinder Fleck im geistigen Auge.

Diese Vaterlandsbindung haben nicht die Nazis geschaffen. Man könnte umgekehrt sagen, sie habe die Nazis geschaffen. Zumindest haben die Nazis sie fertig vorgefunden und konnten damit Wunder vollbringen.

Sie ist aus dem Nichts entstanden. Sie wurde durch die historische Legende vom Deutschen Reich gestärkt und gefördert. Und diese Legende ist die psychologische Grundlage des Deutschen Reiches: der irdischen Inkarnation jenes »Deutschland«, dem die Deutschen in den letzten 75 Jahren alles – ihre persönliche und nationale Individualität, ihre Zivilisation, ihre nationale Mission – blindlings geopfert haben. Die Engländer neigten immer dazu, dieses »Deutsche Reich«, gegen das sie nun zum zweiten Mal innerhalb von 25 Jahren einen Krieg auf Leben und Tod führen, sehr vertrauensselig als den natürlichen Zusammenschluß der vereinigungswilligen Kräfte, als das Endergebnis eines gesunden historischen Prozesses, als das passende politische Gefäß für die deutsche Zivilisation anzusehen. Sie verhielten sich zum Deutschen Reich bei seiner Geburt wohlwollend, halfen ihm nach seiner ersten großen Katastrophe wieder auf die Beine und wünschen sich vielleicht sogar heute nichts sehnlicher, als mit einem »zur Vernunft gekommenen« Deutschen Reich wieder in Frieden und Eintracht zu leben. Es ist jedoch an der Zeit, zu fragen, ob das Reich zur Vernunft kommen *kann*; ob dieses politische Gebilde – dessen Tradition und Legende sich die Nazis in einer Weise anpassen, die nicht ganz geheuer ist; in dessen Namen sie so viele widerstrebende, so viele bessere Deutsche dazu zwingen, mit ihnen konform zu sein; und von dem fast alle großen Krisen und Kriege der letzten 75 Jahre ausgegangen sind – vielleicht nicht etwas höchst Unnatürliches und Gefährliches ist, nicht der Gipfel einer gesunden Entwicklung, sondern der Beginn einer tödlichen Krankheit, die Europa vernichten wird, nicht das passende Gefäß für die deutsche Zivilisation, sondern ihr Zerstörer – das, wovor Nietzsche sich mit seiner klaren Voraussicht schon 1873 fürchtete, als er vom »Niedergang, ja der Auslöschung des deutschen Geistes dem Deutschen Reich zuliebe« sprach.

Wir können auf dieses sehr schwierige Problem hier nicht so gründlich, wie eigentlich nötig, eingehen. Aber es muß angeschnitten werden, und wir müssen die Hauptpunkte darlegen. Denn sonst könnte man nicht verstehen, weshalb die Nazis eine psychologische Chance in Deutschland erhielten. Tatsächlich fanden sie eine Verbindung zur deutschen Tradition – *etwas, das sie in Deutschland überhaupt erst möglich machte.*

Das Deutsche Reich von 1871 war nicht wie die Großmächte des Westens das Resultat eines langen und folgerichtigen historischen Entwicklungsprozesses. Nachdem 1500 Jahre lang für verschiedene Formen und Ziele gekämpft worden war, stellte es eher eine plötzliche, überraschende Abweichung dar. Historisch betrachtet erweckt das Deutsche Reich einen etwas merkwürdigen, zwiespältigen Eindruck. In dieser Hinsicht ähneln die Bemühungen seiner Gründer denen der heutigen Zionisten, die für die Juden nach einer zweitausendjährigen einzigartigen Geschichte, in der sie als eine staatenlose Zivilisation und Gemeinschaft existierten, wieder einen kleinen Staat im Nahen Osten gründen wollen. Für die Deutschen war es sehr charakteristisch, daß sie nach der Entwicklung einer eigenständigen Kultur im Unterschied zu ihren westlichen Nachbarn nie nach nationaler Einheit und nationalem Zusammenhalt, sondern immer nur nach Universalität strebten. Und als ihr Versuch gescheitert war, das Heilige Römische Reich wiederzubeleben, verlagerten sie – ähnlich wie die Juden – den Schwerpunkt ihrer nationalen Existenz auf die Erlangung einer geistigen Universalität, die, weil sie sich auf die ganze Welt bezog, unbewußt zu einer nationalen Besonderheit wurde. Die politische Basis, auf der die geistige Welt der Deutschen errichtet wurde, bildete ein Haufen anspruchsloser kleiner Staaten. Die kleinsten von ihnen waren vom kulturellen Stand aus betrachtet die größten, zum Beispiel das von Herzog Karl August regierte Land Sachsen-Weimar-Eisenach. Und um zu verstehen, was für eine Würde und Selbstsicherheit jener politische Verzicht zusammen mit der geistigen Weltherrschaft den Deutschen verlieh, müssen wir uns jene ruhige Gelassenheit und innere Distanz ins Gedächtnis rufen, mit der Goethe Napoleon gegenübertrat, so wie ein Souverän einem anderen Souverän begegnete. Es waren machtlose kleine Staaten, welche die großen Leistungen des deutschen Geistes förderten – von denen heute das verrohte, ungeistige, undeutsche, räuberische »Dritte Reich« das Recht herleitet, die Würde aller dieser hochzivilisierten kleinen Länder mit Füßen zu treten.

Die »Sehnsucht nach dem Reich« im 19. Jahrhundert bedeutete nichts anderes, als daß der Glaube an Deutschlands Größe und an dessen Quellen erschüttert war. Das äußerte sich merkwürdigerweise in einer plötzlichen Unentschlossenheit und Verwirrung, in einem unerwarteten Sittenverfall, in Instinktlosigkeit und darin, daß die bewährten Lebensregeln vergessen wurden. Das geschieht in der Geschichte großer Nationen immer wieder. Manchmal ist es eine zeitweilige Unsicherheit, die spurlos vorübergeht, manchmal eine zunehmende Verwirrung, die eine Nation dazu treibt, sich wie im Delirium zu gebärden. Die deutsche »Sehnsucht nach dem Reich« hatte ein unsichtbares Motto: das Wörtchen »auch«. Die Deutschen wollten »auch« ihr Reich haben, nicht weil sie es brauchten oder weil sie in irgendeiner Weise geistig darauf vorbereitet waren, einen großen Nationalstaat zu verwalten und zu unterhalten, sondern weil die Franzosen und die Engländer ihr Reich hatten. Diese »Auch«-Mentalität hat danach in der Geschichte des Deutschen Reiches ständig eine Rolle gespielt. So mußte Deutschland zum Beispiel »auch« Kolonien, eine große Flotte und Niederlassungen in Fernost haben, nicht weil sie lebensnotwendig gewesen wären, sondern weil andere Mächte sie besaßen. Ebenso ist die heutige Unterdrückung der Tschechen und Polen durch Hitler in den Augen seiner patriotischen Anhänger dadurch gerechtfertigt, daß England unter Warren Hastings »auch« brutale Zwangsmethoden anwendete. Sogar Hitlers Expansionskriege werden teilweise wegen dieser »Auch«-Theorie unterstützt. Ist nicht »auch« Frankreich durch Annexion und Verdrängung seiner Nachbarn – vor 300 oder 500 Jahren – groß geworden?

Doch das psychologische Motiv für diese Kriege ist ein anderes. Das »Reich« entstand, wie wir uns entsinnen, letzten Endes nicht dadurch, daß man es herbeisehnte, sondern dadurch, daß Preußen – jener kleine räuberische Staat – alle anderen deutschen Staaten verschlang. Die ganze Geschichte Preußens besteht darin, daß es erst kleinere, dann größere Länder eroberte; in Ermangelung selbständiger kultureller Leistungen besteht sein einziger Ruhm in der ständigen Vergrößerung seines Territoriums, in der Unterordnung des Lebens seines Volkes unter diese seine Gier. Diese politische Moral Preußens übertrug sich auf seinen Nachfolger, das Deutsche Reich. Die besiegten kleinen deutschen Staaten hatten, moralisch durch den Verrat an ihrer geistigen Mission und durch die unvermeidliche »Auch«-Doktrin geschwächt, nichts dagegenzusetzen. Preußen war das Krebsgeschwür Deutschlands. Sein Gesetz war: wachsen, verschlingen und zerstören. Seit Deutschland sein eigenes Gesetz vergessen, verleugnet und das von Preußen angenommen hat, anders ausgedrückt, seit es das »Deutsche Reich« geworden ist, ist es das Krebsgeschwür Europas geworden.

Das Deutsche Reich ist durch drei der zynischsten und verbrecherischsten Kriege entstanden, welche die Geschichte kennt: die brutale Niederringung des kleinen Nachbarn Dänemark, den Blitzkrieg gegen den Deutschen Bund, der mit der Einverleibung der kleinen norddeutschen Staaten endete, und den ungerechtfertigten Krieg gegen Frankreich, der durch eine Fälschung von Dokumenten willkürlich provoziert wurde. Das Reich wurde durch einen gemeinsamen räuberischen Feldzug seitens seiner künftigen Mitgliedsstaaten »zusammengeschmiedet«. Nun gilt für Staaten wie für Individuen, daß sie fort und fort gedeihen würden, »nach dem Gesetz«, wie Goethe sagte, »wonach du angetreten«.

Bismarck, der einen scharfen Verstand besaß, auch wenn er kein tiefer Denker war, wußte das wahrscheinlich nicht. Seine Worte waren vielleicht nicht ganz ernst gemeint, als er erklärte, Deutschland sei nach 1871 ein »saturierter« Staat; er betrachtete die Reichsgründung als folgerichtiges Ergebnis der deutschen Geschichte und bemühte sich, das neue Deutsche Reich möglichst reibungslos in die Gemeinschaft der alten europäischen Großmächte einzuordnen, als ob es immer zu ihnen gehört hätte. Zu seiner Zeit waren die Deutschen durch all das, was sich zwischen 1862 und 1871 ereignet hatte, durch die Demütigungen und Leiden, die sich auf einmal in Glück und Siegesfreude verwandelt hatten, so konfus und fassungslos, daß sie vorübergehend zufrieden waren. Tatsächlich war das Deutsche Reich zwanzig Jahre lang ein zufriedener und friedlicher Staat. Auffallend war jedoch, daß Deutschlands geistige Traditionen plötzlich zu verkümmern schienen, daß billige Zurschaustellung und Selbstgefälligkeit Nüchternheit und ständige Selbstkritik verdrängten und daß Treitschke von seinem Lehrstuhl an der Universität aus eine neue deutsche historische Legende zu verfassen begann.

Nach Bismarcks Sturz begann das Riesenspielzeug, das den Deutschen in die Hand gedrückt worden war, seinen dämonischen Geist zu offenbaren. Sollten sie jetzt, da sie einen großen Machtapparat besaßen, damit nicht etwas anfangen? Aber was? Expansion natürlich! Preußen war durch Wachstum groß geworden, also hatte sein Erbe, das großdeutsche Reich, sogar noch vehementer und rascher zu wachsen. Natürlich mußte es alles haben, was auch die anderen besaßen. Aber bald begannen die Deutschen sich als Emporkömmlinge unsicher zu fühlen und in ihrer neuen Rolle zu zittern. Wo war die souveräne Würde und ruhige Selbstsicherheit, mit der die Deutschen des 18. Jahrhunderts von ihren kleinen Staaten wie von hohen Bergen aus die

Streitigkeiten der Welt beobachtet hatten? Die Deutschen sprachen nun verächtlich über die »deutsche Kleinstaaterei« und schämten sich ihrer Vergangenheit, wie sich Neureiche der niedrigen Herkunft ihrer Eltern schämen. Sie wußten nicht, wie sie ihre neue Kleidung tragen sollten, und da sie sich ständig in ihrer Haut unwohl fühlten, bildeten sie sich ein, sie würden verleumdet und vor allem beneidet.

Seit der Reichsgründung haben die Deutschen an Verfolgungswahn gelitten. Sie sind davon überzeugt, alle anderen Völker würden ihnen etwas wegnehmen wollen und nur darauf lauern, sie umzingeln und über sie herfallen zu können. Morbide Befangenheit, Ressentiment, Mißtrauen, Säbelrasseln und feiges Abwälzen der Verantwortung auf andere – alle diese ganz neuen Charakterzüge sind die neurotischen Folgen dessen, daß die Deutschen ihre innere Natur verleugnet, ihre geistige Vergangenheit zerstört und versucht haben, Großmacht zu spielen, ohne durch die Geschichte im geringsten auf ihre Rolle vorbereitet zu sein. Später kam die Vaterlandsbindung, die krankhafte Anbetung eines einzigen zweifelhaften Ideals, dem alles geopfert worden war und dem folglich weiter geopfert werden mußte.

»Bist alsobald und fort und fort gediehen,
Nach dem Gesetz wonach du angetreten.«[20]

Das Reich konnte nur eine »Krieg-und-Sieg«-Politik, eine »Auch«-Politik verfolgen. Teils von Verfolgungswahn, teils von Expansionsdrang getrieben, mußte es rüsten, drohen, angreifen, Unruhe stiften, einschüchtern; die blasierten Reichsdeutschen mußten all das tun, »um ihren Kopf so hoch tragen zu können wie die Deutschen«. Früher konnten sie ihn ohne all das hoch tragen, obwohl sie nur Württemberger oder Sachsen-Weimarer waren.

---

20 Aus Goethes Gedicht »Urworte. Orphisch«; Johann Wolfgang Goethe, Werke, Weimarer Ausgabe, I. Abt., Bd. 3, S. 95, Weimar 1890. [Anm. d. Ü.]

Aber sie waren vernünftige Leute gewesen. Nun brauchten sie den Narzißmus, das Sich-Aufspielen und das Eigenlob, um vor sich selbst den Schein zu wahren. Trotz alledem waren das Zeiten, wo das Denken als Spielzeug und Freizeitbeschäftigung noch toleriert wurde, selbst wenn man es nicht mehr ernst nahm wie in den Tagen der »Kleinstaaterei«. Es gab noch keine offene Barbarei, keine Judenverfolgungen, keine Konzentrationslager. Es gab nur eines: den unvermeidlichen großen Krieg.

Das Reich wurde besiegt – aber es überlebte. Es mußte bedingungslos kapitulieren, seine Schuld am Krieg selbst bekennen und Wiedergutmachung versprechen; es mußte einen Teil seiner früheren Beute herausrücken und mußte abrüsten. Und wieder begann sein Dämon, vom unausweichlichen Gesetz seiner Existenz getrieben, sich wieder zu regen. Leute mit freundlicher Gesinnung hätten an der Macht sein können, sie hätten wirklich eine Politik der friedlichen Identifizierung mit Europa betreiben können. Aber das Reich war stärker als sie. Dieses ungeheuer mächtige Gebäude, das für Krieg und Expansion errichtet worden war, verlangte, daß seine Machthaber eine Politik verfolgten, für die es geschaffen worden war. Für eine Politik der friedlichen Anpassung war kein »Reich« erforderlich. Sobald man bemerkte, daß das Riesenspielzeug intakt und im wesentlichen unbeschädigt geblieben war, ging das Gejammer des schlechten Verlierers über den »Schandfrieden« los: Die Komödie des Elends wurde als erster Akt des Dramas der Revanche gespielt ... Die freundlichen Republikaner in Weimar gehorchten zögernd, vielleicht nur, um den Nationalisten den Wind aus den Segeln zu nehmen. Aber schließlich liefen sie den Nationalisten nach und rannten immer etwas unentschlossener als diese, doch immer in der gleichen Richtung. Sie waren bereits geschlagen, als sie den Namen »Deutsches Reich« wieder in die Verfassung aufnahmen. Dann erklärte der sozialdemokratische Reichspräsident Ebert im Jahre 1919, daß »Deutschland, Deutschland über alles« die National-

hymne sein sollte. Schließlich waren sie gezwungen, widerwillig die deutsche Legende über den Weltkrieg zu akzeptieren und von der »Kriegsschuldlüge«, vom »Schandfrieden« und von »Tributen« zu reden. Die letzten Jahre der Weimarer Republik waren Selbstmord. Stück für Stück zerstörten die Republikaner ihr eigenes Regime. Sie konnten nicht gegen das Reich regieren. Dieses mörderische Ungeheuer bewegte sich gegen ihren Willen weiter in der Richtung, die seinem Wunsch entsprach, auf einen neuen Krieg und neue Plünderungen zu. Schließlich konnten die Republikaner die Verantwortung nicht länger tragen. Sie räumten ihre Sessel, und hinein schwangen sich diejenigen, die in sie hineinpaßten: die Nazis.
Sie paßten wirklich in sie hinein, das ist die schreckliche Wahrheit, die nicht geleugnet werden kann. Wie wunderbar verkörpern die Nazis die Idee des Reiches. Sie waren die ersten, welche die blutrünstigen Ansprachen, die bei feierlichen Anlässen gehalten werden, ernst meinten. Sie dienen dem Reich »total«: dem Wachsen, Verschlingen, Zerstören. Sie achten weder Zivilisation noch Menschlichkeit noch Moral. Sie tolerieren keine privaten Freiräume. Sie sind hartnäckig. Sie sind Hundertfünfzigprozentige. Und wie gut sie es verstehen, auf dem bereits gestimmten Instrument des Patriotismus zu spielen! Und wie sie der deutschen Unsicherheit zu Leibe rücken, dem deutschen Selbstmitleid freien Lauf lassen, den deutschen Verfolgungswahn und die panische Angst vor einer Umzingelung fördern, an die Opferbereitschaft der »Deutschland-über-alles«-Patrioten appellieren und den Deutschen das einzige bieten, was ihre verkümmerte Seele noch trösten kann: miterleben zu können, wie der Krebs sich erfolgreich in ein neues Organ hineinfrißt, die trunkene Freude darüber, daß Deutschland ein immer größerer Fleck auf der Landkarte wird, die trunkene Freude über den triumphalen Erfolg, der mit der Propagierung ihres Elends erzielt wurde, das Wachsen, Verschlingen, Zerstören ...

Wir sind nun bei der großen Frage angelangt, die sich hinter allen Ereignissen der letzten Jahre verbirgt und die in Deutschland in loyal und patriotisch gesinnten Kreisen tausendmal ergebnislos diskutiert worden ist: Kann sich das Deutsche Reich noch die Nazis vom Halse schaffen, oder muß es mit ihnen stehen oder fallen?

Die loyalen Deutschen können keine klare Antwort geben. Sehr viele von ihnen wünschen sich vielleicht, daß sie die Nazis loswerden und das Reich doch erhalten können. Aber sie spüren vage, wie sich das Reich diesem Wunsch widersetzt. Sie spüren, daß ihr Patriotismus es nicht zuläßt, den Nazis Barbarei, Bestialität und Infamie vorzuwerfen, nachdem dem Reich Menschlichkeit, Zivilisation und Ehre geopfert worden sind. *Deutschland, Deutschland über alles.* Nur wenn die Gefahr droht, daß durch irgendeine unmoralische Tat ein unmittelbarer politischer Schaden angerichtet wird, wird diese vielleicht unterbleiben. Was die loyalen Deutschen beunruhigt, ist nicht die Tatsache, daß Konzentrationslager existieren, sondern daß sie »ein schlechtes Gefühl« hervorrufen, nicht die Tatsache, daß die Tschechen tyrannisiert werden, sondern daß es gefährlich sei, so viele Tschechen »ins Reich aufzunehmen«.

Gegen die Politik wird nicht eingewendet, sie sei verbrecherisch, sondern sie könne sich als falsch erweisen. Wenn sie sich als richtig erweise, sei man widerlegt. Und bis jetzt habe sie sich fast immer als richtig herausgestellt. Zweimal – 1934 und 1938, als das Verbrechen sich nicht auszahlte oder als es drohte sich nicht auszuzahlen – wurden viele loyale Patrioten fast mit dem Gefühl der Erleichterung zu Verrätern. Sie wagten es, sich gegen das Verbrechen zu wenden, weil das Verbrechen dem Reich Schaden zuzufügen drohte. Aber in beiden Fällen hatten sie sich verkalkuliert. Daher sind die Patrioten jetzt sehr vorsichtig geworden. Sie leiden unter den Nazis, murren, sie würden lieber nicht mit ansehen, was die Nazis machen, sie sind verzweifelt und würden am liebsten vor Scham in den Erdboden versinken, aber trotzdem möchten sie den Sturz der Nazis nicht erleben. Sie haben das übermächtige Gefühl, das Reich würde seine größte Chance verpassen, zu Ruhm zu gelangen und die Welt zu erobern. Sie glauben, daß das Reich niemals mehr eine Regierung haben würde, die besser zu ihm passe, daß diese besser in der Lage sei, alles aus ihm herauszuholen, was in ihm stecke, daß sie riesigen Erfolg habe. Vielleicht glauben sie, diesmal werde das Reich »es schaffen«. Vielleicht wird es diesmal den Weltkrieg gewinnen.

Aber vielleicht auch nicht, sagen die »Loyalisten«. Seit 1918 können sie das bange Gefühl nicht loswerden, daß es so etwas wie einen Pyrrhussieg gibt, daß der Bogen eines Tages überspannt sein könnte. Aber selbst angesichts dieser Eventualität wiegen sie sich in gefährlicher Sicherheit. Versailles habe, so glauben sie, bewiesen, daß das Reich unzerstörbar sei. »Wenn unsere Feinde gekonnt hätten«, sagen sie, »hätten sie uns damals vernichtet.« Das Schlimmste, womit sie rechnen, ist ein zweites Versailles. Aber sie haben gesehen, wie auch die »Ketten von Versailles« abgeworfen werden konnten.

Vielleicht irren sie sich gerade in dieser Beziehung. Vielleicht haben die Nazis damit, daß sie so ausnehmend gut zum Reich passen, der Welt den Blick für die Größe der Gefahr geschärft, so daß dem Reich nicht noch einmal eine Chance gegeben wird. Wenn den loyalen Deutschen offen gesagt wird, daß ihr Reich nicht überleben wird, falls sie es noch länger als Waffe in den Händen der Nazis lassen, und ihnen gleichzeitig durch Taten gezeigt wird, daß ein Sieg sehr zweifelhaft ist, dann und nur dann werden sie – vielleicht wieder mit einem gewissen Gefühl der Erleichterung – der Ansicht sein, daß ihnen der Patriotismus das Recht gibt, dem Ruf des Gewissens zu folgen und die Nazis abzuservieren. Die einzige Möglichkeit bestünde darin, das Heer so zu beeinflussen, daß es den vieldiskutierten und schon lange erwarteten monarchistischen Staatsstreich durchführt.

Ist das jedoch wünschenswert? Sollte das Reich erhalten bleiben, damit es in 25 Jahren zwar nicht den Krieg von 1939, aber möglicherweise den von 1914 wieder führt? Besteht noch eine andere Hoffnung? Gibt es außer den »Loyalisten« noch ein anderes Element in Deutschland, mit dem wir uns verbünden können, um die Nazis zu besiegen und den Frieden herbeizuführen?

Dadurch, daß die Nazis den »Reichspatriotismus« so hochgepeitscht haben, haben sie ihn gleichzeitig ad absurdum geführt – sogar in den Augen sehr vieler Deutschen.

Abgesehen von der großen Anzahl »normaler« Deutscher, welche die Nazis toleriert haben, dürfen wir die fast ebenso große Zahl derer nicht vergessen, die auf eine Gelegenheit warten, ihre Illoyalität unter Beweis zu stellen.

V. Die illoyale Bevölkerung

Die illoyalen Deutschen laufen heute Gefahr, vergessen zu werden, und das wäre tragisch für sie und vielleicht bedauerlich für jene, die sie vergessen haben. Denn heute wie gestern gilt: Die Aufgabe, den Krieg möglichst bald zu beenden und gleichzeitig eine solide Basis sowie zuverlässige Partner für den künftigen Frieden zu finden, kann natürlich am besten dadurch gelöst werden, daß man jene Deutschen als Verbündete gewinnt und mobilisiert, die den gleichen Feind wie Frankreich und England haben, nämlich die derzeitigen Machthaber Deutschlands. Die Zahl jener Deutschen geht in die Millionen, und sie ist tatsächlich kaum geringer als die der loyalen Deutschen. Und ihr vorherrschender politischer Wunsch deckt sich mit dem Ziel der zivilisierten Mächte, das darin besteht, Hitler und die Nazis um fast jeden Preis zu besiegen und zu bestrafen. Das heutige Deutschland ist von oben bis unten in der Frage gespalten, derentwegen der Krieg geführt wird. Diese Tatsache scheint mir für England und Frankreich ein ungewöhnlicher Glücksumstand zu sein, selbst wenn wir zugeben müssen, daß der illoyale Teil des deutschen Volkes unter der Knute seiner rücksichtslosen Unterdrücker derzeit nicht nur hilflos, sondern auch unorganisiert, mutlos und oft verzweifelt ist. Trotzdem lohnt sich die Mühe, herauszufinden, wie die Lage verbessert werden kann.

Das scheint heute vielleicht eher möglich, weil die Alliierten in mancher Hinsicht für die entstandene Situation mitverantwortlich sind. Denn von 1933 bis 1938 haben die Westmächte wenig getan, was zur Ermutigung der deutschen Nazigegner hätte beitragen können. Wir halten es, ohne Vorwürfe erheben zu wollen, für gut, an jene Tatsache zu erinnern, damit über einen großen, zeitweilig paralysierten Teil des deutschen Volkes nicht einfach mit einem Achselzucken hinweggegangen wird. Diese Gefahr besteht heute.

Es ist deswegen berechtigt, von einer Gefahr zu sprechen, weil jede falsche Einschätzung der massenpsychologischen Fakten, die den Feind betreffen, gefährlich ist. Genauso falsch waren die Erwartungen, die besonders von den Linken gehegt wurden: Man rechnete ständig mit einer spontanen Revolution und damit, daß die illoyalen Deutschen Hitler davonjagen würden. Diese Hoffnungen waren durch nichts gerechtfertigt. Man würde sich aber genauso irren, wenn man heute enttäuscht behauptete, es gebe überhaupt keine illoyalen Deutschen und es sei besser, so zu handeln, als ob alle Deutschen Nazis seien oder zumindest deren loyale Anhänger. Das mag vielleicht überzeugend klingen, aber es ist insgesamt falsch. Es gibt massenhaft Deutsche, die Hitler und den Nazis gegenüber zutiefst illoyal und feindlich eingestellt sind. Zwischen den beiden Extremen – drohende Revolte und loyale Ergebenheit – liegt ein weites Feld. Es ist lehrreich, genau die Lage zu beschreiben, in der sich die rund 15 bis 20 Millionen illoyalen Deutschen befinden, welche die potentiellen Verbündeten Englands und Frankreichs sind: Man kann diese Situation mit der in einem ungemütlichen, belagerten Schützengraben vergleichen.

Wer den Darlegungen des Autors bisher gefolgt ist, wird ihn wohl kaum verdächtigen, Beruhigungspillen zu verteilen. Er gehört weder zu jenen, welche die Nazis so darstellen, als ob sie ein vorübergehendes Phänomen ohne Rückhalt in der Bevölkerung wären, noch behauptet er, das »wahre Deutschland« sei eine grenzenlos pazifistische, humanistische, liberale Gesellschaft, die gegen die Nazis eingestellt sei und die Macht niemals in Hitlers Hände gelegt hätte, wenn nur der Versailler Vertrag maßvoller gewesen wäre und wenn man früher auf die Reparationsforderungen verzichtet hätte; er sagt auch nicht, das »wahre Deutschland« würde Hitler sofort stürzen, wenn man es nur mit einigen ergreifenden Worten dazu ermunterte. In keiner Weise habe ich die Größe der nationalsozialistischen Gefahr herabgemindert oder einen Zweifel daran gelassen, wie sehr die Nazis die Seele der Massen in Deutschland in der Gewalt haben. Aus diesem Grund kann ich jetzt vielleicht erwarten, daß man mir ein wenig Glauben schenkt, wenn ich die andere Seite des Bildes zeige. Allerdings erfordert dies, daß mir der Leser etwas Vertrauen entgegenbringt; denn es ist schwer, Beweise zu liefern. Es liegt in der Natur der Sache, daß diese Dinge in Deutschland nicht offen diskutiert werden können. Ein Anhänger der Nazis kann frei und offen seine Sympathie bekunden, aber ein Gegner hütet am besten seine Zunge oder äußert das Gegenteil von dem, was er denkt. Es ist daher nicht verwunderlich, daß Touristen und sogar offizielle Besucher aus dem Ausland kaum die Existenz des illoyalen Deutschland bemerken.

Aber jeder, der lange genug in Hitlerdeutschland gelebt hat und mit den Menschen vertraut ist, bekommt unweigerlich mit, wie unheimlich und nicht mehr durchschaubar sowohl das politische als auch das Privatleben im Land geworden ist. Er muß etwas von der Existenz der Hunderttausende von kleinen Zirkeln bemerkt haben, die sich ängstlich nach außen hin abschotten, zu denen der Nazismus und die Nazis keinen Zugang haben und in die man als Außenstehender kaum gelangt, wenn man nicht die Parole weiß. Hie und da muß er über den kolossalen Kummer und den Haß entsetzt sein, der unter der Oberfläche schwelt. Wenn er ein aufmerksamer Beobachter ist, muß er den einen oder anderen der winzigen, aber unzähligen Risse bemerkt haben, die der furchteinflößende Machtapparat aufweist: das regelmäßige und zuverlässige Durchsickern geheimer Informationen, die auffallend häufigen anonymen Warnungen, die Leute vor ihrer Verhaftung erhalten, oder die zahllosen geheimen Routen, die durch das Land oder von dort hinaus führen – für Nachrichten, Geld und Personen. Er muß die eine oder andere winzige, aber höchst aufschlußreiche Erfahrung gemacht haben, indem er zum Beispiel folgende Äußerung von einem konservativen hochrangigen Offizier gehört hat: »Das einzige, was uns retten kann, ist eine militärische Niederlage.« (Natürlich sind nicht alle deutschen Offiziere dieser Meinung.) Kurz, er muß bemerkt haben, daß Deutschland augenblicklich ein Doppelleben führt: daß es neben dem schon bis zum Überdruß vertrauten, auf unzähligen Plakaten einseitig dargestellten Deutschland der Hakenkreuzfahnen, Uniformen und Marschkolonnen noch ein ganz anderes, geheimes Deutschland gibt, das schattenhaft, nicht greifbar, aber allgegenwärtig ist.

Das heutige Deutschland gleicht einem Palimpsest[21] oder einem übermalten Bild: Wenn man die sichtbare Oberfläche geduldig und vorsichtig entfernt – vor allem vorsichtig –, kommt ein ganz anderes Schriftstück oder Bild darunter zum Vorschein, das möglicherweise durch die Übermalung und vielleicht auch durch deren Beseitigung beschädigt wurde, aber ein in sich geschlossenes, zusammenhängendes und organisches Ganzes ist. Dies ist ein ganz neues Phänomen, wenn man an die Epoche vor 1914 denkt und sich daran erinnert, wie tief die Ergebenheit dem Reich gegenüber den Deutschen in Fleisch und Blut übergegangen war, wie die Deutschen damals beinahe vergessen hatten, daß sie einmal *keine* räuberische und prahlerische, parvenühafte Großmacht gewesen waren. Zum anderen geht das, was jetzt anscheinend geschieht, auf alte, fast ehrwürdige Zeiten zurück. Zunehmend erkennbar werden die Züge des Deutschland der Zeit vor Bismarck oder sogar vor Napoleon, jenes Deutschland, das bereitwillig zuließ, daß es – zu seinem Nachteil – vom Kaiserreich absorbiert wurde. Heute ist jenes alte und meines Erachtens

---

21 Antikes oder mittelalterliches Schriftstück, von dem der ursprüngliche Text abgeschabt oder abgekratzt und das danach neu beschriftet wurde. [Anm. d. Ü.]

höchst vitale Deutschland eindeutig im Begriff, sich von den Nazis zu distanzieren, von denen sich wiederum das Kaiserreich hatte verschlingen lassen. Jenes Deutschland bildet einen Block von immenser Widerstandskraft. Dies ist eine historische Entwicklung von erstrangiger Bedeutung, obgleich sie sich unsichtbar vollzieht und genauso wenig »Schlagzeilen« liefert, wie dies bei der schleichenden Herausbildung des Nazigeistes in der Weimarer Republik der Fall war. Es ist wirklich bedauerlich, daß diese Prozesse der »Chemie« der Massenpsychologie erst dann erkannt werden, wenn es zu spät ist.

Manche bemerkten jedoch, was im Gange war. Dazu gehörte die Gestapo. Schon 1937 erklärte Himmler in einer vertraulichen Unterredung mit hohen Wehrmachtsoffizieren, er müsse im Kriegsfall die »innere Front« besetzen lassen, die genauso gefährlich sein würde wie die äußeren Fronten zu Lande, zu Wasser und in der Luft. Da die schwarzen Garden der SS an dieser inneren Front eingesetzt werden müßten, würden sie nicht als Verstärkung an den äußeren Fronten zur Verfügung stehen. Die Zahl der ausgebildeten Kräfte, die Himmler für die Heimatfront als notwendig erachtete, betrug damals 250.000 Mann. (Das i-Tüpfelchen bei dieser bemerkenswerten Geschichte ist, daß das stenographische Protokoll jener Darlegungen, die unter den Bedingungen strengster Geheimhaltung vor einem kleinen Personenkreis gemacht worden waren, drei Tage später in den Händen eines Komitees deutscher Emigranten in Prag war.)

Das geschah im Herbst 1937, vier Jahre nach der Zerschlagung der letzten Überreste der organisierten politischen Opposition in Deutschland. Seither ist die SS immer stärker geworden; Zahl und Umfang der Konzentrationslager haben sich erhöht; die Behandlung der Häftlinge hat sich wesentlich verschlechtert; die Kunst der Spionage und der Denunziation ist weiterentwickelt und verfeinert und die Überwachung aller »Volksgenossen« verstärkt worden (so sind zum Beispiel seit Anfang 1938 Blockwarte der

NSDAP geschaffen worden, die jedes einzelne Haus kontrollieren); immer öfter werden Personen auf Verdacht verhaftet; mit einem Wort, unter der Oberfläche tobt in Deutschland ein lautloser und geheimer Krieg gegen einen Gegner, dem einfach nicht beizukommen ist und gegen den immer schärfere Unterdrückungsmaßnahmen angewendet werden müssen. In der grotesken und – selbst nach Ansicht der eigenen Anhänger der Nazis – übertriebenen Brutalität der Androhung der Todesstrafe für lächerliche Beleidigungen sowie in den zunehmenden nervenaufreibenden Razzien und Verhaftungen läßt sich eine gewisse Verzweiflung erkennen, die Verzweiflung von Leuten, die es mit einem nicht faßbaren, unerschütterlichen und unsichtbaren Feind zu tun haben, einem Feind, der immer wieder aufsteht, wenn man glaubt, er sei erledigt.

Dieser Feind sind nicht die traurigen und gejagten Reste der früheren kommunistischen, sozialdemokratischen oder demokratischen Parteizellen. Es muß sich um einen neuen, unglaublich zähen Feind handeln, der nicht zunehmend an Stärke verliert, sondern immer mehr an Stärke gewinnt. Es sind nicht die diskreditierten, zerschlagenen politischen Gruppen von gestern. Es ist auch keine mit einem bestimmten Etikett versehene neue Doktrin oder Bewegung; denn so etwas ist nirgends in Sicht. Es ist die illoyale Bevölkerung. Es ist der für Deutschland ganz neue Geist einer stillen, gefährlichen, wütenden Illoyalität gegenüber dem Staat und der Staatsgewalt; die Taubheit und äußerste Gleichgültigkeit gegenüber allen »nationalen« Losungen, ein dumpfer, abwartender Haß, der vor dem nationalsozialistischen Untersuchungsbeamten geleugnet wird, aber sich hinter dessen Rücken sofort wieder bemerkbar macht, ein Haß, der sich über seine Quellen nicht im klaren ist, der nicht weiß, wohin er führen wird, aber der da ist, jeden Tag neu geboren wird und sich verstärkt und vertieft, je mehr die Schraube der Unterdrückungsmaßnahmen angezogen wird. Diese Illoyalität und dieser Haß haben bis jetzt noch nicht in einer politischen Doktrin oder Organisation Gestalt angenommen. Das ist ihre Schwäche, aber auch ihre Stärke. Es macht die Illoyalen derzeit handlungsunfähig, aber auch erstaunlich unverwundbar. Wie sollte man auch einen politisch nicht vertrauenswürdigen Menschen von etwas überzeugen, der doch nur leicht verwirrt ist und sich mit einem Gefühl des Schreckens gerade erst dabei ertappt hat, daß er sich insgeheim über jede militärische Schlappe des Vaterlandes freut und jede neue Siegesmeldung als abstoßend empfindet? Es gibt Millionen solcher Menschen. Und im Unterschied zur prekären Loyalität der Loyalen, die sich ständig selbst belügen müssen, sich in einem inneren Zwiespalt befinden und in Gefahr sind, plötzlich illoyal zu werden, tendiert die Illoyalität der Nazigegner dazu, Klarheit zu gewinnen, sich zu vertiefen und zu festigen. Mit einem genügend »gesunden« Pessimismus haben wir geschätzt, daß die loyale Bevölkerung der illoyalen zahlenmäßig noch etwas überlegen ist; das Verhältnis beträgt etwa 40:35 Prozent. Aber wir zweifeln auch nicht daran, welche Seite an Stärke zu- und welche abnimmt.

Der Geist des Verrats breitet sich wie eine gleichmäßig verteilte Saat auf allen Ebenen und in allen Bevölkerungsschichten aus, wobei sich seine Konzentration an dieser oder jener Stelle nicht exakt feststellen läßt. Aber er ist unter dem Kleinbürgertum offenbar weniger verbreitet als anderswo. Wir müssen ihn vielleicht vornehmlich unter jenen suchen, die von Anfang an Nazigegner waren und noch am 5. März 1933 gegen die Nazis stimmten, das heißt in der Hauptsache unter den Arbeitern, die früher organisiert waren, unter den strenggläubigen Katholiken und in bestimmten Kreisen der gehobenen Mittelschichten in den großen Städten. Aber wir müssen drei wichtige Einschränkungen machen, die das ganze Bild verändern.

Erstens haben die Nazis ihre letzten großen Stimmengewinne im Jahre 1933 erzielt, und zwar unter jenen Leuten, die auf Grund gewisser Gegendoktrinen, welche in ähnlicher Weise gewaltorientiert waren, der Nazipropaganda bisher kein Gehör geschenkt hatten, insbesondere unter jungen Arbeitern, die früher Kommunisten oder linksextreme Sozialisten gewesen waren und in ihrer Wesensart den Nazis mehr oder weniger verwandt sind. Tatsächlich wurde kein nazifeindlicher Teil der Bevölkerung im Dritten Reich so erfolgreich zum Nationalsozialismus bekehrt wie die früheren Kommunisten. Das ist kein Wunder, wenn man die große Ähnlichkeit der Instinkte in Betracht zieht, die vom Kommunismus und vom Nationalsozialismus angesprochen werden. Hitler gewann außerdem loyale Anhänger, wenn nicht gar neue Nazis, in vielen Teilen der patriotisch gesinnten und erfolgssüchtigen Bourgeoisie, welche bis zum letzten Augenblick »nicht an die Nazis geglaubt hatten«, aber während der Jahre ihrer Herrschaft und Erfolge zu ihnen umgeschwenkt waren.

Zweitens wurden aber im Laufe dieser Jahre viele Leute illoyal, die im März 1933 entweder als ihre getreuen Anhänger oder als deutschnationale Sympathisanten für die Nazis gestimmt hatten. Zu ihnen gehören zahllose enttäuschte, betrogene und verbitterte Leute, die genauso auf die Nazis hereingefallen waren wie später viele Staatsmänner und Intellektuelle in der ganzen Welt, deren Haß auf Grund ihrer Enttäuschungen nur noch stärker geworden ist. Tatsächlich haben viele dieser Menschen ihr eigenes Denken und Handeln einer sehr kritischen Prüfung unterzogen, und sie haben ihre Anschauungen revidiert, nachdem sie die Folgen ihrer früheren Überzeugungen erkannt hatten. Gerade diese überaus zahlreiche Gruppe von Personen weist noch am klarsten nach, welche zersetzende Wirkung der Nationalsozialismus auf die Gesellschaft hat. Im Kaiserreich waren sie Patrioten und Nationalisten. Später waren sie gegen die »schlampige« Republik. Sie war »nicht ihre Sache« – kaum eine glaubwürdige Verkörperung der Reichsidee. Heute jedoch haben ihnen die Nazis gezeigt, wie »die richtige Sache« aussieht: was die logische Konsequenz der

Idee des Deutschen Reiches ist. Und diese Leute, die es sich zwischen 1870 und 1918 nie im Traum hätten einfallen lassen, daß sie jemals schlechte Patrioten oder gar schlechte Staatsbürger sein könnten, haben heute oft den Punkt erreicht, an dem sie sagen, das ganze Deutsche Reich mitsamt dem Führer und seinem Volk solle zum Teufel gehen, wenn Deutschland dadurch nur ein wenig von seiner Anständigkeit, Menschlichkeit und Kultur wiedererlangen könnte. Natürlich gibt es auch andere, die »trotzdem« noch loyal eingestellt sind und mit einem Seufzer die Ansicht äußern, diese Tugenden müßten wohl zu dem gehören, was »Deutschland« geopfert wurde. Gleichviel, die Zahl derer, die Hitler dazu gebracht hat, illoyal zu werden, ist ziemlich groß.

Drittens – und das ist der wichtigste Einwand – wäre es sehr falsch zu denken, jene, die von Anfang an gegen die Nazis waren und nie aufgehört haben, gegen sie zu sein, hätten im Laufe dieser Jahre ihre politischen Meinungen und Grundsätze unverändert beibehalten. Es gibt in Deutschland nur noch eine verschwindend geringe Zahl von Kommunisten, Sozialdemokraten, Demokraten, Deutschnationalen[22] oder Mitgliedern des katholischen Zentrums[23]. Politische Doktrinen sind in Deutschland während die-

---

22 Deutschnationale Volkspartei (DNVP): am 22. November 1918 gegründete monarchistische Sammelpartei der Weimarer Republik. Sie war 1925 und 1927/28 Regierungspartei. Seit 1928 war Alfred Hugenberg Vorsitzender der DNVP. Am 11. Oktober 1931 gründete sie zusammen mit dem Stahlhelm und den Nationalsozialisten die Harzburger Front zum Sturz der Regierung Brüning. Die DNVP war bis Juni 1933 an der Hitlerregierung beteiligt; danach aufgelöst. [Anm. d. Ü.]

23 Das Zentrum (Zentrumspartei) war die am 16. November 1870 gegründete Partei der deutschen Katholiken, die im Frühjahr 1871 nach dem Sitz ihrer Fraktion im Reichstag benannt wurde. Von 1871 bis 1933 war sie eine der stärksten politischen Parteien im Reichstag. Als Regierungspartei spielte sie in der Weimarer Republik eine Schlüsselrolle. Im Juli 1933 löste sich das Zentrum selbst auf. [Anm. d. Ü.]

ser Jahre dürftig geworden wie nie zuvor. Besonders die, die ihren unversöhnlichen Haß gegen die Nazis bewiesen, haben sich oft gezwungen gesehen, alle ihre Meinungen, politischen Anschauungen, geliebten Phrasen und Schlagworte über Bord zu werfen, wenn sie nicht geistig von den Nazis entwaffnet werden wollten. Viele entdeckten später, daß sie nicht deswegen gegen die Nazis waren, weil diese keine »wahren Sozialisten« oder »zu extremen Sozialisten« waren, sondern weil sie selbst einfach eine tiefe Sehnsucht nach Anständigkeit, Ehrlichkeit, Zivilisation und den wahren Werten des Lebens empfanden.

Wenn man sich – vielleicht bei der Lektüre der Leitartikel in alten Zeitungen – an die politische Polemik vor 1933 in Deutschland erinnert, ist man darüber erstaunt, mit welch oberflächlichen Einwänden sich die Nazigegner damals zufriedengaben. Die Nazis haben inzwischen Taten begangen, gegenüber denen die Orakelsprüche der Marxisten, die »realistischen« Spitzfindigkeiten der Parteien des Mittelstandes und die Phrasendrescherei der Nationalisten komisch und bedeutungslos erscheinen. Aber gerade diese Taten und die durch sie erzeugte Furcht haben Reaktionen hervorgerufen, deren Ursachen tiefer liegen als all die logischen und emotionalen Einwände gegen den Nationalsozialismus in den Jahren von 1930 bis 1933. Man kann sicher sagen, daß die illoyalen Deutschen trotz der Tatsache, daß sie kein Programm haben, heute in vieler Hinsicht politisch reifer sind als vor sieben Jahren und als ihre Väter und Großväter je gewesen sind. Ausländer wundern sich oft über die ruhige Verachtung, mit der diese Deutschen trotz all ihres Elends und ihrer Unterdrückung auf viele politische Doktrinen und Meinungen herabsehen, welche von klugen Männern in den freien Ländern ernsthaft und eifrig diskutiert werden. Man ist vielleicht der Ansicht, diese Verachtung würde ihnen schlecht anstehen. Trotzdem ist sie verständlich. Diese Männer sind durch die Hölle gegangen. Sie kennen viele Dinge, die anderen, glücklicheren Menschen unbekannt sind. Sie wissen, was in der Hölle verbrennt und was ihren Flammen widersteht. Sobald ihre vagen Gefühle sich zu politischen Überzeugungen verfestigt haben, sind sie einfacher als die meisten heute gängigen politischen Doktrinen – einfacher und realistischer.

Inzwischen bin ich dem Leser Antworten auf die Fragen schuldig, die ihm gewiß die ganze Zeit auf der Zunge gelegen haben: Wenn es so viele illoyale Deutsche gibt, warum sehen wir sie nicht? Warum schweigen sie? Warum spürt man nicht, daß sie existieren? Wie kommt es, daß der Terror ungehindert und uneingeschränkt fortdauert? Wieso verhindern diese illoyalen Deutschen nicht, daß all das zwar gegen ihren Willen, aber doch in ihrem Namen geschieht? Wo bleiben die Sabotageakte? Wo bleibt die Revolution gegen das Naziregime?

Solange diese Fragen nicht befriedigend beantwortet sind, werden die Zweifel weiterbestehen, ob es illoyale Deutsche überhaupt gibt oder ob man, wenn dies der Fall ist, überhaupt etwas mit ihnen anfangen kann. Diese Zweifel sind sicherlich berechtigt.

Die illoyalen Deutschen haben ihr Gewicht bis heute nicht in die politische Waagschale geworfen. Das Regime stößt auf einen erstaunlich geringen offenen Widerstand, Sabotageakte in nennenswertem Umfang gibt es nicht. Wenn deutsche Emigranten darüber sprechen, daß in Deutschland eine Revolution unmittelbar bevorstehe, so ist der Wunsch Vater des Gedankens. Es gibt zwar ständig Einzelbeispiele von Märtyrertum (einige davon, wie die Fälle von André[24] und Niemöl-

---

24 Etkar André (1894–1936), Mitglied der KPD, Mitbegründer und Leiter des Roten Frontkämpferbundes Hamburg-Wasserkante, seit 1927 Mitglied der Hamburger Bürgerschaft, wurde 1933 verhaftet und war 3½ Jahre unmenschlichen Folterungen ausgesetzt, bis er 1936 zum Tode verurteilt und hingerichtet wurde. [A. d. Ü.]

ler[25], sind berühmt; viele andere ereignen sich fast täglich und bleiben völlig anonym) und zahlreiche, aber unauffällige kleinere Sabotageakte sowie einen erstaunlich zähen passiven Widerstand in der Privatsphäre, wo Menschen oft unter großer Gefahr versuchen, ihr Gefühl der Anständigkeit gegen die totalitären Ansprüche des Nazistaates zu verteidigen und zu bewahren. So berichteten die Zeitungen zum Beispiel darüber, daß während des großen Pogroms im November 1938 Juden von ihren »arischen« Freunden gerettet wurden, indem diese sie in ihren Autos versteckten und mit ihnen den ganzen Tag durch die Straßen fuhren. Das zeigt, daß viele jüdisch-»arische« Freundschaften intakt geblieben waren. Trotzdem ist es eine Tatsache, daß momentan kein aktiver revolutionärer massenhafter Widerstand gegen die Nazis vorhanden ist.

Dafür gibt es drei Gründe. Der erste ist eine rein machtpolitische Frage: die ungeheuer mächtige und offensichtlich unangreifbare Position des Regimes. Der zweite ist psychologischer Natur: die nichtrevolutionäre Mentalität der illoyalen Deutschen. Der dritte ist eine Frage der politischen Ideen: das bedauerliche ideologische Durcheinander, das in den letzten sieben Jahren in Europa herrschte, und der Mangel an neuen, begeisternden politischen Losungen.

Jeder dieser Gründe bedarf einer näheren Untersuchung. Diese wird uns gleichzeitig helfen, ein klareres Bild von diesen illoyalen Deutschen zu gewinnen und zu erkennen, was geschehen kann und geschehen muß, wenn sie als aktiver politischer Faktor

---

25 Martin Niemöller (1892–1984), führendes Mitglied der Bekennenden Kirche, der protestantischen deutschen Widerstandsbewegung gegen die Eingriffe des Nationalsozialismus in das Kirchenleben. Gründer des Pfarrernotbundes (1933); von 1937–45 in den Konzentrationslagern Sachsenhausen und Dachau; 1947–65 Kirchenpräsident der evangelischen Kirche in Hessen-Nassau; Präsident des Ökumenischen Rates. [Anm. d. Ü.]

genutzt werden sollen, der sie zugegebenermaßen derzeit nicht sind.

Die wenigen, die sich mit der Frage beschäftigt haben, weshalb eine breite Opposition bis jetzt noch keine Revolution in Deutschland zustande gebracht hat, zucken gewöhnlich mit den Schultern und vertreten die Ansicht, die deutschen Nazigegner seien vermutlich Feiglinge. Typisch für diese Auffassung ist eine Bemerkung des amerikanischen Journalisten Villard, der kurz nach Kriegsausbruch mehrere Wochen lang Deutschland bereist hat. Als ein halbes Dutzend Leute ihm nacheinander die Frage gestellt hatten »Was kann ich als einzelner tun?«, habe er, wie er schreibt, angefangen, sich selbst zu fragen, ob persönlicher Mut und Opfergeist in Deutschland nicht vielleicht doch dünner gesät seien als anderswo. Es ist verständlich, daß sich jemand diese Frage stellt, aber falsch, sie unbeantwortet zu lassen. Man täte gut daran, sich daran zu erinnern, daß Feigheit nicht zu den hervorstechenden nationalen Charaktermängeln der Deutschen gehört, was immer man auch sonst über sie sagen mag. Noch ein anderer Gedanke drängt sich einem in diesem Zusammenhang auf. Dieselben Soldaten, die sich in einer schlecht geführten, geschlagenen, entmutigten Armee feige benehmen, kämpfen oft bald wie die Teufel, wenn man ihnen neue Kommandeure, neue Ziele und neues Selbstvertrauen gibt. Bis jetzt hat sich niemand über die illoyalen Deutschen Gedanken gemacht, doch sie bedürfen der Ermutigung. Ihnen wurden zahlreiche furchtbare Schläge versetzt. Mehr als einmal wurden sie von ihren Führern im Stich gelassen. Und sie haben eine ungeheuer schwierige und entmutigende Aufgabe vor sich, die von den westlichen Demokratien oft unterschätzt wird.

Es ist sehr leicht, von der hohen Warte der garantierten Bürgerrechte aus diese Deutschen der Feigheit zu bezichtigen, nur weil sie für ihre politischen Überzeugungen den Kopf nicht mit der gleichen Sorglosigkeit auf den Richtblock legen, mit der andere einen Zettel in die Wahlurne werfen. Man kann gewiß erwidern, die Herausforderung an diese politischen Überzeugungen und an alle menschlichen und moralischen Instinkte sei eben heute in Deutschland viel größer als in irgendeinem freien Land. Aber immer und überall erwartet man nur von einigen wenigen, besonders heroischen Individuen, daß sie sich ohne jede Aussicht auf Erfolg, lediglich zur Beschwichtigung ihres Gewissens, aufopfern. Und: Diese Opfer werden in Deutschland tagtäglich gebracht, hinter den verschlossenen Türen der Sondergerichte, in den Gefängnishöfen, wo die Hinrichtungen stattfinden, und in den Kellern der Konzentrationslager. Die *Massen* können aber nur dann dafür gewonnen werden, gegen den Unterdrücker unter Lebensgefahr Widerstand zu leisten, wenn es einen Plan, eine Methode und vernünftige Erfolgsaussichten gibt. Es ist wohl kaum übertrieben, wenn wir sagen, daß sich in Deutschland Hunderttausende auf der Suche nach einem solchen Plan täglich vergebens das Hirn zermartern. Die Frage »Was kann ich tun?« hat bestimmt in vielen Fällen viel dringlicher geklungen, als Mister Villard es wahrgenommen hat.

Wer sich darüber wundert, daß die Revolution gegen die Nazis so lange auf sich warten läßt, der übersieht sehr oft die Tatsache, daß das Naziregime neue Möglichkeiten der Unterdrückung entdeckt hat, gegen die auch neue revolutionäre Methoden entwickelt werden müssen. Man kann sagen, das Naziregime ist ein hochentwickelter Mechanismus, der speziell dafür konstruiert ist, Revolutionen unmöglich zu machen. Soweit es die Ausübung und Sicherung der Macht betrifft, verbinden die Naziführer Instinkt mit Präzision und Wissenschaft. Sie haben die Methoden der früheren Revolutionen eingehend studiert und alle bekannten Gefahrenmomente ausgeschaltet.

Zwei Arten von Staaten haben sich in der europäischen Geschichte der Neuzeit als »geeignet für Revolutionen« erwiesen: Monarchien ohne tief wurzelnde Popularität und Demokratien ohne ein zuverlässiges Heer. Gegen die erstgenannten Staaten wurden die sogenannten »klassischen« Revolutionen organisiert, die Massenerhebungen, die unter der Parole der Freiheit stattfanden: zum Beispiel die Revolutionen von 1789, 1830 und 1848; die Revolution in Rußland im März 1917 und die in Spanien im Jahre 1931. (Bei den Revolten unterdrückter Volker, die sich gegen Fremdherrschaft auflehnen, wird der gleiche Aktionsplan, mit kleinen Abweichungen, angewandt, weil auch die Unterdrückung ähnlich ist.) Gegen Demokratien, die nicht die Unterstützung des Militärs genießen, wird entweder der direkte militärische Putsch angewendet – die spanische und die südamerikanische Methode –, oder in das bürgerliche Parteiensystem wird eine halbmilitärische Partei eingeschmuggelt, woraufhin der Marsch auf die Hauptstadt erfolgt, bei dem das Heer ein wohlwollender neutraler Zuschauer bleibt. Das ist die modernste Methode. Das klassische Beispiel ist Mussolinis Marsch auf Rom im Jahre 1922. Die bolschewistische Revolution vom November 1917 und die nationalsozialistische Revolution vom März 1933 sind Variationen davon. Bis jetzt hat man noch keine erfolgreiche Methode zum revolutionären Sturz der politischen Systeme gefunden, die aus diesen Revolutionen entstanden sind: weder in Deutschland noch in Rußland noch in Italien.

Gefragt, wie das Naziregime den Teil des Volkes unter Kontrolle hält, der Widerstand leistet, denkt man sofort an die Gestapo. Dabei übersieht man jedoch einen entscheidenden Punkt. Die Metternich-Staaten und das zaristische Rußland besaßen eine erstklassige Geheimpolizei, dennoch waren deren Erfahrungen für die Gestapo nutzlos: Die Revolutionen von 1848, 1905 und 1917 hatten trotzdem stattgefunden und waren zum größten Teil erfolgreich gewesen. Ohne Übertreibung: Die Nazis hätten sich mit der Gestapo allein keine vier Wochen lang halten können – und ohne sie auch nicht länger. Die Gestapo ist nur die letzte Verteidigungslinie. Entscheidend für das Regime ist die Kombination von polizeilicher Unterdrückung, die bis ins Extrem getrieben ist, mit einigen verzerrten Elementen von Demokratie. Es ist falsch, den Nazistaat als reine Despotie anzusehen. *Seine Macht besteht aus einer Mischung von Despotie und Anarchie.* Metternich *plus* Turnvater Jahn; Geheimpolizei *plus* Demagogie; Terror *plus* Propaganda; Organisation *plus* vorgeschriebene Unordnung; nicht obligatorischer Gehorsam, sondern obligatorische Komplizenschaft; nicht obligatorische Loyalität, sondern obligatorische Begeisterung – dies ist das Gift, gegen das bis jetzt noch kein Gegengift gefunden worden ist.

Millionen echter Nazis besetzen die vorgeschobenen Posten vor der Front der Gestapo und der anderen bewaffneten Organisationen: Sie sind eine Freiwilligenarmee, bestehend aus begeisterten Spionen und Kontrolleuren, die zudem in der Lage sind, zu jeder beliebigen Zeit ein vordergründiges Spektakel aufzuführen, das die Popularität des Regimes demonstrieren soll. Vor ihnen liegen – unter dem Sperrfeuer der Propaganda – die Schützengräben der loyalen Bevölkerung.

Die illoyalen Deutschen, die schon dadurch benachteiligt sind, daß sie fühlen, in der Minderheit zu sein, sehen sich diesen drei Verteidigungslinien gegenüber. Außerdem sind ihre Reihen zerrüttet, und sie haben keinerlei Möglichkeit, zusammenzuarbeiten. Darüber hinaus gehören sie zusammen mit den Nazis und den loyalen Deutschen all diesen obligatorischen Organisationen an. Die Zwangs- und Kontrollorganisationen – jeder Deutsche, der seinen Lebensunterhalt verdienen oder auch nur einem Hobby nachgehen möchte, muß in zwei oder drei dieser Organisationen Mitglied sein – können vielleicht als vorderste Verteidigungslinie des Systems bezeichnet werden. Seit 1938 aber gibt es noch eine weitere Linie. Es ist das System der Blockwarte, die den Auftrag haben, jedes Haus zu überwachen. Sie statten allen Hausbewohnern von Zeit zu Zeit überraschend Besuche ab, stellen ihnen Fragen zur Politik und beobachten sie ständig.

Es ist ganz klar, daß das klassische Rezept für eine Revolution gegen einen Feind, der sich so verschanzt hat, nichts nützt. Es hilft kein Sturm auf die Bastille, keine Erstürmung von Barrikaden und auch kein Generalstreik. Die erste Voraussetzung für eine Massenerhebung oder – was fast das gleiche ist – eine weitreichende organisierte Sabotage existiert nicht, nämlich die Möglichkeit, irgendeine Art von Organisation zu schaffen. Jede Person ist völlig isoliert und wird ständig überwacht. Die einzig bekannte Methode, einen Umsturz herbeizuführen, ist die des spanischen *pronunciamento*[26]. Millionen von Deutschen haben darauf gehofft. Aber das Heer steht zur Zeit völlig unter dem Einfluß der »Deutschland«-Parole. Es verhält sich insgesamt loyal; die wenigen illoyalen Gruppen, die es im Heer gibt, fallen kaum ins Gewicht. Überdies verfügt das deutsche Heer über keinerlei Traditionen oder Erfahrungen auf dem Gebiet des Staatsstreichs. Offenbar hat sogar Spanien es nichts gelehrt.

Die dringliche, ängstliche, immer wiederkehrende Frage bleibt: »Was kann ich als einzelner tun?« Der einzelne hat nur die Wahl zwischen selbstgewähltem Märtyrertum, unkontrollierten Gefühlsausbrüchen und Widerspenstigkeit gegen den Blockwart, den Zellenwart oder den Werkmeister, die zu einer langjährigen Zuchthausstrafe führen kann. Diese Dinge passieren tagaus, tagein. Was vor allem bleibt, ist, daß man sich zäh an das klammert, was gerade noch möglich ist, an die letzte Verteidigungslinie im Privatleben, den kleinen regimefeindlichen Freundeskreis, zu dem Außenstehende keinen Zutritt haben. Doch auch das ist keineswegs gefahrlos. Für Ausländer ist es schwer zu verstehen, daß manche scheinbaren Belanglosigkeiten, die sich in Deutschland jeden Tag noch millionenfach zutragen – zum Beispiel das Unterlassen des Hitlergrußes, die Hilfe für jüdische Freunde, die Aufrechterhaltung des Kontakts zum Geistlichen der Gemeinde,

---

26 Aufruf zum Militärputsch. [Anm. d. Ü.]

die Verbreitung von »Informationen« oder Sabotage in dem kleinen Umfang, in dem sie individuell verübt werden kann –, Mut erfordern. Trotzdem ist es Unsinn, triumphierend zu verkünden (wie manche Emigranten dies unbedingt tun wollen), die praktischen »Ergebnisse«, die in diesem begrenzten Rahmen erzielt werden können, seien die Vorboten der baldigen Revolution. Aber falsch ist es auch, die enorme Bereitschaft eines großen Teils der Bevölkerung zu übersehen, welche sich hinter diesen anscheinend unbedeutenden Symptomen verbirgt. Es ist eine passive Bereitschaft; die aufgestaute Energie muß freigesetzt werden. Wenn diese Freisetzung nicht erfolgt – und der Anstoß dazu kann nur von außen kommen –, bleibt diese Energie ungenutzt und wirkungslos. Aber wenn diese Energie freigesetzt wird, kann es einige angenehme Überraschungen geben.

Noch ein weiterer Umstand muß erwähnt werden, der sich für die Nazis und ihren ungeheuer mächtigen Unterdrückungsapparat als günstig erweist: Die Entwicklung der modernen Technik verschafft den Herrschenden, wie man lange ungenügend verstanden hat, einen Vorteil gegenüber den Beherrschten. Je wirksamer die Waffen werden und je weniger man sich gegen sie schützen kann, desto mehr ist der Bewaffnete den Unbewaffneten überlegen. Die Bastille könnte im Zeitalter der Flugzeuge und des Tränengases nicht erfolgreich erstürmt werden. Mit Gewehren ausgerüstete Bürgerwehren haben keine Chance mehr gegen motorisierte Polizeitruppen; es hat keinen Sinn, Barrikaden gegen eine Regierung zu errichten, die über Panzer verfügt. Und nicht nur die Waffenentwicklung begünstigt im Falle einer Revolution die Machthaber, den Staat gegenüber den einzelnen: Die moderne technische Entwicklung und die damit einhergehende ausgeklügelte Organisation wirken in der gleichen Richtung. Der Verkehr hat dazu geführt, daß die Länder klein geworden sind und sich leicht überwachen lassen. Wie viele Verstecke gab es in einem Land vor hundert Jahren! Jede Macht stieß damals gegen natürliche Schranken! Heute gibt es kein Schlupfloch und keinen Schlupfwinkel mehr für den Rebellen. Selbst die Gedanken, die Mauern zu durchdringen vermögen, sind »steuerbar« geworden, da sie an die massenhafte Verbreitung von Nachrichten, an Rundfunk, Film und Presse, gebunden sind. Wie lange wird es dauern, bis jedes Haus sein eigenes Mikrofon hat und jedes private Wort, wie heute jedes Telefongespräch, abgehört werden kann? Der Ameisenstaat ist nahe. Es ist vielleicht kein Zufall, daß solche Staaten wie Deutschland und Rußland die Technik in den Rang einer Religion erhoben haben. Umgekehrt macht diese Entwicklung der modernen Technik die Bewahrung der politischen Freiheit zu einer Menschheitsaufgabe, die dringlicher denn je ist. Aber das führt uns zu weit ab vom jetzigen Thema.

Das Gesagte genügt, um zu verdeutlichen, daß die politische Macht der Nazis gut gesichert ist. Diese Tatsache allein erklärt, weshalb der aktive Widerstand der Massen trotz der weitverbreiteten Feindschaft gegenüber dem Regime so lange auf sich warten läßt. Und wer die illoyalen Deutschen der Feigheit bezichtigt, muß erst ein Rezept für die Revolution entdecken, das unter den gegebenen Umständen Erfolg verspricht. Wie die Dinge stehen, scheint es allein auf Grund des äußeren Kräfteverhältnisses hinreichend klar zu sein, daß jener Teil des Volkos, der eine feindliche Einstellung zu den Nazis hat, keine Möglichkeit sieht, einen Umsturz zu wagen, sondern sich damit begnügt, sich jene Normen der Sittlichkeit und der Zivilisation zu bewahren, die Hitler zerstören will, und eher auswandern als eine Revolution durchführen möchte.

Es ist jedoch nicht meine Aufgabe, eine Rechtfertigung namens der Nazigegner zu verfassen, sondern ein psychologisches Porträt von ihnen zu liefern. Aus diesem Grund muß der Genauigkeit und Vollständigkeit halber zugegeben werden, daß gewisse Charakterzüge der illoyalen Deutschen nicht weniger zu ihrer passiven

Haltung beitragen als die äußeren Umstände. Das bestehende Kräftegleichgewicht würde – ohne Einflüsse von außen – eine erfolgreiche Revolution sicherlich sogar dann verhindern, wenn die Nazigegner in Deutschland vor revolutionärem Eifer glühten. Das ist aber gegenwärtig nicht der Fall. Die Revolution fände vielleicht sogar dann nicht statt, wenn das Regime nicht solche drastischen Vorkehrungen getroffen hätte. Es mangelt nicht an Haß gegen das Regime oder daran, daß man sich dessen Sturz nicht wünscht. Insgesamt gehe ich jedoch nicht fehl in der Annahme, daß die Deutschen lieber *zusehen* würden, daß es gestürzt wird, als es selbst durch eine Revolution zu stürzen. Um eine solche zuwege zu bringen, müßten sie ihrem angeborenen Temperament und ihren tiefsten Gefühlen ein wenig Gewalt antun, schließlich sind sie sehr schlechte Revolutionäre und Saboteure, doch nicht nur aus Gründen, die sie in ein schlechtes Licht setzen, wie ich meine.

Ich muß hier nachdrücklich der Theorie widersprechen, die zwar in gutem Glauben von Anhängern der deutschen Oppositionsparteien und von Emigranten propagiert wird, aber dennoch falsch ist, nämlich daß es »ein anderes Deutschland« gebe, das demokratisch und revolutionär sei, ein Deutschland, das für *liberté, fraternité, égalité* einstehe: ein Deutschland, das dazu bereit sei, eine demokratische Großmacht zu schaffen und zu führen. Jahrelang habe ich mich bemüht, die Keimzellen dieses Deutschland ausfindig zu machen, und ich wage zu behaupten, daß ein solches Deutschland nicht existiert. Natürlich gibt es »ein anderes Deutschland« als das der Nazis, ein Deutschland, das sich durch umfassende Bildung, unbändigen Individualismus, Klugheit in kleinen Dingen, Aufgeschlossenheit großen Fragen gegenüber sowie durch eine tiefe, unausrottbare, mißtrauische Aversion gegen die Politik und gegen Politiker auszeichnet. Dieses Deutschland ist es, das heute illoyal geworden ist und die Nazis haßt. Dieses Deutschland, und meiner Meinung nach *nur* dieses, kann ein einzigartiges und würdiges Mitglied einer harmonischen europäischen Gemeinschaft sein, ein Land, mit dem man in Frieden leben kann. Diesem Deutschland sollte geholfen werden, zu sich selbst und zu jener Form zurückzufinden, die zu ihm paßt. Neben diesem Deutschland gibt es das »Reich« der Hohenzollern und der Nazis; es gibt kein drittes Deutschland. Wer aus Deutschland eine demokratische Großmacht machen möchte, der hält Ausschau nach Äpfeln, die an einem Rosenbusch wachsen. Es gibt keine. Es wird nie welche geben.

Wer Zweifel hegt, möge die Geschichte der Weimarer Republik betrachten. Obwohl sie während der kurzen Dauer ihrer Existenz erstaunliche Erfolge erzielte, versagte sie. Obwohl die ökonomische Situation in der Weimarer Republik viel besser war, als man nach dem verlorenen Krieg hätte erwarten können, obwohl die Deutschen nach und nach ihren internationalen Status verbesserten und obwohl sie Freiheiten genossen wie nie zuvor, waren sie insgeheim unglücklich und kamen sich schlecht regiert vor. Die Opposition wurde immer stärker, und die Männer an der Spitze der Republik sehnten selbst ihre Abdankung herbei. Wir wissen heute, daß die beiden wichtigsten »Verteidiger der Republik«, Stresemann und Brüning, heimlich auf eine Restauration der Monarchie hinwirkten – um Schlimmeres zu verhüten. Und das Ende der Republik – die Resignation sowie die kampflose Kapitulation der legitimen preußischen Regierung vor Papens Staatsstreich[27] – weist alle Merkmale eines Selbstmordes auf. Selbst heute besteht eine der Trumpfkarten der Nazis in der sehr clever am Leben erhaltenen und verbreiteten Idee, nach ihrem Sturz und nach dem verlorenen Krieg könnte es eine Neuauflage der Weimarer Republik geben.

---

27 Am 20. Juli 1932 wird Franz von Papen nach einem Staatsstreich gegen die von Sozialdemokraten geleitete preußische Koalitionsregierung Braun/Severing Reichskommissar von Preußen. [Anm. d. Ü.]

Kommen wir nun zu denen, die angeblich die deutsche Demokratie und die republikanische Staatsform unterstützen, also in der Hauptsache die Arbeiter und das Bürgertum in den großen Städten. Welche Chancen hatten die Organisationen, die von ihnen geschaffen wurden, als sie dies tun konnten? Waren sie demokratisch? Jakobinisch? Keineswegs. Die alten Gewerkschaften und die alte Sozialdemokratische Partei – ganz zu schweigen von der Kommunistischen Partei – waren einer starren Disziplin unterworfene, autoritäre, fast bürokratiebesessene Organisationen. Was die »demokratischen« Organisationen des linken Bürgertums betrifft – angefangen von der Radikalen Union bis zur Deutschen Staatspartei –, so funktionierten sie einfach nicht. Ihre Geschichte ist die einer ständigen Spaltung, Auflösung und Umbildung sowie eines zunehmenden Verlustes an politischem Einfluß. Diejenigen, die an die Entstehung einer revolutionären Demokratie glauben, sollten die Existenz einer einzigen demokratischen Keimzelle in Deutschland nachweisen. Und sie sollten, wenn sie glauben, sie könnten *ohne* eine solche Keimzelle auskommen, erklären, wie eine Republik ohne Anhänger einer Republik und eine Demokratie ohne Demokraten existieren soll, besonders in einem Land, wo der Nazigeist vielleicht noch unter der Oberfläche weiterlebt.

Wir sehen uns hier wieder einer Situation gegenüber, die richtig verstanden werden muß, wenn man die deutsche Realität und ihre Möglichkeiten begreifen will. Die »anderen«, die illoyalen, die gegen die Nazis eingestellten Deutschen sind in nicht geringerem Maße Deutsche als die loyalen. Sie haben die gleiche Geschichte und die gleichen Erfahrungen, die ins Unterbewußtsein gedrungen sind. Sie haben das gleiche Blut, das gleiche Temperament, die gleichen geistigen Grundlagen. Es wäre Unsinn, wenn man sie sich als unterdrückte Engländer oder Franzosen innerhalb Deutschlands vorstellte. Diese Deutschen repräsentieren die hervorragenden Seiten des deutschen Volkscharakters, nichts weiter.

Wie alle anderen Deutschen haben sie weder das Talent für eine Revolution, für eine demokratische Selbstverwaltung oder generell für Politik noch die Neigung dazu. Wie alle anderen Deutschen tendieren sie zu der Auffassung, die Politik sei unvermeidlich schlecht und verderbe den Charakter. Wie alle anderen Deutschen wünschen sie sich Freiheit innerhalb des Staates, nicht Freiheit gegen den Staat. Wie bei allen anderen Deutschen besteht ihr politisches Ideal nicht in der Selbstverwaltung, sondern darin, »gut regiert zu werden«. Was sie von anderen Deutschen unterscheidet, ist, daß sie dieses Ideal rein gehalten – oder angesichts des furchtbaren, warnenden Beispiels der Nazis gereinigt – haben, daß sie »gut regiert zu werden« nicht mehr mit »brutal herumgestoßen zu werden« verwechseln, daß sie, wenn Politik und Amoralität Hand in Hand gehen, lieber auf die Politik verzichten würden als auf die Moral; und sie sind vor allem nicht länger dazu bereit, die über der Politik stehenden Werte des Lebens, die sie mit anderen Europäern gemein haben, für imperialistische Ambitionen zu opfern.

Hier verläuft der dicke Trennstrich zwischen den Loyalen und den Illoyalen. Die Loyalen fühlen sich noch dazu verpflichtet, der Reichsidee ihr persönliches Wohlergehen, ihre persönliche Anständigkeit und die Mission und den Geist Deutschlands zu opfern; die Illoyalen stellen den einen oder den anderen dieser Werte über die imperiale Idee, und bei der großen Mehrheit steht die Anständigkeit gleich an zweiter Stelle. Persönliche Entbehrungen und Widrigkeiten wie schlechtes Essen, hohe Preise, verdeckte Inflation oder längere Arbeitszeit sind für sehr wenige Deutsche ein Anlaß, eine illoyale Haltung einzunehmen. Wenn Arbeiter diese Dinge in Gesprächen erwähnen, so nicht deshalb, weil sie persönlich unter gar keinen Umständen dazu bereit wären, zehn oder zwölf Stunden täglich zu arbeiten, sondern weil für sie der Achtstundentag und ähnliche Prinzipien aus einem bestimmten Klassenbewußtsein heraus eine Sache der Ehre sind.

Die persönliche Opferbereitschaft der Deutschen ist, wenn sie ihr Herz an etwas gehängt haben, wirklich fast grenzenlos. Wenn gegen das Naziregime außer Hunger und Entbehrungen nichts einzuwenden gewesen wäre, hätten die Deutschen vielleicht fast wie ein Mann hinter ihm gestanden. Der Blick für die eigentliche Mission Deutschlands war jedoch durch das hundertjährige »Verlangen nach dem Reich« und durch die Propaganda für das Reich getrübt, so daß gegenwärtig nur einige wenige unabhängige, fortschrittlich denkende Leute aus patriotischen Gründen Nazigegner sind. Die meisten Nazigegner hassen Hitler, weil sie an einem der nichtpolitischen Werte – an Religion, Gerechtigkeit, Menschlichkeit, Gewissensfreiheit oder Kultur – festhalten, und viele – nicht die Schlechtesten – sind aus Treue zu einem nahestehenden Menschen, der von den Nazis verfolgt wird, oder nur aus lauter Anständigkeit Feinde Hitlers.
Doch sie werden dadurch nicht zu Revolutionären. Im Gegenteil. Den meisten illoyalen Deutschen erscheint der Gedanke, die Nazis könnten durch eine Revolution sozusagen von unten gestürzt werden, etwas beunruhigend, ganz gleich, ob sie sich dessen bewußt sind oder nicht. Soll man gegen Verbrecher revoltieren? Soll man ein Spektakel inszenieren, in dem die Nazis sich als Hüter der Ordnung aufspielen und ihre Richter die Rolle von Meuterern und Rebellen übernehmen? Braucht man Revolutionstribunale und dubiose Kriegsgerichte, um Diebe und Mörder ihrer gerechten Strafe zuzuführen? Dieses ziemlich tief sitzende Gefühl hält die meisten deutschen Feinde der Nazis ebenso zurück, wie es sie davor zurückschrecken läßt, gegen die Nazis Attentate zu verüben. Hitler darf nicht ermordet werden; er muß verurteilt und gehängt werden, wie er es verdient. Und so soll auch mit den anderen verfahren werden. Sie sollen nicht auf die eine oder andere Weise beseitigt werden. Sie müssen ihre wohlverdiente Strafe bekommen. Es ist eine bemerkenswerte Tatsache, daß die Nazis trotz all ihrer Grausamkeit von ihren Opfern in vielen

Fällen nicht als Unterdrücker angesehen werden, die man abschütteln muß, sondern als unartige Jungs, die wild geworden sind und wieder zur Vernunft gebracht werden müssen. Sie scheinen nicht als eine so große Plage empfunden zu werden, daß man sie sich durch eine Revolution vom Halse schaffen müßte. Ganz abgesehen von der fragwürdigen Legalität ihrer Machtergreifung sind sie offensichtlich Usurpatoren, offensichtlich unrechtmäßige Machthaber. Man kann nichts anderes tun, als auf die richtige Obrigkeit zu warten, deren Aufgabe es ist, die Rechtsordnung wiederherzustellen und Recht zu sprechen. Eine solche Obrigkeit – nicht ein Revolutionstribunal – würde dem deutschen Ordnungssinn entsprechen. Und dann könnte der Deutsche endlich wieder sein früheres Leben führen und ruhig wieder zu seiner Arbeit zurückkehren ...

Das ist ein weiterer Grund, weshalb die meisten illoyalen Deutschen vor einer Revolution zurückschrecken. Sobald sie die Nazis losgeworden sind, möchten sie so rasch wie möglich wieder zur Normalität zurückkehren, die so lange durch das Naziregime unterbrochen war. Sie denken, sie seien lange genug gestört worden. Wenn, wie sie befürchten, eine Revolution stattfände, würden sie es nie schaffen, die alten Verhältnisse wiederherzustellen. Statt dessen müßten sie – bei diesem Gedanken beschleicht sie ein unbehagliches Gefühl – das Deutsche Reich übernehmen und erneut ein bißchen Republik spielen. Dazu wären sie nicht im geringsten bereit. Damit würden sie noch tiefer in die verhaßte Politik hineingeraten. Was sie wollen, ist, sich ihr Gewissen, ihre Seele und eine Handvoll geistiger Werte – wenn möglich intakt – zu bewahren. Werden diese Dinge direkt angegriffen, sind sie dazu bereit, für sie entschlossen einzutreten. Sie sind sogar dazu bereit, dieses Land als Bettler zu verlassen, wenn dieser Kampf nicht mehr fortgesetzt werden kann. Sie sind dazu bereit, begeistert die Farben jeder beliebigen Obrigkeit anzunehmen, die ihnen verspricht, sie von den Nazis zu befreien. Aber sie sind überaus zurückhaltend, wenn es darauf ankommt, die Revolution zu organisieren und ihr Schicksal in die eigenen Hände zu nehmen. Wenn wir diese Haltung näher betrachten – eine Haltung, die nicht besonders lobenswert ist, aber sicherlich nicht feige und unehrenhaft –, stellen wir eine erstaunliche Parallele fest. Wenn man sie vom individuellen Bereich auf den politischen überträgt, ist sie dem Verhalten der kleinen neutralen Staaten in diesem Krieg vergleichbar. Auch diese fühlen sich von den Nazis terrorisiert und bedroht und beten inbrünstig für deren Entmachtung und Bestrafung. Doch auch sie wollen diese Aufgabe nicht übernehmen und zögern, in den Krieg einzutreten, damit dieser Wunsch Wirklichkeit werde. Sie sind nur dazu bereit, sich gegen einen direkten Angriff zu verteidigen. Auch sie möchten die guten Dinge der Zivilisation, für die sie einstehen, soweit wie möglich unbeschädigt in bessere Zeiten hinüberretten. In einem Konflikt, in dem ihr eigenes Schicksal mitentschieden wird, möchten sie gleichfalls so lange wie möglich passiv bleiben. Der Grund ist wiederum nicht Feigheit. Es wäre ungerecht und lächerlich, Staaten wie Holland und Belgien der Feigheit zu bezichtigen, wie es auch ungerecht und lächerlich ist, deutsche Nazigegner, welche wegen ihrer Überzeugung in Konzentrationslagern gepeinigt werden, als feige zu bezeichnen. Beiden Fällen ist die »Mentalität der kleinen Staaten« gemein: das Gefühl, über die eigene begrenzte Kapazität hinaus nicht in großem Rahmen politische Verantwortung übernehmen zu können. Die illoyalen Deutschen beweisen – ob sie es wissen oder nicht (in den meisten Fällen ist es ihnen möglicherweise nicht bewußt) –, daß sie aus dem gleichen Holz geschnitzt sind wie die hochzivilisierten kleinen europäischen Staaten.

Es ist wichtig, dies zu erkennen. In Deutschland ist besonders alles, was ehrenhaft, anständig und mutig ist und die Feuerprobe der Nazizeit bestanden hat, für den Status eines kleinen Landes politisch sozusagen prädestiniert. Und die ganze Bedeutung dieser Tatsache wird erkennbar, wenn man im Gegensatz dazu die unglaublich kindische, unverantwortliche Haltung betrachtet, die im Verlauf seiner siebzigjährigen Geschichte als Großmacht das Kennzeichen des Deutschen Reiches gewesen und geblieben ist, einschließlich der Zeit, wo es sich durch den Nazismus in bedrohlicher und grotesker Weise übernommen hat. Die Deutschen haben in all diesen Jahren nicht die Fähigkeit bewiesen, sich wie eine verantwortungsbewußte Großmacht zu verhalten, sei es während der Zeit des autoritären Kaiserreiches, der demokratischen Weimarer Republik oder des jetzigen anarchischen Despotismus. In Europa hat das erbärmliche Gebilde, das seine Konstrukteure eindeutig überforderte, nur Unheil, Unruhen und Unglück gebracht. Was Deutschland betrifft, so hat ihm das Deutsche Reich nichts als geistige Degeneration und Verfall beschert. Die Frage seiner weiteren Existenz steht nun zur Diskussion. Vielleicht gibt es Gründe, die dafür sprechen, daß es noch eine Chance bekommen sollte. Sie müßten sehr gewichtig sein.

Nun aber wieder zurück zu den Illoyalen. Die Tatsache, daß es ihnen an Talent und Bereitschaft für eine revolutionäre Initiative mangelt, bedeutet sicherlich nicht, daß sie entschlossen seien, ihre Hände zu verschränken und still dazusitzen, während die Geschichte ihren Verlauf ändert. Unter bestimmten Umständen würden sie tapfer und erbittert um ihre Freiheit kämpfen. Aber wie alle Deutschen in ähnlichen Situationen warten sie auf einen Führer. Es muß jemand sein, der die Verantwortung übernimmt, der »es machen kann«, der kommandiert. Nichts geschieht in Deutschland von selbst.

Und hier beginnt die Tragödie dieser Deutschen, eine richtige Tragödie, für die die Welt weder Interesse noch Verständnis gezeigt hat, obwohl sie davon selbst betroffen ist. Es ist die Tragödie vieler prächtiger Menschen, die immer wieder ohne Führung oder einen Führer geblieben sind. Im entscheidenden

letzten Augenblick, wo es für sie noch eine Chance gab, wirksam die Nazis zu bekämpfen, wurden die Nazigegner von ihren Führern, denen sie vertrauten, verraten und verlassen. Seither haben sie sich an jeden Strohhalm geklammert und sind in Massen zu jeder Partei gelaufen, die ihnen versprach, in irgendeiner Weise Widerstand gegen die Nazis zu leisten, nur um jedesmal enttäuscht, entmutigt und im Stich gelassen zu werden. Sie haben ihre Hoffnungen auf das Ausland gesetzt und sich immer wieder darum bemüht, einen Massenexodus beginnen zu können, nur um feststellen zu müssen, daß die zivilisierten Länder erschrocken abwehrten. Diese wollten lieber Nazis haben als Flüchtlinge. Diese Deutschen warteten auf ein Zeichen, das ihnen sagte, daß Hilfe von außen nahte, auf irgendeine neue Parole, auf einen Umschwung, der den Triumphen ihrer Unterdrücker ein Ende bereiten würde. Was sie indes erleben mußten, war eine Folge unrühmlicher Kapitulationen und jene Politik des Appeasement, die sie sich nur so erklären konnten, daß sie heimlich mit den Nazis vereinbart worden sei. Sie konnten und können sich nicht vorstellen, daß unter den ausländischen Politikern eine so falsche Auffassung von der Denkweise der Nazis vorherrschte und tatsächlich die Grundlage für jene wohlwollende Politik bildete. Sie kamen sich immer als Opfer der Umstände vor und fühlten sich von Sympathisanten gedrängt, etwas durchzuführen, wozu sie nicht fähig waren und was außerdem unmöglich ist: eine spontane Revolution von unten. Die Geschichte der letzten sieben Jahre ist für sie eine ununterbrochene Folge von Niederlagen und Enttäuschungen. Jetzt, da der Krieg ausgebrochen ist, sind sie erschöpft, entmutigt und ernüchtert – und immer noch ohne Ziel und Parole.
Lassen wir die deutsche und europäische Geschichte der letzten sieben Jahre, wie sie von diesen Deutschen gesehen wird, rasch noch einmal Revue passieren. Es ist ein erschütterndes Spektakel.

Nach einem dramatischen Wahlkampf im Jahre 1932 hatten diese Deutschen Hindenburg in der festen Annahme gewählt, dieser werde Diktator und nicht einfach Reichspräsident; sein ausdrückliches Mandat lautete, Hitler Widerstand zu leisten und ihn in Schach zu halten. Der alte Verräter erfüllte sein Versprechen nicht und übertrug Hitler die Macht. Sogar unter Hitler, am 5. März 1933, stimmten 48 Prozent der deutschen Wähler für Kandidaten, deren öffentliche Losung »Krieg gegen Hitler« war, und weitere acht Prozent für jene taktischen Verbündeten Hitlers, die versprochen hatten, ihn unter Kontrolle zu halten. Alle wurden betrogen. Nicht einmal drei Wochen später beschloß der gerade gewählte Reichstag das Ermächtigungsgesetz, das Hitler unbegrenzte Macht verlieh.

Aber diese Deutschen waren nicht nur dazu bereit, Hitler mit dem Stimmzettel zu bekämpfen. Hunderttausende junger ausgebildeter Deutscher gehörten damals solchen Organisationen wie dem »Schwarz-rot-goldenen Reichsbanner«, der »Eisernen Front« oder dem »Bayerischen Schutzkorps« an und unterwarfen sich militärischer Disziplin, um mit der Waffe in der Hand die Nazis in die Schranken zu weisen. Sie fanden keine Gelegenheit dazu. Im entscheidenden Augenblick machten sich ihre Führer heimlich davon. Es fielen keine Schüsse. Im Februar und März 1933 rechnete jedermann mit dem Bürgerkrieg. Die Hälfte der Bevölkerung war dazu bereit, Blut zu vergießen, statt sich einem Regime unterzuordnen, über dessen Charakter sie sich keinerlei Illusionen hingaben. Statt dessen wurden sie betrogen, überrumpelt und entwaffnet. Und es war der gleiche brutale Nackenschlag auf dem Höhepunkt sowohl der Bemühungen als auch der Kampfbereitschaft, der im September 1938 die Moral des tschechischen Volkes erschütterte. Ereignisse dieser Art wirken tausendmal demoralisierender als eine Niederlage in einem offenen Gefecht. Es dauert lange, sich von solchen Niederlagen zu erholen.

Trotzdem ließen die illoyalen Deutschen in den folgenden Jahren nichts unbeachtet, was eine Chance für neue Koalitionen gegen die Nazis bot. Sie waren nicht mehr wählerisch und fragten nicht mehr nach Ziel und Ideologie. Im Frühjahr und zu Beginn des Sommers 1933 nahm die Zahl der Mitglieder der Hugenbergschen Kampfstaffeln und des Stahlhelm lawinenartig zu. Es erübrigt sich zu fragen, wieso es zu dem plötzlichen Massenzulauf zur früher nicht allzu populären Deutschnationalen Partei kam, der letzten Partei, die unter den Nazis überlebt hatte. Es war nicht die Schuld jener Deutschen, daß ihre neuen Führer – wie die alten – im entscheidenden Moment die Nerven verloren und widerstandslos der Kapitulation und Auflösung zustimmten.

Nun setzte man Hoffnungen auf das Heer. Es war bekannt, daß die Reichswehr und die Nazis sich nicht grün waren. Verzückt sahen die Menschen Waffen in den Händen von Leuten blitzen, die sie für ehrlich, anständig und kultiviert hielten und von denen sie annahmen, daß sie eines Tages die Geduld mit den Nazis verlieren *müßten*. In den Jahren der heimlichen Wiederaufrüstung waren es vor allem Gegner der Nazis, die in Scharen zum Heer kamen. Das traurige Ergebnis dieses Irrtums ist bekannt, wenn auch nicht in allen Einzelheiten. Wohlbekannt ist Hitlers spöttische Bemerkung: »Alle, die gern gegen uns kämpfen würden, dienen uns jetzt – in der Reichswehr.« Möglicherweise war hie und da bei den höheren Reichswehroffizieren eine vage, nicht ganz ernsthafte Bereitschaft zu einer Erhebung vorhanden, eine Denkweise, die der von Schillers Wallenstein ähnelte. Dies führte im Endeffekt zu nichts. Die Loyalität zum Reich war zu groß. Die falsche Auffassung von Patriotismus, die die Nazis auszunutzen vermochten, war zu tief verwurzelt. Es ist heute noch zu früh zu sagen, was vor allem zum Versagen der Reichswehr in der innenpolitischen Krise des Jahres 1934 führte: Mangel an Einsicht, Mangel an Entschlossenheit oder jene berüchtigte »List«, die

Blomberg[28] als die Haupttugend des heutigen deutschen Offiziers bezeichnet hatte? Auf jeden Fall erwies es sich, daß die Reichswehr und ihr Geist nichts weiter waren als eines jener Mittel, mit denen die nazifeindlichen Kräfte schließlich vor den Karren der Nazis gespannt wurden.

Der letzte, bereits hoffnungslose Versuch, irgendeine Orientierung zu finden, war der plötzliche Massenzulauf, den die protestierende evangelische Kirche in den Jahren 1936/37 erlebte. Mochte der eigentliche Kern der Bewegung der Bekennenden Kirche auch noch so naiv und unpolitisch gewesen sein und ihre Methode defensiv sowie ihre Absicht religiös, die *Massen* strömten in den ersten sechs Monaten des Jahres 1937 – auf dem Höhepunkt der Bewegung – plötzlich in die lange leer gebliebenen Kirchen und auf die Plätze um sie herum und sangen Luthers »Eine feste Burg ist unser Gott«, weil sie das Gefühl hatten, die Kirche böte eine Möglichkeit, gegen die Nazis zu kämpfen und Widerstand zu leisten. Man kann sich vorstellen, welchem Irrtum sie unterlagen, auch wenn er rühmlicher war als im Falle der Reichswehr. Die führenden Köpfe der Bekennenden Kirche wollten keinen politischen Kampf. Sie wollten die Rettung ihrer Seelen und die Märtyrerkrone, worauf sie nicht lange zu warten brauchten. Die Leute, die zu ihnen kamen, blieben draußen in der Kälte und warteten wie bisher vergebens.

Seither ist in Deutschland nichts passiert, was diese dumpfen, wartenden Massen wieder hätte in Bewegung setzen können.

Aber nach dem großen Betrug im Frühjahr 1933 würden diese vergessenen Menschenmengen wahrscheinlich nicht wieder große Hoffnungen auf neue politische und halbpolitische Organisationen in Deutschland setzen. Beinahe von Anfang an suchten sie außerhalb des Reiches Hilfe und Befreiung und waren zunächst recht zuversichtlich. Es ist typisch für diese Deutschen, daß ihnen

---

28 Generalfeldmarschall Werner von Blomberg (1878–1946). [Anm. d. Ü.]

nie der Gedanke kam, der Ausbruch der Barbarei im Herzen Europas würde von den europäischen Mächten als eine »innere Angelegenheit des Deutschen Reiches« angesehen werden. An ihrer Haltung erkennen wir das noch intakte, plötzlich wieder lebendig gewordene, kollektive europäische Gefühl jenes Deutschland, das vor der Reichsgründung existierte. Sie hielten es für selbstverständlich, daß die europäischen Großmächte über die Grundwerte der europäischen Kultur wachen würden; sie hielten es für noch mehr selbstverständlich, daß der Selbsterhaltungstrieb England und Frankreich veranlassen würde, gegen die Politik der Wiederaufrüstung und des Krieges Front zu machen, die anfangs ziemlich unverhüllt betrieben wurde. Schließlich hielten sie es für selbstverständlich (ihre bescheidenste Hoffnung), daß Europa dazu bereit wäre, ihnen zum Schutz vor Verfolgungen Asyl zu gewähren, damit sie in Ruhe nachdenken, lernen und noch einmal von vorn anfangen konnten.

Wir wissen, wie sehr sie enttäuscht wurden. Warum sollen wir die schreckliche Geschichte dieser Jahre im einzelnen wiederholen und uns an die unterwürfigen Verbeugungen vor Gangstern und die lässige Hinnahme neuer empörender Affronts erinnern; Der 13. Oktober 1933[29], der 25. Juli 1934[30], der 16. März 1935[31], der 7. März 1936[32], der 30. Mai 1937[33], der 11. März 1938[34] – jedes einzelne Datum ein Schlag in Europas Gesicht. Ist es nicht

---

29 Deutschland verläßt die Abrüstungskonferenz und den Völkerbund. [Anm. d. Ü.]
30 Ermordung des österreichischen Bundeskanzlers Engelbert Dollfuß. [Anm. d. Ü.]
31 Gesetz zum Aufbau der deutschen Wehrmacht und zur Wiedereinführung der allgemeinen Wehrpflicht in Deutschland. [Anm. d. Ü.]
32 Kündigung des Locarno-Vertrages und Einmarsch deutscher Truppen in das entmilitarisierte Rheinland. [Anm. d. Ü.]
33 Deutsche Kriegsschiffe beschießen in Spanien den in den Händen der Republikaner befindlichen Hafen Almería. [Anm. d. Ü.]
34 Deutsche Besetzung Österreichs. [Anm. d. Ü.]

verständlich, daß die deutschen Europäer Hoffnung und Vertrauen verloren? Sie begannen an ihren Werten zu zweifeln. Mißtrauische Furcht, Bestürzung und ein Gefühl, daß alle Normen des Lebens nicht mehr galten, überkamen sie. Die westliche Welt fing an, alt, verbraucht und heruntergekommen zu wirken, während der Barbarei in Mittel- und Osteuropa die Zukunft zu gehören schien. Und aus den Zweifeln wurde Verzweiflung, als im Herbst 1938 zur völligen Verblüffung der Deutschen das Münchener Abkommen kam und die Welt ein wenig später ihre Tore vor den jüdischen Flüchtlingen schloß. Viel mehr muß passieren als das, was bisher geschehen ist, wenn die moralische Wirkung, die diese beiden Ereignisse auf Deutschland hatten, wieder aufgehoben werden soll.

In all den Jahren bis 1939 gab es keinen aktiven Widerstand Westeuropas gegen den Nazismus. Aber es gab auch keinen geistigen Widerstand, keine Versuche einer Neubestimmung der Werte, keine Suche nach einer Neuorientierung, nach einer neuen Inspiration. Die Weltprobleme und die Diskussionsthemen wurden widerspruchslos von Hitler diktiert. Er dekretierte den Antisemitismus, und die gefügige Welt entdeckte die »jüdische Frage«. Er attackierte Österreich, und da gab es plötzlich eine »österreichische Frage«. Auf die gleiche Weise entstanden eine spanische, eine tschechische und sogar eine Danziger »Frage«. Niemand kam auf die Idee, Hitler, die Nazis und das Deutsche Reich in Frage zu stellen. Nur von einer Seite wurde Widerspruch erhoben, der natürlich als inakzeptabel betrachtet wurde, von den Bolschewisten. In jenen Jahren kamen sich die europäisch denkenden Deutschen in einer Weise im Stich gelassen und verloren vor, wie es sich niemand vorstellen kann, der es nicht selbst empfunden hat.

Nur einmal blies ein Wind über diese trostlose Wüste: im Jahre 1938, zur Zeit der Volksfront, als im Spanischen Bürgerkrieg internationale Kampfverbände aufgestellt wurden. Es war eine eigenartige Erfahrung, den unterirdischen Widerhall in den deutschen Katakomben zu spüren, das plötzliche Wiederaufleben der Diskussion, der Hoffnung, ja sogar der Aktivität und Initiative. Damals befanden sich nicht nur deutsche Legionäre in Spanien, sondern auch Freiwillige, die auf der anderen Seite kämpften. Und der Feind, den man bekämpfen wollte, war nicht Franco, sondern Hitler. Das Ganze hätte sich vielleicht in einen wirklichen Kampf gegen Hitler verwandeln können, aber wegen der »Nichteinmischung« erstickte alles.

Heute kann jedoch die Politik der Nichteinmischung von einem bestimmten Gesichtspunkt aus als gerechtfertigt angesehen werden – nicht vom damals vertretenen Standpunkt, sie habe den Krieg in Europa verhindert (denn jeder illoyale Deutsche wußte bereits, daß dieser Krieg unvermeidlich und das kleinere Übel war), sondern weil diese Politik verhinderte, daß der europäische Krieg unter falschen Losungen und an falschen Fronten geführt wurde. Die Volksfront und der Spanische Bürgerkrieg stellen wahrscheinlich den letzten Versuch dar, die Probleme des 20. Jahrhunderts mit der Formel des 19. Jahrhunderts – mit der Formel »Rechts gegen Links« – zu lösen, und sein Scheitern ist historisch gerechtfertigt. Die meisten Probleme, über die die Rechten und Linken im 19. Jahrhundert geteilter Meinung waren, wurden zur beiderseitigen Zufriedenheit gelöst oder geregelt. Die Rechten und die Linken haben ihrerseits in den letzten zwanzig Jahren neue antikulturelle und antihumanistische Kräfte entwickelt und aktiviert, die in Europa während der spanischen Krise noch gegeneinander gerichtet waren, aber in Wirklichkeit heute zueinanderstreben. Die heutige Aufgabe besteht darin, die zivilisatorischen Kräfte von rechts und von links nicht einfach durch einen zeitweiligen Kompromiß zu mobilisieren, sondern dadurch, daß die gemeinsamen Grundwerte der Zivilisation herausgestellt werden, auf die es heute allein ankommt. Die Front, die zum Schutz vor der neuen Gefahr geschaffen werden muß, ist nicht die Volksfront, sondern die Front der Zivilisation.

Aber das politische Denken, das hierfür nötig ist, steckt noch in den Anfängen. In allen Ländern besteht wegen der ausschließlichen Beschäftigung mit dem Krieg die Gefahr, die eigentliche Bedeutung des Krieges aus den Augen zu verlieren. Aber nirgends könnte Nachdenken zu bedeutungsvolleren Ergebnissen führen als in Deutschland. Die geistige Bereitschaft zur Bildung neuer Fronten hat beim nazifeindlichen Teil des deutschen Volkes während der Jahre des Leidens und Grübelns vielleicht mehr zugenommen als irgendwo anders in Europa. Es besteht jedoch keine Aussicht, daß sich dadurch eine politische Meinung, ein Credo oder ein Programm herauskristallisieren könnte.

Die illegalen Überreste der alten deutschen Parteien und der verfrühten Anfänge einer neuen Opposition in Deutschland sind momentan eher ein Hindernis als eine Hilfe bei diesem Kristallisationsprozeß. Können sie irgendwie genutzt werden? Wir wollen sie kritisch prüfen.

VI. Die Opposition

Zuallererst müssen wir ausschließen, daß der Begriff Opposition falsch verstanden wird. Unter »Opposition« verstehen wir nicht jede Abneigung und Feindseligkeit gegenüber dem Naziregime, so stark diese Gefühle auch sein mögen. Natürlich kann das Wort auch in dieser erweiterten Bedeutung gebraucht werden und als solches den ganzen Haß und Abscheu bezeichnen, der sich in Deutschland gegen das Naziregime aufgestaut hat. In dieser Beziehung sieht sich das Naziregime, verglichen mit allen anderen Regierungen Europas, der stärksten, größten und unversöhnlichsten Opposition gegenüber. Doch wenn wir hier von »Opposition« sprechen, meinen wir nur die politischen Gegenkräfte, die ein konkretes Aktionsprogramm und ein konkretes Ziel haben; politische Gruppen, die, so klein sie auch sein mögen, zumindest im Ansatz über eine *positive* Alternative zum gegenwärtigen Regime verfügen; Menschen, die eine klare und vernünftige Antwort auf die Frage geben können, was sie tun werden, wenn die Nazis in die Knie gezwungen sind, und wie sie das erreichen wollen; Menschen, die den Willen – und nicht nur den Wunsch – haben, das Naziregime zu stürzen. In dieser Hinsicht ist die Opposition im Schwinden begriffen, schwach und unvorbereitet. Man kann nicht behaupten, sie habe während der siebenjährigen Naziherrschaft irgendwelche sichtbaren Fortschritte gemacht. Soweit sich das beurteilen läßt, kann in absehbarer Zeit kein praktisches Ergebnis von der Opposition in Deutschland – im engeren Sinn des Wortes – erwartet werden.

Wenn man lange im Land lebt, bleiben einem die weitverbreitete Ablehnung des Regimes, der Haß, die Wut und die individuelle Auflehnung von Millionen nicht verborgen. Aber es ist durchaus möglich, jahrelang dort zu leben, ohne auch nur im geringsten die

Existenz der im Untergrund wirkenden Kommunisten und Sozialdemokraten, der Deutschen Freiheitspartei, der Schwarzen Front und all der anderen noch kleineren politischen Organisationen zu bemerken. Alles, was außerhalb von Deutschland gelegentlich über geheime Flugblattaktionen dieser Organisationen, über lokale Streiks und über Sabotageakte berichtet wird, ist stark übertrieben. Solche Dinge geschehen zwar, aber ihr Wirkungsradius ist so klein, daß sie statistisch betrachtet fast ignoriert werden können. Man kann nicht behaupten, diese illegale Tätigkeit spiele im normalen Alltag eine bedeutende Rolle. Man muß sie sozusagen mit der Lupe suchen, und selbst dann übersieht man sie vielleicht.

Es ist wichtig, sich über die zwei Seiten der Situation im klaren zu sein. Aus der Tatsache der weitreichenden Ablehnung der Nazis darf nicht das Vorhandensein einer starken Opposition und aus der Nichtexistenz einer Opposition nicht das Nichtvorhandensein illoyaler Bevölkerungsschichten gefolgert werden. Beide Schlußfolgerungen sind falsch. Tatsache ist, daß das Ansehen der gegenwärtigen deutschen Regierung wie das keiner anderen Regierung untergraben ist. Aller Haß, der sich angesammelt hat, ist ein Sprengstoff, der, vom Funken einer politischen Idee gezündet, den ganzen Staat in die Luft jagen kann. Aber dieser Funken fehlt. Die Funken, die es gibt, sind so schwach, daß sie, wenn sie aufglimmen, sofort wieder verlöschen. Und wir dürfen nicht vergessen, daß die Regierung zwar nicht allzusehr darum bemüht ist, das Ansammeln neuen Sprengstoffs zu verhindern oder den alten zu beseitigen, doch um so eifriger die Entstehung von Funken verhindern will und daher alles tut, um politisches Denken unmöglich und eine politische Betätigung gefährlich zu machen.

Verzweifelt und fast hoffnungslos geht das Regime gegen die allgemeine, unorganisierte, man kann fast sagen unpolitische Illoyalität vor. Dagegen war der Kampf der Gestapo gegen bereits vorhandene politische Organisationen zweifellos erfolgreich. Die Überbleibsel der organisierten politischen Kräfte, die es 1933 neben den Nazis gegeben hatte, sind in der Defensive oder sind in den Untergrund gedrängt und unwirksam geworden. Diese Kräfte und Ideen, die ihres Organisationsmechanismus beraubt sind, sind, so paradox es klingen mag, vielleicht nicht so geschwächt wie jene, die noch in Schattenorganisationen überleben; diese tun nichts und sind nichts als Todesfallen für ihre Mitglieder.

Keine der früheren politischen Parteien war in irgendeiner Weise auf das illegale Dasein und auf den Kampf unter den Bedingungen der Illegalität vorbereitet, nicht einmal die Kommunisten, obwohl sie sich immer dieser Fähigkeit gerühmt hatten. Sogar in legalen Zeiten waren diese Parteien viel weniger praktische politische Instrumente, wie es die Parteien in den westlichen Ländern sind. Sie waren Parteien mit einer »Weltanschauung«; sie waren es viel weniger gewohnt, sich auf dem Gebiet der praktischen Politik zu engagieren, sondern sahen ihre Aufgabe eher darin, einer politischen Philosophie, einer vagen Vorstellung davon, »wie die Dinge sein sollen«, Ausdruck zu verleihen. Kaum eine von ihnen, vielleicht mit Ausnahme des katholischen Zentrums, hatte irgendwelche klaren Vorstellungen und erreichbaren Ziele; nicht eine von ihnen – mit der gleichen Ausnahme – war eine Schule für Politiker, die bereit sein würden, zu jeder beliebigen Zeit unter den gegebenen Bedingungen die Regierung zu übernehmen. Statt dessen war jede so beschaffen (in dieser Beziehung sind die Nazis die wahren Erben und Bewahrer des alten deutschen Parteiengeistes), daß sie eines Tages die Macht allein übernehmen wollten, in einem Staat, der ihren Ideen und Auffassungen gemäß regiert wird. Solange dieser Tag nicht anbrach (insgeheim kamen sie zu dem Schluß, daß das nie geschehen würde), betrieben sie Politik mit einem gewissen geistigen Vorbehalt, waren nicht gewillt, Verantwortung zu übernehmen, und waren immer auf der Hut, um so bald wie möglich die Aufgabe der Opposition zu übernehmen, wie der deutsche parlamentarische Ausdruck lautete. Sie waren in Wirklichkeit weniger Parteien denn Tempel, in denen jeweils Bismarck, Rousseau oder Marx gepredigt wurde.

Dem war das merkwürdige deutsche Wahlsystem angepaßt, bei dem es keinen direkten Wahlkampf zwischen zwei oder mehr Kandidaten mit konkreten Losungen gab, sondern eine reichsweite Sammlung und Zählung von Wählerstimmen, die für die jeweilige Partei abgegeben wurden. Der deutsche Wähler wählte nicht einen Abgeordneten, den er kannte, von dem er eine bestimmte Politik erwartete und mit dem er in Verbindung blieb. Er wählte eine »Liste« und kannte dabei oft nicht mehr als die Namen der Kandidaten, die darauf standen. Seine Wahl war nicht so sehr ein politischer Akt als vielmehr eine metaphysische Bestätigung der monarchistischen, konservativen, katholischen, liberalen, sozialistischen oder kommunistischen Doktrin. Bei der nächsten Wahl erwartete er von seiner Partei nicht so sehr, daß Rechenschaft über das abgelegt wurde, was im Laufe der letzten vier Jahre erreicht worden war, als vielmehr eine Bestätigung dessen, daß sie ihren politischen Ideen und Zielen treu ergeben war. Die politische Tagesfrage war eine Sache, die er hochmütig zu ignorieren pflegte, und die Parteien selbst griffen die Themen mit einer Nachlässigkeit auf, die leicht in Langeweile umschlug.

Solche Organisationen mußten, wenn sie in die Illegalität getrieben wurden, aufhören, wirksame politische Faktoren zu sein. Illegale Politik ist eine harte, schwere, blutige Angelegenheit. Die Geschichte lehrt uns, daß die illegalen politischen Parteien, vom alten Griechenland bis zum heutigen Rußland, keine andere politische Methode kennen als den Terrorismus, die ständigen Mordanschläge, die Sabotage und den Bürgerkrieg. Nur so bleiben sie wirksam und gefährlich, nur so zwingen sie ihre Unterdrücker, die Unterdrückung zu vermindern und sie selbst wieder zu legalisieren (das klassische Beispiel ist die Bildung der russischen Duma nach den Attentaten von 1905/1906), und nur so schaffen sie es, sowohl in den Augen der Welt zu überleben, die bereits das Interesse an ihnen verliert, sie vergißt und aufhört, mit ihnen zu rechnen, als auch in den Augen ihrer Mitglieder und potentiellen Mitglieder, die als Kompensation für die ständige Todesangst, in der sie leben, zumindest das Gefühl haben müssen, ebenfalls gefährlich zu sein und zurückschlagen zu können. Es ist keine verlockende Aussicht, eines Tages einzig und allein deswegen hingerichtet zu werden, weil man das Verbrechen begangen hat, sich jeden Mittwochabend in einem Hinterzimmer zu treffen, um Marx zu lesen und Revolutionslyrik zu deklamieren. Aber das ist alles, was die existierenden illegalen deutschen Parteien ihren Anhängern zu bieten haben.

Diese Parteien haben die Illusion, daß sie in bescheidenem Umfang illegal die gleiche Rolle spielen könnten, die sie legal zu spielen pflegten – daß sie also Sekten werden könnten statt Religionen. Aus der Illegalität heraus versuchen sie, mit den gleichen Mitteln wie in den guten alten parlamentarischen Zeiten – mit Predigten, Aufklärung und Propaganda – einen bedauernswert kleinen Kreis zu »beeinflussen«. Zugleich müssen sie die größte Vorsicht walten lassen, um nicht entdeckt und rücksichtslos erledigt zu werden: eine schwierige Aufgabe in diesen Zeiten, denn wenn man Propaganda treiben will, muß man Aufmerksamkeit erregen, während man der Selbsterhaltung wegen unsichtbar bleiben muß. In den sieben Jahren ihrer Existenz hat keine der illegalen politischen Fraktionen erkennen lassen, daß sie einen Ausweg aus dieser Zwickmühle gefunden hat.

Die Lage der illegalen Parteien ähnelt auffallend der der bewaffneten deutschen Kaperschiffe auf hoher See, die, obwohl heute von der überlegenen englischen Flotte gejagt, bestrebt sind, dem englischen Handel Schaden zuzufügen. Einerseits erfordert die erste Regel, die diese Schiffe vom Standpunkt der Selbsterhaltung aus beachten müssen, daß sie außerhalb der Sichtweite des Gegners bleiben, andererseits haben sie beim Patrouillieren auf den Ozeanen am allerwenigsten die Aufgabe, *kein* Lebenszeichen von sich zu geben. Aber dann verraten sie den überlegenen Verfolgern ihre Position. Selbst wenn ein solches Schiff an der normalen Kriegführung teilnimmt, die im Falle der illegalen Parteien einem terroristischen Guerillakrieg entspräche, ist es sehr schwierig, die goldene Mitte zwischen unerläßlicher Vorsicht und unerläßlichem Wagnis zu finden. Die illegalen Parteien führen aber keinen solchen Krieg. Sie handeln nicht wie Schiffe, die ihre Existenz zumindest dafür aufs Spiel setzen, daß sie feindliche Schiffe aufbringen oder versenken und dem Feind schaden. Eher verhalten sie sich so, als ob sie sich damit begnügen würden, von ihren kleinen Funkstationen aus Botschaften zu verbreiten, die vielleicht einige hundert Menschen erreichen und zwei oder drei von diesen beeindrucken, dafür aber ihre Position verraten und ihr Schicksal besiegeln. Kurz gesagt, die Methoden der illegalen Gruppen sind so sinnlos und töricht, daß selbst ihr Mut und ihr Märtyrertum nur Mitleid, aber keine Bewunderung erwecken können.

Das, was sich in den letzten sieben Jahren in den Hinterhöfen der deutschen Innenpolitik zugetragen hat, ist eine furchtbare und herzzerreißende Tragödie, aber sicherlich kein zündendes und erhebendes Revolutionsdrama. Vor allem die Kommunisten haben in den Konzentrationslagern, Todeszellen und Hinrichtungshöfen einen schrecklichen Blutzoll entrichtet – in geringerem Maße die Sozialdemokraten, die Mitglieder der Deutschen Freiheitspartei und der Schwarzen Front. Hunderte, wenn nicht gar Tausende von Namen umfaßt allein an einem Tag die Liste der anonymen Märtyrer, deren Leben und Tod unerwähnt bleiben – eine blutrote »Bekanntmachung« an den Berliner Litfaßsäulen: »Folgende am Soundsovielten vom Volksgerichtshof wegen Hochverrat zum Tode verurteilten Personen wurden heute morgen hingerichtet ...«

Was ist der Grund für die Hinrichtungen? Sind es Attentate, Verschwörungen, Aufstände? Keineswegs. Lediglich – man kann es nicht anders benennen – ein bißchen deutsches Vereinsleben. Ein paar Schreibmaschinen in einem Hinterzimmer, die Zusammenkunft einiger übergeordneter Funktionäre, die Bildung einer Wohnbezirks- oder Betriebsgruppe, die Festlegung einer Aufgabe für die Gruppenfunktionäre, Leitungssitzungen mit Bier und Protokoll: »Genosse Müller berichtete über den Verlauf der Komintern-Tagung in Moskau«; »die Sitzungsteilnehmer dankten dem Genossen für seine wertvollen Informationen, die er unter Lebensgefahr beschafft hat«; vielleicht wurden hektographierte Flugblätter ausgegeben, die vier Wochen gültig waren; gelegentlich eine große »Aktion«, wie zum Beispiel die Verteilung von Flugblättern, die die Leute in einer Fabrik oder in einem Häuserblock dazu aufrufen, »durchzuhalten«, die Versendung eines »Aufrufs an das deutsche Volk« an ausländische Korrespondenten, die Beseitigung einer Hitlerbüste hier und das Zerschlagen einer Schaufensterscheibe da – und dann eines Tages Verhaftung, Folter, Gefängniswärter, »Prozeß« hinter verschlossenen Türen, Verurteilung und Hinrichtung. Es ist furchtbar, aber das ist es, worauf aktive Opposition in Deutschland heute hinausläuft. Es mag Variationen geben, aber die Öffentlichkeit hört wenig davon. Das Paradestück des illegalen politischen Kampfes ist der kleine Kurzwellensender, der jeden Abend Nachrichten der Deutschen Freiheitspartei verbreitet und es bis jetzt fertiggebracht hat, unentdeckt, wenn auch nicht ungestört zu bleiben. Nur wenige Deutsche sind tatsächlich in der Lage gewesen, diesen Sender zu hören, weil dessen Empfang im allgemeinen erfolgreich durch Störsender verhindert wird. Aber viele haben davon gehört und dabei eine Spur von Befriedigung und Hoffnung empfunden. Nichts weiter. Die Hoffnung schwindet meist, wenn man den

Sender zufällig hört: unklare Appelle, Leitartikel ausländischer Zeitschriften, einige neue »Enthüllungen« über das Privatleben von Goebbels oder sonstwem. Kann das irgend etwas bewirken, fragt man sich. Kann das die Lage ändern? Lohnt es sich, das Leben einer Vielzahl von Menschen dafür aufs Spiel zu setzen? Und man schaltet auf den Londoner Rundfunk oder auf den Sender Strasbourg um …

Man wundert sich, wieso keine der illegalen Gruppen eine andere, wirksamere Kampfmethode entwickelt hat. Ist es Phantasie- oder Instinktlosigkeit? An mangelndem Mut kann es nicht liegen, denn ihre fruchtlosen Unternehmungen erfordern tollkühnen Mut, und die Teilnahme bedeutet den fast sicheren Tod. Die Antwort lautet, daß es in einem despotischen Regime nur eine Möglichkeit für die verbotenen Parteien gibt: Terrorismus. Aber sie alle besitzen keine Tradition auf dem Gebiet dieser Kriegführung. Das Dogma der marxistischen Parteien schließt alle Formen des Terrorismus aus. In bestimmten anerkannten Kommentaren über ihre geheiligten Werke wird ausführlich nachgewiesen, daß das Attentat eine falsche, bürgerlich-anarchistische Kampfmethode sei, die zu nichts führe, und daß nur die Vereinigung aller Arbeiter der Welt … Man sucht in der Geschichte der letzten dreißig Jahre tatsächlich vergebens nach irgendeinem von einem Marxisten verübten Mord. Gegen diese Überzeugung ist absolut nichts zu machen. Die Kommunisten, die zweifellos die orthodoxesten und dogmatischsten politischen Partisanen im heutigen Europa sind, müssen erst aufhören, Kommunisten zu sein, ehe sie sich dazu durchringen können, Unterdrückung mit Terror zu bekämpfen. (Nach der Machtergreifung ist Terror von oben selbstverständlich etwas anderes. Das fällt unter die Rubrik »Diktatur des Proletariats« und wird in einem anderen Teil der geheiligten Kommentare behandelt.)

Was die Sozialdemokraten betrifft, deren strenges Dogma diskutiert werden könnte, so leisten sie je nach Stimmung Widerstand, wie das auch die harmlose bürgerliche Deutsche Freiheitspartei tut. Jene Deutschen, die sich zum sozialdemokratischen oder zum liberalen Glauben hingezogen fühlen, sind fast immer so geartet, daß sie vor politischem Mord entsetzt zurückschrecken. Und die Leute, die zu solchen Verbrechen neigen, sind fast immer unter den Nazis zu finden. Die anderen müssen erst noch tiefer in die Verzweiflung geraten, ehe sie bei sich die Fähigkeit entdecken, sich so zu verhalten. Das ist eine Tatsache, die offensichtlich für sie spricht.

Damit kommen wir zu einer Frage, die wir in diesem Buch bereits an anderer Stelle diskutiert haben, nämlich, daß politischer Mord nicht als die geeignete Waffe erscheint, die gegen die Nazis angewendet werden sollte, da man sie nicht davor bewahren sollte, daß ihnen rechtmäßige Richter den Prozeß machen. In den letzten Jahren ist die Verzweiflung so groß geworden, daß einige Nazigegner vielleicht bereits Attentate planen. Aber in der gleichen Zeit haben die Ereignisse einen solchen Verlauf genommen, daß nur eine Terrorkampagne großen Stils – für die es sowohl an der nötigen Organisation als auch an der entsprechenden Ausbildung mangelt – Erfolg versprechen würde. 1934 oder sogar noch 1935 hätte die Beseitigung Hitlers weitreichende Folgen gehabt. Das wäre heute kaum der Fall. Heute würde dies vielleicht sogar Schaden stiften, wie wir am Schluß des ersten Kapitels dargelegt haben. Solche Gedanken sind weit verbreitet und wirken hemmend auf solche Elemente wie die Schwarze Front, die für Terrormethoden möglicherweise anfällig sind. Unter diesen Voraussetzungen besteht kaum Hoffnung auf einen terroristischen Widerstand gegen die Nazis, und schon gar nicht auf einen solchen in großem Stil und in organisierter Form. Und daher wird der sogenannte illegale Kampf in Deutschland bedeutungslos.

Aber er produziert weiter Märtyrer. Ein Märtyrertod ist jedoch nur dann eine politische Waffe, wenn er ein offener und sichtbarer

Akt ist; wenn er sich den Menschen einprägt und wenn er in Legenden und Mythen Ausdruck findet. Märtyrertum ohne Publizität ist ein vergebliches Märtyrertum, und daher sorgen die Nazis tunlichst dafür, daß es nicht im Rampenlicht der Öffentlichkeit steht. Ein Dimitroff hat ihnen gereicht. Es gibt keine Schauprozesse mehr in Deutschland. Es gibt nur die gepolsterten Doppeltüren des Volksgerichtshofes, durch die kein Laut dringt. Es ist bitter, sagen zu müssen, daß die Helden des illegalen Kampfes in Deutschland umsonst gestorben sind, wie sie auch umsonst gekämpft haben.

Wir tun also gut daran, wenn wir in den kommenden entscheidenden Jahren nicht mit einer wirklichen, tatkräftigen politischen Opposition in Deutschland rechnen. Wir wiegen uns in Illusionen, wenn wir einen Sturz des Regimes oder auch nur eine wahrnehmbare Störung seines Räderwerks erwarten. Dennoch ist die Opposition nicht ohne Bedeutung. Selbst wenn sie nicht herausgefunden hat, mit welcher Methode das Regime wirksam bekämpft oder beseitigt werden kann, vermag sie vielleicht trotzdem unter bestimmten Bedingungen eine andere, bescheidenere, aber hochwichtige Funktion zu erfüllen: Indem sie im geheimen und halb im verborgenen die politischen Traditionen fortsetzt und lebendig erhält, deren Vernichtung von den Nazis angestrebt wurde, indem sie sich in kleinem Umfang auf die Zukunft vorbereitet, und indem sie Kerne der künftigen politischen Massenbewegungen bildet, kann sie dafür sorgen, daß weiterhin politische Kräfte vorhanden sind und sich wieder sammeln, die in der Lage sind, nach der Niederwerfung der Nazis – die zwangsläufig von außen erfolgen muß – die Leitung des deutschen Staates, beziehungsweise der deutschen Staaten, zu übernehmen.

Wahrscheinlich ist dies das wirkliche Ziel der Kommunisten und Sozialdemokraten, für das sie ihren aussichtslosen illegalen Kampf fortsetzen und Hekatomben ihrer tapfersten und getreuesten Anhänger opfern. Es ist jedoch, wie wir gleich sehen werden, äußerst fraglich, ob ihr Weg der richtige ist, um ein solches Ziel zu erreichen.

Illegale Organisationen leben ständig unter Kriegsbedingungen. Sie werden unaufhörlich gejagt und schweben unaufhörlich in Todesgefahr. Sie müssen sich vor jedem Genossen in acht nehmen, der nicht voll erprobt ist und nicht bewiesen hat, daß er kein Polizeispitzel ist. Innere Krisen, mangelnde Einheit und Aufspaltung in zwei Lager können die zerstrittenen Gruppen dazu bringen, sich gegenseitig zu vernichten. Unter diesen Bedingungen muß die Organisation der illegalen Parteien so straff und müssen ihre Verhaltensregeln so streng und unfehlbar sein wie die einer Armee. Das politische Credo, auf das eine illegale Partei eingeschworen ist, muß ständig hochgehalten werden. Es darf keine Meinungsverschiedenheiten geben. Selbstkritik und Diskussionen kann sich eine Partei, sobald sie illegal ist, nicht leisten.

Selbstkritik und Diskussion sind für eine Partei jedoch die einzigen Mittel, eine politische Doktrin zu modifizieren und sich auf den Kampf nach einer schweren Niederlage einzustellen – eine solche Niederlage haben alle deutschen politischen Parteien erlitten. Bevor eine Partei hoffen kann, wieder in der Lage zu sein, den Gegner, der sie gerade zu Boden geworfen hat, mit einer gewissen Aussicht auf Erfolg herauszufordern, muß sie die nötigen Lehren aus dem verlorenen Kampf ziehen und alle Mängel und Schwächen überwinden, selbst wenn dies zu einer rigorosen Reform, zur Aufgabe ihrer wichtigsten Glaubensgrundsätze und zur Änderung ihrer Identität führt. Keine Gegenreformation ohne das Konzil von Trient! Das ist es, was wir meinten, als wir darauf hinwiesen, daß jene deutschen Parteien, die momentan auf ihre sichtbare Organisation verzichtet haben, vielleicht nicht ganz so matt gesetzt sind wie die, welche den Weg in die Illegalität gewählt haben.

Organisationen können sich, sobald ihre Zeit wieder anbricht, relativ rasch und leicht regenerieren. Was sich jedoch schwer wiedergewinnen läßt, ist verlorenes Vertrauen und verlorenes Ansehen. Es läßt sich nicht bezweifeln, daß *alle* deutschen politischen Parteien mit *allen* ihren Doktrinen das Vertrauen, das sie bei ihren früheren Anhängern genossen, eingebüßt haben und in Deutschland nicht mehr angesehen sind. Das ist in erster Linie auf ihre groteske Unterwerfung im Frühjahr 1933, aber zum großen Teil auch auf frühere politische Fehler zurückzuführen, die nicht sofort restlos beseitigt wurden und daher zum bevorstehenden inneren Zusammenbruch beigetragen haben. Eine der Trumpfkarten der Nazis ist, daß alle ihre früheren Gegner und Rivalen, ganz gleich, welche Haltung sie zu den Nazis eingenommen haben, in den Augen der Nation diskreditiert sind. Denn jeder, der sich in Deutschland über die möglichen Nachfolger der Nazis Gedanken macht, denkt instinktiv an die früheren politischen Parteien: an die Deutschnationalen, das Zentrum, die Liberalen, die Sozialdemokraten oder die Kommunisten, und vor jeder weicht er zurück. Ausnahmslos alle hatten sie ihre Chance und verpaßten sie. Alle ihre emsigen Bemühungen endeten mit dem Triumph der Nazis. Welchen Sinn hat es also, sich wieder auf irgendeine dieser Parteien zu verlassen?

Dieses Gefühl ist so stark und so weit verbreitet, daß es völlig aussichtslos ist, ihm mit Erklärungen und Beschuldigungen, mit »wenn« und »aber« und den üblichen Spitzfindigkeiten der memoirenschreibenden Staatsmänner begegnen zu wollen. Die Tatsachen sprechen eine unwiderlegbare Sprache. Wenn jemand denkt, er könne einen Tag nach der Vertreibung der Nazis mit den alten Parolen der deutschen Parteien einen Hund hinter dem Ofen hervorlocken, irrt er sich. Die alten Parteien sind nicht nur unterdrückt und verboten, sie sind auch innerlich morsch, sie sind kompromittiert und wirken lächerlich. Heute kommt es nicht darauf an, daß sie »durchhalten« und »weiterkämpfen«, sondern darauf, daß sie sterben und wieder auferstehen oder sich zumindest gründlich ändern, so daß das, was aus dem ganzen Prozeß eines Tages als neue Konservative, Liberale oder Sozialisten hervorgeht, keinerlei Ähnlichkeit mehr mit den früheren Vertretern dieser Doktrinen hat. Nichts, nicht einmal die geheiligten Prinzipien der Vergangenheit können Anspruch darauf erheben, ewig gültig zu sein. Alles muß neu überprüft, neu durchdacht, auf die Probe gestellt und den neuen Bedingungen angepaßt werden. Die Zeit ist reif für neue Synthesen und Antithesen, für neue Fronten. Und es ist vielleicht keine übertriebene Behauptung, daß ein solcher Denkprozeß sowohl im Reich als auch außerhalb seiner Grenzen bereits im Gange ist. Aber er findet nicht in jenen verbotenen Parteiorganisationen statt, die vehement die Niederlage ignorieren und weiterkämpfen oder zumindest so tun, als würden sie weiterkämpfen. Es stimmt, daß sie ihr Blut vergießen. Aber Blut ist heute billig. Worauf es ankommt, ist Verstand. Opfermut kann nicht Klugheit aus Erfahrung ersetzen, eine Tugend, die den illegalen Parteien eindeutig abgeht.

Wir wollen uns nun im einzelnen damit befassen, was die deutschen Parteien, abgesehen von den Nazis, gelernt haben müßten, und mit der gebotenen Vorsicht feststellen, was sie vielleicht gelernt haben. Mit anderen Worten, wir wollen untersuchen, mit welchen positiven politischen Kräften zu rechnen ist, wenn die Naziherrschaft beseitigt ist. Es wäre naiv, die alten Parteien nach der Stärke zur Zeit ihres Verbots im Frühjahr 1933 zu beurteilen. Man kann den tiefen inneren Kollapses, barmherzig verborgen durch die Bedingungen der Illegalität, nicht ignorieren, den damals jede von ihnen erlebte. Aber trotzdem werden diese Ergebnisse ein geeigneter Ausgangspunkt sein, weil man sonst später ohne diese Schätzung den festen Boden unter den Füßen verliert. Forscht man nach den Ursachen des Kollapses, gelangt man zu dem Punkt, an dem sich der Weg geteilt hat und die Abweichung beginnt. Verfolgt man vorsichtig den Weg ein Stück, bis vielleicht die Umrisse eines neuen Programms und eine neue Front sichtbar werden, hat man alles, was möglich war, getan. Denn momentan kann man nur versuchen zu erraten, welche anderen Möglichkeiten es in Deutschland gibt und welche nicht. Was sich von den gegenwärtigen Möglichkeiten realisieren läßt, hängt von anderen Faktoren ab und nicht von der Organisation, die im Augenblick in den allerersten Anfängen steckt. Es wäre daher zwecklos, näher auf sie einzugehen. Außerdem wäre es äußerst unklug, das in einem Buch zu tun, das ganz gewiß nicht der Aufmerksamkeit der Gestapo entgeht.

Zurück also zum März 1933. Wie sah die politische Bühne in Deutschland aus, kurz bevor der eiserne Vorhang heruntergelassen wurde?

Neben den Nazis hatten noch vier Parteien eine mehr oder weniger kompakte Masse hinter sich, und zwar, von links nach rechts, die Kommunisten, die Sozialdemokraten (die ungefähr der britischen Labour Party entsprechen, aber in theoretischer Hinsicht viel radikaler und marxistischer waren), das Zentrum (eine katholische Partei – kulturell konservativ, aber sozial fortschrittlich und ansonsten opportunistischer als die anderen) sowie die Deutschnationalen (die Erben der preußischen Konservativen Partei – pro Hohenzollern, monarchistisch, militaristisch und reaktionär). Gegen die immer näher kommende Flut des Nationalsozialismus wendeten diese vier Parteien verschiedene Strategien an. Die ersten drei Parteien leisteten aktiv Widerstand gegen die Nazis, während die Deutschnationalen taktisch zum größten Teil mit diesen paktierten – mit Ausnahme der Zeit vom August 1932 bis Januar 1933. Ihre jeweilige Stärke läßt sich an Hand der fünf großen Wahlkämpfe der Jahre 1932/33 beurteilen. Für die Nazis stimmten 11 bis 17 Millionen Wähler (11-13-14-12-17); für die Kommunisten 3 1/2 bis 6 Millionen (5-3 1/2-5-6-4); für die Sozialdemokraten 7 bis 8 Millionen (8-7-7); für das Zentrum (einschließlich seines bayrischen Ablegers, der Bayerischen Volkspartei) 5 bis 5 1/2 Millionen (5 1/2-5-5) und die Deutschnationalen 2 bis 3 Millionen (2-3-3). Bemerkenswert war die Tatsache, daß bei der Wahl des Reichspräsidenten, bei der die Sozialdemokraten zusammen mit dem Zentrum die Kandidatur Hindenburgs (gegen die Kommunisten, die Deutschnationalen und die Nazis) unterstützten, 18 Millionen Wähler beim ersten Wahlgang und 19 Millionen beim zweiten Wahlgang für Hindenburg stimmten, obwohl das Zentrum und die Sozialdemokraten niemals über mehr als 13 1/2 Millionen und die bürgerlichen Splitterparteien nie über mehr als 1 1/2 Millionen Wählerstimmen verfügten.

Am auffallendsten bei dieser Übersicht ist eine Lücke. Es fehlt die Partei, deren Meinung überall in Europa, abgesehen von Deutschland, vorherrschte – die Liberalen. Von 1932 bis 33 vertraten zwei Splitterparteien den Liberalismus in Deutschland: die Deutsche Staatspartei und die Deutsche Volkspartei. Zusammen besaßen sie etwa eine halbe Million bis eine Million Stimmen – die Zahl sank ständig. Im März 1933 hatten sie noch zwei Sitze im Reichstag Aber beide Parteien hatten eine große Vergangenheit. In der Ära Bismarck waren die Nationalliberalen, die Vorgänger der Deutschen Volkspartei, ein Jahrzehnt lang die stärkste Partei im Reichstag gewesen, während die Radikalen, die Vorläufer der Deutschen Staatspartei, einen wichtigen Teil der Opposition bildeten. Sogar in den zwanziger Jahren, in der Weimarer Republik, hatten beide Parteien eine beträchtliche Zahl von Anhängern und verfügten eine Zeitlang gemeinsam über hundert Sitze. 1930 begann ihr rapider Niedergang, der erste große Parteizusammenbruch, der sich vor aller Augen, noch bevor die Nazis an die Macht kamen, ereignete. Er ist in gewisser Hinsicht das Modell eines Debakels, an dem die typischen Merkmale aller anderen Kollapse studiert werden können.

Was geschah, war, daß die Liberalen aufhörten, liberal zu wählen, ohne aufzuhören, liberal zu sein. Das ist der springende Punkt. Die fünf oder sechs Millionen, die zwanzig Jahre lang liberal gewählt hatten, waren nicht plötzlich ihrer Überzeugung untreu geworden. Doch hatten sie zu zweifeln begonnen, ob die Parteien die Überzeugungen, die sie auf ihre Fahnen geschrieben hatten, tatsächlich angemessen verfochten und ob das Parteiprogramm, in dem diese Glaubenssätze bis jetzt immer gebührend Ausdruck gefunden hatten, nicht irgendwelche verborgenen Konstruktionsfehler enthielt. Sie schienen plötzlich das Gefühl zu haben, daß sich bei der Übertragung ihrer Auffassungen in die reale Politik ein verheerender Fehler eingeschlichen hatte. Sie waren ihren Idealen nicht untreu geworden, doch mißtrauten sie – mit gutem Grund – fast allen praktischen Schlußfolgerungen, die diese Parteien aus diesen Idealen gezogen hatten. Sie fingen an, die Dinge, die früher als homogen galten, ohne daß dies bewiesen oder nachgewiesen worden wäre, nicht mehr als homogen anzusehen. Und genau das ist seitdem allen Parteien widerfahren. Es war auch kein Zufall, daß das Ganze bei den Liberalen begann: Da sie größtenteils der kultivierten gehobenen Mittelschicht entstammten, hatten sie natürlich die rascheste Auffassungsgabe und reagierten am schnellsten. Der Niedergang ihrer Partei in den Jahren 1930 bis 1933 war nur der Beginn einer allgemeinen politischen Krise, von der keine Partei verschont blieb. Daß die Liberalen die ersten waren, die von dieser Krise erfaßt wurden, besagt keineswegs, daß sie die letzten sein werden, die diese Krise überwinden.

Es ist klar, daß jeder politischen Doktrin nicht eine Politik zugrunde liegt, sondern eine Philosophie – dies trifft ganz gewiß auf Deutschland zu. Was die Liberalen, die Konservativen und die Sozialisten grundsätzlich voneinander trennt, ist ein unterschiedliches Menschheitsideal. Die unterschiedlichen Auffassungen vom Staat sind nur eine Folge dieser Tatsache. Die Unterschiede resultieren daraus, daß jede Partei den Staat so gestalten möchte, daß er ihrer Auffassung vom Menschen möglichst nahe kommt und ihr Menschheitsideal befördert. Erst auf dieser ideellen Grundlage wird das politische Programm formuliert, nach dem der Staat geschaffen und geschützt werden soll. Bei jedem dieser sukzessiven Schritte können Fehler unterlaufen, und das geschieht tatsächlich häufig. Oft dient das konkrete politische Programm nicht dem Staat, für den es gedacht war, und der Staat fördert wiederum nicht jenen Menschentyp, für den er geschaffen wurde. Im ersten Fall entsteht eine Krise der Partei, im zweiten eine Krise der Doktrin. Je rascher und gründlicher diese Krisen überwunden werden, um so schneller gewinnt die Idee, die der gescheiterten Partei und der aus den Angeln gehobenen Doktrin zugrunde liegt, ihre politische Kraft wieder. Erst wenn ihre menschlichen Werte, die der Politik übergeordnet sind, ihre Geltung verloren haben oder wenn die Synthese dieser Werte nicht mehr gelingt, hört eine politische Philosophie auf zu existieren. Das trifft im heutigen Deutschland sicherlich weder auf die Liberalen noch die Konservativen noch die Sozialisten zu. Die einzige Frage lautet, ob die Krise bei jeder dieser Gruppierungen bereits ihren Höhepunkt erreicht hat und in welchem Tempo sie sich tatsächlich entwickelt.

Das Menschheitsideal, das dem politischen Liberalismus zugrunde liegt, ist der freie und vielseitig gebildete Mensch; der soziale Ausdruck dieses Ideals ist die gehobene Mittelschicht, die die Welt erobert; ihre Werkzeuge und Waffen sind die Wissenschaft, der Handel, die Technik, die Industrie; der ideale Staat ist nach seiner Auffassung rechtlich konzipiert und an das Gesetz gebunden; dieser wird ohne Mythen und möglichst ohne Gewaltanwendung gesteuert; sein innenpolitisches Programm sieht die Lenkung des Staates durch Volksvertreter, Toleranz, umfassende Bildung, Presse-, Meinungs- und Redefreiheit vor; außenpolitisch werden das Rapprochement[35], der internationale Zusammenschluß und der Völkerbund befürwortet.

Eine Besonderheit des deutschen Liberalismus war sein Ent-

---

35 Politik der Aussöhnung. [Anm. d. Ü.]

zücken über die Reichsidee. Die »Sehnsucht nach dem Reich« war ein besonderes Merkmal des Liberalismus, selbst wenn der liberale Versuch von 1848/49, ein Reich zu gründen, zunichte gemacht worden war. Diese Sehnsucht war gepaart mit der Abneigung der Liberalen gegen jene Staatsauffassung, die sich historisch entwickelt hatte und sich auf Unvernunft und Mythen gründete, sowie darauf, daß die Liberalen einer modernen, »umfassenden«, rationalen und bequemen Staatsform den Vorzug gaben. Das, was wir als das »Auch«-Denken bezeichnet haben und was die Grundlage des Deutschen Reiches bildete, war im wesentlichen ein liberaler Beitrag. Der Patriotismus hinderte die Liberalen jedoch nicht daran, einen wohlwollenden Blick auf noch größere, umfassendere, modernere, rationalere und bequemere Staatsformen zu werfen. Stresemann, dem es zu verdanken war, daß Deutschland in den Völkerbund aufgenommen wurde, war Deutschlands letzter großer liberaler Staatsmann. Und es waren im wesentlichen die Liberalen, bei denen der Völkerbund populär war und die die Paneuropa-Idee förderten. Es sind auch die Liberalen in Deutschland, die instinktiv die Idee eines internationalen Zusammenschlusses befürworten – oder befürworten würden, wenn nicht ...
Wenn nicht die deutschen Liberalen begonnen hätten, an fast allen diesen Punkten zu zweifeln, die außerhalb von Deutschland im allgemeinen noch immer als die wichtigsten Ziele des Liberalismus angesehen werden. Es war nicht die Grundidee des Liberalismus, die verschwunden oder verblaßt war. Das Bild vom freien, wendigen, ungebundenen, die Welt erobernden Menschen ist ein Ideal, das immer noch Millionen von Menschen in Deutschland oder anderswo bewußt oder unbewußt haben. Millionen glauben immer noch an Wissenschaft, Technik und Fortschritt. Der Lebensstil der kosmopolitisch eingestellten gehobenen Mittelschicht ist in den Augen von Millionen immer noch der beste und erstrebenswerteste. Tatsächlich ist der Liberalismus

lebendig wie eh und je. Die Schlußfolgerung, er sei tot, weil seine Anhänger und seine Doktrinen in eine Krise geraten sind, wie dies so viele nationalsozialistische Starjournalisten und Pseudophilosophen in den letzten Jahren behauptet haben, beruht auf einer höchst oberflächlichen Analyse. Die Krise der Doktrin und der Partei entstand, weil sie nicht mehr wirksam dem liberalen Ideal gedient hatten, und nicht, weil das Ideal von seinen Anhängern aufgegeben worden war.

Die Mängel der Dogmen des Liberalismus traten gerade zu dem Zeitpunkt zutage, da der Angriff der Nazis auf die Weimarer Republik begann. Die Weimarer Republik war sicherlich ein liberaler Modellstaat – frei, bequem, rational, ohne Mystizismus, doch schwach. Die Weimarer Verfassung war im wesentlichen das Werk zweier liberaler Köpfe: Preuß und Naumann[36]. Die Weimarer Republik hatte die freieste parlamentarische Demokratie, das fairste Wahlsystem der Welt, die meisten Grundrechte und die stärkste Kontrolle, der jemals eine Exekutive unterworfen war. Der Staat hatte keinen absolut feststehenden Sinn und Gehalt, keinen unabänderlichen Mythos. Er war kaum mehr als eine neutrale Leinwand, auf die der »Wille des Volkes« sein Drama projizieren konnte, jeden Tag ein anderes. Jede Partei, jede »Weltanschauung« hatte die gleiche Chance; auf dem freien Markt machte man sich gegenseitig seine Anhänger abspenstig und suchte so einen Weg, um an die Macht zu gelangen. Das liberale Programm war so gründlich verwirklicht worden, daß für die liberalen Parteien kaum noch etwas zu tun war. Und die ganze

---

36 Hugo Preuß und Friedrich Naumann. Der Jurist und Politiker Hugo Preuß (1860–1925) gilt als Schöpfer des stark abgeänderten Entwurfs zur Weimarer Verfassung. Der Theologe und Politiker Friedrich Naumann (1860–1919) schloß sich nach dem Fiasko seines Nationalen Vereins 1910 der Fortschrittlichen Volkspartei an, deren theoretisches Haupt er wurde, und war 1917 führend an der Friedensresolution des Reichstags beteiligt. [Anm. d. Ü.]

brachliegende Freiheitspassion konzentrierte sich auf lächerliche Dinge, so zum Beispiel darauf, die »Literatur der Müllhalde und Jauchegrube« vehement zu verteidigen. (Tatsächlich führte 1926/27 die liberale Presse mit einer solchen Vehemenz und Ausdauer sechs Monate lang eine Kampagne gegen ein Gesetz zum Schutz der Jugend vor Schmutzliteratur durch, als ginge es mindestens darum, ein Naziregime zu stürzen.)

Danach wurde es plötzlich ernst. Dieser Musterstaat wurde immer heftiger von einem gefährlichen Feind attackiert, der – wie alle wußten – im Falle seines Sieges nicht nur den liberalen Staat zerstören, sondern auch die liberalen Grundregeln des Lebens gnadenlos über Bord werfen würde. Und bald darauf zeigte sich, daß ein schwacher, gleichgültiger, freier, kurzum liberaler Staat gegen einen solchen Angriff wehrlos war und daß die höchsten Werte des Liberalismus, die der Staat befördern sollte, dem Gegner schutzlos ausgeliefert waren. Die politischen Doktrinen der Liberalen banden allen die Hände. Das Dogma der Meinungsfreiheit zwang die Liberalen, die in der Presse und von den Rednertribünen herab geführte Agitation hinzunehmen, die bewußt und systematisch an die kriminellen Instinkte appellierte, welche als »dynamische« Kräfte in den Dienst des politischen Credos gestellt wurden. Das Dogma der Proportionalität der Mandate entsprechend dem Verhältnis der abgegebenen Stimmen zwang die Liberalen, seine Konsequenzen zu akzeptieren. Das parlamentarische Dogma zwang sie, ihre eigenen Henker und Mörder ins Parlament hineinzukomplimentieren, während ihre eigene Auffassung von der Neutralität des Staates sie dazu verpflichtete, den Staatsapparat zum Schutz nationalsozialistischer Veranstalter und Verbände einzusetzen.

Die Liberalen erkannten mit Schrecken die Konstruktionsmängel ihres Staates, und um der Erhaltung jener liberalen Grundwerte willen, die in ihrem Staat nicht mehr sicher waren, begannen sie, ihre eigenen Parteien im Stich zu lassen und konservativ oder sozialdemokratisch zu wählen – oder gingen vielleicht überhaupt nicht mehr zur Wahl. Sie bemerkten plötzlich, daß sie einen starken Staat benötigten – einen Staat mit einem Mythos und einem Sinn, einen Staat mit anderen als nur heiligen, rein formalen Werten, möglicherweise sogar einen irrationalen und unbequemen Staat, einen, der in der Lage war, sich selbst und seine Grundwerte bis zum Äußersten zu verteidigen, einen Staat, der nicht dazu verdammt war, seinen »legalen« Mördern das Schwert in die Hand zu drücken. Vielleicht ist der Liberalismus seinem Charakter nach besser dazu geeignet, in der Opposition zu sein, statt in der Regierung. Vielleicht benötigt er, um regieren zu können, jene geringe Dosis an gesunder und belebender Inkonsequenz, die es den englischen Liberalen derart lange ermöglichte, brillant zu regieren, was ihre deutschen Partner nie fertigbringen werden. Vielleicht kann der Liberalismus nur die Rolle einer mäßigenden, loyalen Daueropposition in einem traditionsgebundenen, stark konservativen Staat spielen. Auf jeden Fall war es diese Rolle, welche die Liberalen über die Köpfe ihrer im Stich gelassenen und ihrer im Niedergang begriffenen Parteien hinweg in den gefährlichen Jahren 1930 bis 1933 zu spielen versuchten. Sie erstrebten sogar einen Staat, in dem sie später erneut als Daueropposition tätig sein konnten. Sie wählten das Zentrum, sie wählten die Sozialdemokraten und die Deutschnationalen. Wären diese Parteien nur gesünder gewesen als die Liberalen! Viele von ihnen, die auch den Verfall dieser Doktrinen wahrnahmen, resignierten: Wie viele Konservative hörten sie auf, überhaupt zur Wahl zu gehen. Nur einmal erwachten sie aus ihrer Lethargie und wählten Hindenburg. Daß dieser Hindenburg ein Verräter war, wußten sie damals nicht. Sie dachten, sie würden den Garanten einer konservativen Monarchie wählen, der die liberalen Werte toleriere und ein erbitterter Feind des nationalsozialistischen Anarchismus wäre.

Will man den ganzen Prozeß auf einen kurzen Nenner bringen,

so kann man sagen, daß der Liberalismus konservativ geworden war. Das war ein wichtiges Ereignis mit weitreichenden Folgen. Das Schicksal der Weimarer Republik hat die Liberalen gelehrt, daß ihre alten politischen Doktrinen ad absurdum geführt waren. Durch ihr neues Credo werden sie sich – soviel kann man jetzt schon sagen – den konservativen Anschauungen weiter annähern. Heute können sich die deutschen Liberalen ein politisches System vorstellen, in dem die konservative Auffassung vom Staat teilweise mit der liberalen verschmolzen wird; aus Vernunftgründen wird man der Irrationalität und dem Individuum zuliebe Tradition und Mythos akzeptieren. Diesen Status quo würde man als Ausgangsbasis für den Fortschritt anerkennen, was man vor zwölf Jahren als absurd angesehen hätte.

Dem Scheitern der konstitutionellen Dogmen des Liberalismus folgte eine andere Krise, die kaum weniger ernst war. Sie betraf seine Theorien von der Außenpolitik und vom Superstaat und war nicht ganz so offensichtlich, weil sich das Ganze zum größten Teil während der Nazizeit, also im Untergrund abspielte. Was das ideale Gemeinwesen angeht, so glaubte der Liberalismus noch bis zum letzten Jahrzehnt an solche unromantischen, rationalen und bequemen neuen riesigen Gebilde wie das Deutsche Reich, Paneuropa und den Völkerbund. Die Liberalen liebten solche Systeme aus irrationalen Gründen; sie entsprachen ihrem Gefühl und Geschmack; sie liebten sie aus reiner Freude am Fortschritt, am Stil und an der »Weite«, aus Freude an allem, was vernünftig konstruiert und wissenschaftlich abgeleitet war. Vor allem aber bewunderten sie die größten und gewagtesten überstaatlichen Konstruktionen; von diesen fühlten sie sich deswegen angetan, weil sie dem starken Individuum Freizügigkeit und großen Spielraum versprachen. Sie hatten eine Vision von den Herren des Geistes, des Handels und der Technik, die vornehm, kühn und bequem, von den mächtigen Liften dieser nationalen und supranationalen Wolkenkratzer emporgetragen, sozusagen als »Wikinger der Lifte« Raum und Grenzen besiegten. Wenn sie dagegen den historisch entstandenen kleinen Staat und das winzige Einfamilienhaus betrachteten, dessen Treppe man zu Fuß hinauf- oder hinabsteigen mußte, hatten sie das unangenehme Gefühl von Enge und Muffigkeit.

Die Liberalen mußten jedoch feststellen, daß die Lifte die Eigenschaft haben, manchmal steckenzubleiben, und daß man schließlich mit einer unbequemen Treppe besser dran ist als mit einem Lift, der nicht funktioniert. Das letzte Jahrzehnt hat den faktischen Beweis erbracht, daß der einzelne im heutigen Europa eines Mammut- und Superstaates viel stärker eingeengt und gefesselt ist, als er es im alten Europa der ehrwürdigen, unpraktischen kleinen und mittelgroßen Staaten je war. Der Pferdefuß des Deutschen Reiches ist sichtbar geworden; der Völkerbund hat versagt; weder vermochte die Internationale Arbeitsorganisation[37] die Versklavung der deutschen Arbeiter noch die internationale Zusammenarbeit des Kapitals die Abhängigkeit des deutschen Unternehmers zu verhindern. Alle Systeme, die den Wohlstand des einzelnen mehren sollten, haben sich wie durch Hexerei in Hemmnisse, Fußangeln und Folterinstrumente verwandelt. Der erste Widerstand gegen Sklaverei und Tyrannei – die alten Erzfeinde des Liberalismus – hat sich nicht beim Völkerbund geregt, der zu diesem Zweck gegründet worden war, sondern bei zwei ziemlich konservativen und kleinen Ländern: Polen und Finnland. Und die Rettung Europas wird wie in alten Zeiten von den beiden traditionsgebundenen westlichen Großmächten erwartet, die keinen Anspruch auf paneuropäische Ideale erheben. Das Ansehen des alten Staates, der sich auf natürliche Weise

---

37 International Labour Organization (ILO), Sitz in Genf; 1919 durch den Versailler Vertrag gegründete Organisation mit dem Ziel, durch zwischenstaatliche Übereinkommen die Arbeitsgesetzgebung international anzunähern. [Anm. d. Ü.]

entwickelt hatte, nimmt ohne Zweifel wieder zu, und zwar besonders bei den Liberalen, den politischen Individualisten. Der Glaube an einen synthetischen Superstaat hat sich verringert, und die Parolen von einem »Staatenbund« oder einem »reformierten« Völkerbund besitzen in Deutschland keine große Anziehungskraft mehr, sie überzeugen nicht einmal diejenigen, die sich wohlwollend gegenüber solchen Ideen verhalten, ganz zu schweigen von jenen, denen beim Gedanken an dieses synthetische Gebilde übel wird.

Es scheint klar zu sein, daß nach der jetzigen Krise sowohl in Deutschland als auch in Europa eine konservative Epoche kommen wird, wie es nach der Herrschaft Napoleons der Fall war: eine Zeit der Rehabilitation der alten und ältesten kulturellen Werte, eine Periode der Bewahrung, der Restauration und der Heilung. Die deutschen Liberalen haben das gespürt. Auch die Konservativen?

Die Geschichte der deutschen Konservativen ist kompliziert. Die meisten echten Konservativen findet man außerhalb der politischen Parteien. Dies ist darauf zurückzuführen, daß das ganze Parteiensystem in Deutschland von Anfang an nicht konservativ, sondern liberal war. Eine »konservative Partei« ist in Deutschland im Unterschied zu England, das eine jahrhundertealte Tradition besitzt, fast ein Widerspruch in sich. Ohne Übertreibung kann gesagt werden: Dieser innere Widerspruch war immer die Achillesferse aller deutschen konservativen Parteien. Aus diesem Grund trifft der Kollaps die konservativen Kräfte weniger hart als die liberalen Parteien. Echter Konservatismus ist in Deutschland ziemlich krisenfest. Man findet ihn in den Kirchen, deren großartiger Widerstand zwar unterdrückt, aber nie gebrochen werden kann. Man findet ihn in der höheren Aristokratie, besonders in den früheren Herrscherhäusern, die ihren Erfahrungsschatz und ihre Traditionen als Regenten durch alle Abenteuer des Kaiserreiches, der Republik und des Dritten Reiches hindurch still und unauffällig bewahrt haben. Sie bilden eine der wenigen intakten politischen Kräfte in Deutschland, an die vielleicht eines Tages der Aufruf zur Rettung des Landes ergehen wird. Echten Konservatismus findet man auch in den höheren Rängen der Bürokratie, welche die Durchführung der Routineaufgaben des Staates während der letzten sechzig Jahre sehr ordentlich, ohne große Veränderungen und ebenfalls unauffällig geleitet haben. In diesem Bereich haben die Nazis sicherlich vieles zerstört, aber das, was an administrativer Tradition übrigbleibt, kann als Ausgangspunkt für eine Regeneration dienen. Alle diese konservativen Kräfte werden wieder in der Lage sein zu funktionieren, wenn ihnen dazu Gelegenheit gegeben wird. Die konservativen Parteien sind jedoch ein ganz anderer Fall. Sie befinden sich genauso wie die Liberalen in einer schweren Krise.

Zwei der Parteien, die es noch im Frühjahr 1933 gab, können als konservativ bezeichnet werden, wenn auch mit Vorbehalt: das Zentrum und die Deutschnationale Partei. Das Zentrum verwaltete das Erbe der alten süd- und westdeutschen Konservativen und die Deutschnationale Partei das der preußischen Konservativen. Das Zentrum hat eine einfachere Geschichte. Es war die einzige Partei, die das Kaiserreich nicht vorbehaltlos begrüßte. 1870 gegründet, wurde es zum Sammelbecken aller führenden konservativen Elemente in West- und Süddeutschland, die sich vom neuen Deutschen Reich ziemlich unerwartet vereinnahmt fühlten. Das Ziel des Zentrums bestand darin, für eindeutig über- und außerstaatliche Werte, vor allem für die Werte des Katholizismus einzutreten. Es war die einzige Partei, die damals die Bismarcksche Schöpfung nicht als die ideale politische Form für Deutschland ansah, sich aber dennoch dazu entschloß, sie als Tatsache anzuerkennen. Bismarck beschuldigte das Zentrum wiederholt, die »Feinde des Reiches« zu sammeln, doch stimmte das nicht. Das Zentrum wurde nicht als Protest gegen das Reich gegründet, sondern als Kompromiß. Es akzeptierte das Reich zwar nur mit einem Schulterzucken, doch es arbeitete loyal mit ihm zusammen, wenn auch nur mit gewissen Einschränkungen. Die Vorbehalte lagen im kulturellen Bereich; hier war das Zentrum immer unnachgiebig.

Auf allen anderen Gebieten konnte es sich erlauben, sich opportunistisch zu verhalten. Schon sein Name deutete dies an. Es konnte sowohl mit der Rechten als auch mit der Linken zusammengehen, ohne sich selbst untreu zu werden. Es konnte sowohl im Kaiserreich als auch in der Weimarer Republik mit anderen Parteien in der Regierung zusammenarbeiten. Dabei übte es stets einen mäßigenden Einfluß aus und schützte erfolgreich die Kirche sowie die christliche Erziehung und Kultur. Ein hervorstechendes Merkmal des Zentrums war, daß jede Frage, die andere Parteien als erstrangig einstuften, in seinen Augen zweitrangig war. Dem Zentrum gehörten rechte und linke Politiker, Sozialisten und Liberale, Nationale, Freunde des Völkerbundes, rachedurstige Chauvinisten und Pazifisten an. Die Reichskanzler Papen und Wirth gehörten beide dem Zentrum an. Dessen Mitglieder zeichnete die bedingungslose Akzeptanz der katholischen religiösen und kulturellen Werte aus. Das Zentrum kann den künftigen deutschen politischen Parteien vielleicht als Vorbild dienen, da es den Beweis erbracht hat, daß anscheinend gegensätzliche Prinzipien sich im Namen eines geheiligten gemeinsamen Wertes praktisch miteinander vereinen lassen. Es hat dem deutschen politischen Denken bereits gezeigt, welche Aufgabe es morgen zu lösen haben wird.

Wahrscheinlich kann man annehmen, daß die Kräfte, die hinter dem Zentrum stehen, relativ intakt sind. Aber eine solche Organisation wird kein neues Zentrum sein. Das Zentrum hat sich durch seinen Opportunismus – jene Eigenschaft, die sechzig Jahre lang seine Stärke war – im letzten Augenblick selbst ruiniert. Es hat schlicht die schmale Trennlinie zwischen Flexibilität und

Prinzipienlosigkeit, zwischen taktischem Opfer und Selbstmord überschritten.

Bemerkenswert ist, daß sich das Zentrum sowohl unter dem Kaiser als auch in der Weimarer Republik vor die Aufgabe gestellt sah, die Führung zu übernehmen und das Land in einer kritischen Stunde zu retten. Beide Male rettete es nicht, sondern liquidierte das jeweilige, zugegebenermaßen ungeliebte Regime. Im ersten Fall handelte es in einer Art und Weise, die bewundernswert war, und spielte bald wieder die gleiche Rolle wie zur Zeit der Monarchie. Im zweiten Fall fügte es sich selbst eine tödliche und, was noch schlimmer ist, eine lächerliche Wunde zu. Brüning und Papen, die beiden letzten Reichskanzler des Zentrums, versuchten, mit den Nazis ein taktisches Spiel zu spielen, und bewiesen damit nur, wie instinktlos sie waren. Denn mit Leuten, die sich nicht an die Spielregeln halten, kann man so etwas nicht tun, ohne sich selbst zum Narren zu machen. Diesen Fehler haben viele internationale Staatsmänner begangen, indem sie die Führer des Zentrums immer wieder zu kopieren versuchten: Der Welt wären viele Enttäuschungen und viele Opfer an Menschenleben erspart geblieben, wenn man sich die Mühe gemacht hätte, die deutsche Innenpolitik jener Jahre genauer zu analysieren. Sie verfolgen einen Kurs, der mit dem der europäischen Politik während der nachfolgenden Jahre fast identisch ist. Das Zentrum wendete fast jede Methode gegen die Nazis an, nur nicht die richtige: die nackte Gewalt. Es versuchte jede Art von Beschwichtigung, nahm einen Wortbruch nach dem anderen hin, bis es schließlich am 30. Januar 1933 in die Hitler-Papen-Koalition und dann in deren Ende hineinschlitterte. Der eigentliche selbstmörderische Akt, die unfaßbare Ungeschicklichkeit, die auch den moralischen Untergang der Partei besiegelte, bestand darin, Hitler *nach* dem Reichstagsbrand, *nach* der Errichtung von Konzentrationslagern, *nach* einer ganzen Serie von schamlosen Meineiden, offensichtlichen Verfassungsbrüchen und heiligen

Schwüren – auf Grund bloßer mündlicher (!) Zusicherungen Hitlers – am 23. März 1933 die Regierungsgewalt zu übertragen. Von diesem Tag an nahm der Opportunismus der Partei jene charakterlosen, trägen Züge an, die die treuesten Anhänger desillusionierten und dazu veranlaßten, auseinanderzulaufen. Das hat wahrscheinlich eine Rückkehr zum früheren Status des Zentrums unmöglich gemacht.

Die Krise des Zentrums scheint jedoch relativ gesehen keine tiefgreifenden Wirkungen zu haben. Von ihr sind nur die Partei, ihre Methoden und ihre Taktik, vielleicht in stärkerem Maße ihr Konzept einer »distanzierten« Innenpolitik betroffen, doch bis jetzt kaum die Doktrin einer katholischen Politik, deren Schwergewicht auf den kulturellen Werten liegt, ebensowenig auf der Philosophie, auf die sie sich gründen. Der politische Katholizismus in Deutschland hatte verhältnismäßig wenig zu lernen, und die unmißverständliche Haltung der katholischen Kirche läßt hoffen, daß er das Wichtigste bereits gelernt hat.

Viel schlechter ist es um die Konservativen vom preußisch-protestantischen Schlag bestellt. Ihre Verstrickungen und Verbindungen mit den Nazis, vor allem die Tatsache, daß sie diesen innerlich ähneln, haben sie noch viel mehr kompromittiert als das Zentrum. Sie haben nicht nur einen taktischen Fehler begangen, sondern haben eine Zeit schrecklicher innerer Degeneration und – es gibt keinen milderen Ausdruck dafür – Vulgarisierung hinter sich; all das reicht bis in ihre »deutschnationale« Periode zurück – und sie haben diese Periode noch nicht einmal vollständig abgeschlossen. Ein Prozeß der Gewissensprüfung ist im Gange, aber er verläuft quälend langsam. Sie haben sich von den Nazis niemals unmißverständlich distanziert, und wann immer man dachte, daß sie es tun würden, gab es Rückfälle. Die stark hofierte Gesellschaftsschicht, die sie repräsentieren, und zwar jene, die den berühmten preußischen Offizier hervorbringt, denkt politisch sehr langsam und zeichnet sich kaum durch viele Talente und eine rasche Auffassungsgabe aus. Wenn sich diese Konservativen nicht gewaltig anstrengen, werden ihre alten liberalen Gegner es übernehmen müssen, ihre gemeinsame Welt zu retten. Diese Welt – in ihrer ursprünglichen, nicht pervertierten Form – würde es durchaus verdienen, gerettet zu werden. Es wäre bedauerlich, wenn man sie als ausschließlich dekadent betrachtete. Angesichts all der üblen Dinge, die von ihr ausgegangen sind, vergißt man leicht, daß sie eine bewundernswerte Periode – etwa in der ersten Hälfte des 19. Jahrhunderts – erlebt hat. Damals war Preußen mit Berlin als Heimstatt romantischer Literatur und einer hervorragenden Schule der Architektur ein Land mit einer eigenständigen entwickelten Zivilisation, deren Exponent die konservative preußische Aristokratie war. Liest man die Briefe und Memoiren jener preußischen Staatsmänner und Offiziere und betrachtct die Porträts von Scharnhorst und Gneisenau, Gerlach, Manteuffel und Radowitz, so bemerkt man, welch gewaltiger Unterschied zwischen ihnen und den heutigen stiernackigen Typen preußischer Offiziere und Politiker mit ihrem hochmütigen, kalten, maskenhaften Gesichtsausdruck – wie zum Beispiel Ludendorff und Brauchitsch, Seldte und Hugenberg! – besteht. Mit Bismarck begann der Sündenfall des preußischen Konservatismus. Dessen edelste und hehrste Gestalt war Wilhelm I. Mit Interesse verfolgt der Historiker, wie dieser preußische Konservative mit seinen einfachen Instinkten ständig gegen die erfolgreiche Skrupellosigkeit seines Ministers ankämpfte. Ist es sicher, wer auf die Dauer der Klügere gewesen ist? Genügt es zu sagen, Bismarck habe zu seiner Zeit gesiegt und die preußischen Konservativen gezwungen, ihren anfänglichen Widerstand gegen seinen Kurs aufzugeben, einen Kurs, der genaugenommen auch die Fortsetzung einer alten preußischen Tradition bedeutete, mit der man sich in bedenklicher Weise brüstete, und zwar mit der Tradition Friedrichs II., der eine Politik der brutalen, skrupellosen, listigen Expansion um jeden Preis betrieb?

Die Konservative Partei[38], die unter den Kaisern Preußen 47 Jahre lang fest im Griff hatte und ihre Macht im Reich mit den Nationalliberalen und dem Zentrum teilte, hatte einen unergründlichen, doppelseitigen Charakter. Sie besaß noch Züge, die wirklich konservativ, patriarchalisch, vornehm, gottesfürchtig und humorvoll waren, Züge, die Theodor Fontane in seinen Novellen geschildert hat. Aber selbst in jenen Tagen konnte sie Beweise für einen verschlagenen, berechnenden, unbarmherzigen Charakter liefern, der keineswegs konservativ, sondern – bewußt oder unbewußt – bereits nihilistisch war. Im Konservativen steckte bereits der Deutschnationale, hinter dem Beschützer und Bewahrer der heiligen Werte der Ehre, der Treue, des Dienens und der Ritterlichkeit verbarg sich bereits jener Typus, der alle diese Werte im Namen eines hohlen, turnvereinsmäßigen Ideals von nationalem Prestige und nationaler Expansion zerstört und verrät. Das preußische Offizierskorps besaß noch einen strengen, untadeligen Ehrenkodex, aber es war ein preußischer Offizier, Schlieffen, der in Friedenszeiten kalt und ohne Gewissensbisse den niederträchtigen Plan für den Einfall in Belgien ausarbeitete. Keiner verkörperte diesen Jekyll-und-Hyde-Charakter so gut wie der Reichskanzler von Bethmann-Hollweg, der am 4. August 1914 den bekannten Ausdruck vom »Fetzen Papier« prägte. Er war ein ganz und gar ehrenwerter Mann, und er stieß diese Worte aus, als er sich in einem tieferen seelischen Konflikt befand. Tatsache aber bleibt, daß er diesen Ausdruck gebrauchte, der ein untilgbarer Fleck in den Annalen Deutschlands bleibt.

Die Phase des tiefsten Niederganges begann 1918. Die Partei warf alle ihre konservativen Ideale über Bord und gab sich den Namen Deutschnationale Volkspartei. Sie bekannte sich offen zu einer Politik des eindeutig reaktionären Ressentiments; in der Außenpolitik war sie gegen die Anerkennung der Niederlage und in

---

38 1848 in Preußen gegründet. [Anm. d. Ü.]

der Innenpolitik gegen die Republik, deren Vorzüge sie jedoch gern für sich in Anspruch nahm. Von einem Magnaten des Zeitungswesens und der Filmwirtschaft geleitet, rekrutierte sich die Deutschnationale Volkspartei in der Hauptsache aus dem nationalistisch eingestellten Kleinbürgertum und ging außerordentlich demagogisch vor, wobei sie an die nationale Erbitterung, das Selbstmitleid und die rohen Instinkte appellierte; sie nahm damit viele Nazimethoden vorweg und verriet doch kaum einen der Grundzüge ihres aristokratischen und konservativen Erbes. Noch schlimmer als ihr späteres taktisches Bündnis mit den Nazis war ihre frühe Verbindung mit ihnen. (1930 führte das zu einer Palastrevolution seitens des stärker konservativ eingestellten Flügels. Er spaltete sich ab und bildete für kurze Zeit die Junge Konservative Gruppe, die später im Strudel der innenpolitischen Krisc unterging.) Die Deutschnationalen liefen bald immer rascher zu den Nazis über. In den Augen der breiten Masse waren sie lediglich »leicht gemäßigte Nazis«, und viele ihrer Anhänger schlossen sich nach 1930 den Nazis an, weil sie das Gefühl hatten, daß sie, nachdem sie schon so weit gegangen waren, nun keine Hemmungen mehr zu haben brauchten, den Weg zu Ende zu gehen. Und auch der Fußtritt genügte noch nicht, den die Nazis den Deutschnationalen unmittelbar nach ihrem »gemeinsamen« Sieg versetzten: Erst die nackte, schreckliche Barbarei und die vandalische Wut der triumphierenden Nazis bewirkten, daß das konservative Bewußtsein der Deutschnationalen langsam wieder erwachte.

Sicherlich findet dieses Erwachen jetzt statt. Doch es geschieht langsam, viel zu langsam. Und was ihre »Wandlung« betrifft, so sind die Konservativen noch längst nicht soweit, wie die Liberalen bereits 1933 waren. Sie sind über leise Zweifel, vage Gewissensbisse und oberflächliche Entrüstung über »Exzesse« nicht hinausgekommen.

Das bisher bemerkenswerteste Beispiel für eine selbstkritische

Überprüfung vom konservativen Standpunkt aus ist Rauschnings Buch »Die Revolution des Nihilismus«[39]. Es wäre falsch, Rauschning wegen seiner früheren Zugehörigkeit zur NSDAP als einen »bekehrten Nazi« anzusehen. Er war und ist ein typisch deutschnationaler Konservativer, der sich wie viele andere auf Grund einer (weiß Gott was für kruden) Mischung von Berechnung und Irrtum von den Nazis angezogen fühlte. Mir liegt es fern, den großen Wert dieser tiefen Analyse des Nationalsozialismus herabzumindern oder die geistige und moralische Ehrlichkeit ihres Autors in Zweifel zu ziehen. Und doch muß darauf hingewiesen werden, wie schwach seine Kritik des Konservatismus und wie oberflächlich die von ihm vorgenommene Gewissenserforschung ist. Rauschning glaubt offenbar immer noch, daß bei einer leichten Verlagerung des Schwergewichts, durch eine Rückkehr zur Monarchie und zum Konservatismus, wie er war, alles gut wird. Man möchte gern wissen, welche Gründe er hat, so zu denken. Wo gibt es heute in Deutschland – mit Ausnahme bestimmter Kreise des süddeutschen Zentrums und vielleicht der Monarchie der hannoverschen Welfen – einen organisierten Konservatismus, der vom nationalsozialistischen Nihilismus nicht besudelt ist? Welchen Charakter würde diese Monarchie haben? Würde sie einfach der Nazistaat mit einem Hohenzollern an Hitlers Stelle sein? Oder sollten die Dynastien des alten deutschen Staates zurückkehren? Was könnte eine preußische Herrschaft und ein Kaiserreich der Hohenzollern rechtfertigen? Das ganze Gerede über eine »Restauration« der Monarchie und eine Restitution der Konservativen ist verfrüht und oberflächlich. Bis jetzt gibt es keinen Konservatismus. Er hat sich noch nicht vom Nationalsozialismus, ganz zu schweigen von der deutschnationalen Entartung, gereinigt. Er muß sich einer gründlichen Selbstkri-

---

39 Hermann Rauschning: Die Revolution des Nihilismus. Kulisse und Wirklichkeit im Dritten Reich, 5. Aufl. Zürich, New York 1938. [Anm. d. Ü.]

tik unterziehen, bevor mit ihm wieder gerechnet werden kann, und wenn die Bemühungen im gegenwärtigen Tempo fortgesetzt werden, wird das noch viele Jahre dauern.

Aber was die Konservativen in dieser Hinsicht vollbracht haben, ist riesig im Vergleich zu dem, was die Sozialdemokraten geleistet haben. Es ist wirklich eine Tragödie, daß die deutschen Sozialdemokraten – die unmittelbarsten Opfer und die von Natur aus erbittertsten Feinde der Nazis – einen so anämischen Beitrag zur Schaffung jener neuen Fronten geleistet haben, die für den Erfolg gegen das Naziregime unerläßlich sind. Ihre hartnäckige Weigerung, sich selbst und ihre Dogmen einer Prüfung und Kritik zu unterziehen und die Ursachen für ihr Versagen zu ergründen, ist eine der großen Schwächen der deutschen Opposition, und das um so mehr, als die Sozialdemokraten von ihrer unhaltbaren Position aus bemüht sind, ihren aussichtslosen Kampf fortzusetzen, der nur dazu führt, daß die deutsche Opposition wie ein Haufen hoffnungslos wirklichkeitsferner Spinner erscheint. Bei ihnen ist alles beklagenswert: nicht nur ihre Methoden, über die wir alles, was zu sagen war, bereits am Anfang dieses Kapitels gesagt haben, sondern auch die geistige Basis, der Ausgangspunkt, die Parole und das Ziel.

Zunächst einmal verwenden sie den falschen Namen. Die Sozialdemokraten nennen sich bei der Formierung ihrer Front gegen die Nazis »Antifaschisten«. Doch die Nazis sind keine Faschisten. Sie haben mehr oder weniger erfolgreich bestimmte äußere Formen und Methoden des italienischen Faschismus kopiert: den Gruß mit dem erhobenen Arm, das farbige Hemd, die Tendenz, politische Höhepunkte in opernhafter Manier zu »inszenieren«; sie haben vielleicht auch manche wichtige Merkmale mit den Faschisten gemeinsam, aber in anderer Hinsicht unterscheiden sie sich offensichtlich von ihnen. Eine gründliche vergleichende Analyse, die wir hier nicht vornehmen können, wäre erforderlich, um festzustellen, ob man die beiden Phänomene als geistig verwandt bezeichnen kann – sogar in dem Maße, wie es beim Nationalsozialismus und Bolschewismus immer offensichtlicher wird (auch wenn man mit einem Blick erkennt, daß es keine Übereinstimmung zwischen ihnen geben kann). Ein Angriff auf den Nationalsozialismus, bei dem die schwersten Geschütze gegen den *Faschismus* aufgefahren werden, um den damit verwandten Nationalsozialismus zu treffen, hat von vornherein wenig Aussicht auf Erfolg.

Diese Anstrengungen müssen wir insgesamt für aussichtslos erachten, wenn wir sehen, wie die deutschen »Antifaschisten« die »deutsche Version vom Faschismus« einordnen und erklären, und wenn wir feststellen, welches Bild sie vom Feind und dem Schlachtfeld geschaffen haben. Ihrer Meinung nach ist der »Faschismus« die letzte Phase des Klassenkampfes, der Versuch des absterbenden Kapitalismus (oder der absterbenden Bourgeoisie), mit brutaler Gewalt den vollständigen Sieg des im Vormarsch befindlichen Proletariats zu verhindern, »ein Versuch« (wie sie gern rhetorisch hinzufügen), »der diesen Sieg verzögern, aber niemals abwenden kann«. Leider stimmt dieses Bild nicht mit den Tatsachen überein. Der Nationalsozialismus ist weder ein »letzter« Versuch des Kapitalismus oder der Bourgeoisie, noch ist sein Ziel der Klassenkampf, noch befand sich das Proletariat vor der Machtergreifung der Nazis in irgendeiner Weise auf dem Vormarsch oder träumte gar vom Sieg. Der Nationalsozialismus ist vielmehr eine »erste« (eigenständige und neue) Form des radikalen Nihilismus, der *alle* Werte gleichermaßen negiert, die kapitalistischen und bürgerlichen ebenso wie die proletarischen. Er dient keiner »Klasse« im marxistischen Sinne, im Gegenteil, er ist der Verstaatlichung und der klassenlosen Gesellschaft ohne Zweifel näher gekommen, als es die Sozialdemokraten zu ihrer Zeit je fertiggebracht haben. Und was den bevorstehenden Sieg des im Vormarsch befindlichen Proletariats betrifft, so hatten die proletarischen Parteien, als die Nazis an die Macht gelangten, den

Kampf vollständig eingestellt, und die marxistischen Doktrinen spielten in Deutschland politisch keine Rolle mehr.
Die dringendste Aufgabe der Sozialdemokraten nach ihrem politischen Bankrott ist haargenau die gleiche wie die aller Parteien. Sie müssen die Niederlage zugeben und alles neu überdenken. Das Eingeständnis ihrer Niederlage ist heute, so paradox es anmuten mag, die wichtigste Aufgabe *aller* Parteien – viel wichtiger als alle ihre alten Doktrinen; denn erst dann können sie die Mängel ihrer alten Doktrinen und Methoden erkennen. Wenn die Sozialdemokraten statt dessen ihre Niederlage ignorieren und die Nazis nach marxistischem Muster als eine gesetzmäßige und bis zu einem gewissen Grade notwendige Erscheinung zu erklären versuchen, wird das Ganze ein fruchtloses Unterfangen, schlimmer noch, es ist verlogen.
Tatsächlich hat ein Phänomen wie der Nationalsozialismus keinen Platz im marxistischen System und kann mit der marxistischen Dialektik weder begriffen noch bekämpft werden, es sei denn, das Phänomen wird bewußt falsch interpretiert. Jedem, der nicht absichtlich seine Augen vor den Tatsachen verschließt, hat der Aufstieg Hitlers und der Nazis mit brutalster Deutlichkeit die Schwäche eines Glaubensbekenntnisses gezeigt, welches alle jene Kräfte ignoriert, die den Sieg der Nazis herbeigeführt haben, und welches erfinderisch, wenn auch künstlich, versucht, etwas, was einmal in einem bestimmten Abschnitt der Weltgeschichte während der industriellen Revolution ein dringendes aktuelles Problem war, zu *dem* ewigen Problem der Weltgeschichte hochzustilisieren. Spekulative Denkspiele wie der Marxismus, einseitige und künstlich ausbalancierte Philosophien über die Welt, unglaublich gewissenhafte und erschöpfende Versuche, die Welt von einem einzigen Punkt aus zu erklären – sie sind die Lieblingsbeschäftigung des deutschen Geistes. Jeder Deutsche versteht auf Anhieb, daß man der Verlockung erliegen und sich im Labyrinth einer solchen Weltanschauung häuslich einrichten kann, ohne sie

jemals wieder aufgeben zu wollen. Man kennt auch den Typus von weltfremd-ekstatischen jungen Leuten in Deutschland, die sichtbar eine Brille und unsichtbar Scheuklappen tragen (ein Typus, der von jedem dieser Systeme hervorgebracht wird): die Schüler von Kant, Hegel, Schopenhauer und vielen weniger bedeutenden Philosophen – gute und glückliche Menschen, die felsenfest an ihren Meister glauben und daher die Antwort auf alle Welträtsel wissen. Aber um uns ist es schlecht bestellt, wenn sich solche Leute der Politik zuwenden, wie das bei den Marxisten der Fall ist.

Nichts verwirrt die politische Diskussion in Deutschland und in Europa mehr und nichts steht einer Klärung der Fronten so sehr im Wege wie der akademische Streit, der seit Jahrzehnten um die Schlagworte »Kapitalismus« und »Sozialismus« erbittert geführt worden ist und seit langem seine Aktualität verloren hat. Kapitalismus oder Sozialismus – großer Gott, das ist heute genauso bedeutsam wie die Frage »Reifrock oder Humpelrock«. Wer wollte entscheiden, ob das komplizierte Wirtschaftssystem unserer Zeit mit seiner Kombination von privaten Unternehmen, nationalen und internationalen Trusts, gewerkschaftlicher Kontrolle, betrieblicher Demokratie und staatlich gelenkter Sozialpolitik in der Sprache von 1840 »kapitalistisch« oder »sozialistisch« genannt werden sollte. Wer vermag heute angesichts der Entwicklungen der letzten hundert Jahre die marxistischen Theorien vom historischen Determinismus, von der parallelen Zunahme von Reichtum und Armut, von der Diktatur des Proletariats, von der Expropriation durch die Expropriierten und der Schaffung einer klassenlosen Gesellschaft noch ernst zu nehmen? Wer vermag sich heute ernsthaft vorzustellen, daß die Produktionsmittel von den Arbeitern verwaltet würden? Und wer vermag, ohne die Augen vor der Hauptursache zu verschließen, auch nur eine der großen welterschütternden Krisen unseres Jahrhunderts ökonomisch zu erklären?

Die Nazis zum Beispiel. Die Wortführer der deutschen Sozialdemokratie werden sich an die triviale Tatsache klammern, daß die Nazipartei für kurze Zeit von Thyssen und einigen anderen Magnaten der deutschen Schwerindustrie finanziert wurde. Daraus könnte man schließen, daß die Nazis die »Lakaien des Kapitalismus« seien. Es ist eine Ironie der Geschichte, daß der wichtigste kapitalistische Finanzier der Nazis, Fritz Thyssen, heute ein Flüchtling vor der Naziunterdrückung ist. Falls manche deutschen Kapitalisten die Nazis als ihre Söldner ausnutzen wollten, wie es die Marxisten vorhergesehen haben, waren nicht die Nazis die Betrogenen, sondern die Finanziers sowie jene Marxisten, die diese unbedeutende Betrügerei der Nazis – eine von vielen – als das wahre Wesen der Bewegung angesehen haben. Wie verblendet muß man sein, um die Tatsache zu übersehen, daß die Nazis den Geschäftsmann inzwischen genauso versklavt und seiner Rechte beraubt haben wie die Arbeiter und daß Kapital und Arbeit gleichermaßen von den Nazis ausgebeutet werden? So bedauerlich es auch sein mag, daß die herkömmliche Vorstellung vom ausbeutenden Kapitalisten und vom ausgebeuteten Proletariat nicht in die nationalsozialistische Welt paßt, es ist die Wahrheit. Kapital und Arbeit sitzen heute in Deutschland in einem Boot, und dieses Boot heißt Deutsche Arbeitsfront[40]. Es ist das gigantische staatliche Gefängnis, in das die Nazis nicht ohne sadistische Freude die früheren Feinde zusammengesperrt haben.

Das heutige Deutschland läßt sich wirklich nicht marxistisch erklären. Die Sozialdemokraten müssen sich *jenseits* ihres letzten politischen Credos, des Marxismus, sammeln und neu konstituieren. Das fällt ihnen schwerer als den anderen, weil sie viel orthodoxer und dogmatischer waren. Doch es muß getan werden. Und es ist sicherlich möglich. Denn die Sozialdemokraten treten

---

40 Die 1933 gegründete nationalsozialistische »Einheitsgewerkschaft«, der jeder Arbeitnehmer und Arbeitgeber beitreten mußte. [Anm. d. Ü.]

genauso wie die Liberalen und Konservativen bewußt oder unbewußt für ein humanistisches Ideal ein, für ein ewig junges menschliches Ziel, das sich scheu hinter ihrem kalten Materialismus und ihren ökonomischen Zwangsvorstellungen verbirgt: für das Ideal der Gerechtigkeit und Brüderlichkeit. Viel mehr als das unklare materialistische Evangelium, das kaum Bindekraft besitzt, trugen das Verlangen nach sozialer Gerechtigkeit, das Prinzip »Einer für alle und alle für einen« sowie die daraus entspringende Ehrlichkeit, Aufrichtigkeit und Ernsthaftigkeit dazu bei, daß die alten Gewerkschaften und die alte Sozialdemokratische Partei die jahre- und jahrzehntelangen Verfolgungen überstanden.

Es war der Glaube an dieses nicht artikulierte, aber immer hochgehaltene und gelebte Ideal, der die von diesen Organisationen geleistete grandiose Arbeit der Massenerziehung ermöglichte – eine Erziehung, deren Erfolg noch heute daran erkennbar ist, daß die älteren Arbeiter gegen die Nazipropaganda ziemlich immun sind. Es war dieses Ideal, das dem »klassenbewußten Arbeiter« in Deutschland seine Selbstsicherheit und ruhige Würde verlieh und ihn zu einem so angenehmen Typ werden ließ, trotz der Tatsache, daß seine halbverstandene und nachgeplapperte politische Philosophie, die zwangsläufig immer unrealistischer wurde, etwas lächerlich wirkte. Nicht der Marxismus ist es, der lauter Rätsel aufgibt und an vielen Stellen verwundbar ist. Es ist dieses Ideal, das den Sozialdemokraten Stärke im Kampf gegen die Nazis verleiht. Und es ist dieses Ideal, das uns die Fälle vergessen läßt, in denen die Sozialdemokraten als Partei während der letzten 25 Jahre beispiellos versagt haben.

Diese Ereignisse sind durch drei Daten gekennzeichnet: den 4. August 1914, den 24. Dezember 1918 und den 20. Juli 1932. Der 4. August war der Tag, an dem die Sozialdemokraten den Kriegskrediten Deutschlands zustimmten und mit einem Schlag den heiligen Grundsatz der internationalen Solidarität des Proletariats aufgaben; sie verzichteten auf die friedenserhaltende Stärke dieser Solidarität zur gleichen Zeit, als für den Reichskanzler Bethmann-Hollweg die völkerrechtlichen Verpflichtungen Deutschlands nur noch so viel wert waren wie ein »Fetzen Papier«. (Übrigens verwirkten die Sozialdemokraten durch diesen Akt das Recht, ihre Republik später als etwas anderes zu betrachten als das Kaiserreich und für dessen Sünden *nicht* verantwortlich zu sein.) Der 24. Dezember 1918, an dem die »Volksbeauftragten« der Sozialdemokratischen Partei zum ersten Mal das Freikorps gegen das eigene Volk einsetzten, ist das Datum, welches das klägliche Scheitern der sozialdemokratischen »Revolution« von 1918 markiert, einer Revolution, die bald Angst vor ihrer eigenen Courage bekam, Konterrevolutionäre zu Hilfe rief, um für »Recht und Ordnung« zu sorgen, und die Macht so rasch wie möglich an das Zentrum und die Liberalen abtrat. Und der 20. Juli 1932 ist der Tag, an dem die sozialdemokratische preußische Regierung, der die 120 000 Mann starke gutbewaffnete und kampfbereite preußische Polizei unterstand, beim Staatsstreich des Reichskanzlers von Papen, der nur von einem einzigen Reichswehrregiment unterstützt wurde, kampflos kapitulierte. Sie machte dadurch Millionen von wehrlosen Arbeitern, für die sie Verantwortung trug, zu Opfern der Zufälle des politischen Spiels zwischen Papen und Hitler.

Das sind schändliche Erinnerungen, und die Sozialdemokraten haben Grund genug, sich durch schonungslose Selbstkritik von ihrer Schuld reinzuwaschen. Es steht ihnen nicht zu, weiter so zu tun, als ob sie unfehlbar wären, und vom Sieg des im Vormarsch befindlichen Proletariats zu schwätzen. Sobald sie sich jedoch dazu entschließen, ihre Sünden zu bekennen und neu anzufangen, stehen ihre Chancen als eine Oppositionspartei nicht schlecht. Denn Millionen von älteren Arbeitern wünschen sich nichts sehnlicher, als wieder der roten Fahne zu folgen, auf die sie ihr ganzes Leben lang ihre Hoffnungen gesetzt haben und bei deren

Anblick ihr Herz vor Stolz und Liebe schneller schlägt – wenn dem Arbeiter nur eine Chance gegeben würde zu vergessen, daß seine Fahne befleckt wurde, eine Chance, noch einmal an sie zu glauben. Wenn die Sozialdemokraten endlich begreifen, wie sie sich rehabilitieren können, werden sie wieder im Rennen sein. Doch selbst dann werden sie kaum die nächste Runde gewinnen. Sie liegen noch viel zu weit zurück – sie befinden sich noch immer im Jahr 1933.

Bei den Kommunisten können wir uns kürzer fassen. Es ist eine strittige Frage, ob es richtig ist, sie hier bei den deutschen Oppositionsparteien zu erörtern. Denn jeder, der im Inland die Geschehnisse in Deutschland verfolgt hat, weiß, daß die beste Chance für die Kommunisten heute nicht mehr darin besteht, die Nazis zu bekämpfen, sondern mit ihnen zusammenzugehen, auch wenn man dies im Ausland für erstaunlich und unglaublich halten mag. Am Schluß des Kapitels, das sich mit den Nazis befaßte, haben wir dargelegt, daß die einzige Möglichkeit, heute ein Sowjetdeutschland zu errichten, darin besteht, daß die zweite Generation der Nazis im Falle des Scheiterns ihrer Sache die Etiketten wechselt. So können sie vielleicht versuchen, das Naziregime vor den Folgen einer Niederlage zu retten. Jene deutschen Kommunisten, die von den Nazis noch nicht absorbiert sind, würden mit fliegenden Fahnen zu ihnen überlaufen, der »rechte Flügel« würde liquidiert werden, manche Losungen und manche Häftlinge der Konzentrationslager würde man gegen andere austauschen und – alles würde beim alten bleiben. Das ist, wie wir betonten, durchaus eine Möglichkeit, wenn sich der Westen das gefallen läßt. Aber daß sich das deutsche Volk den Kommunisten als einer Alternative zuwenden würde, wenn es ihm gelänge, sich von den Nazis zu befreien, ist schon seit Jahren ausgeschlossen. Der Kommunismus und der Nationalsozialismus sind keine Opponenten, sondern eher Konkurrenten. Ihre erbitterte Feindschaft entspringt (oder entsprang) der Rivalität und nicht einem ideologisch begründeten Haß, sie rührt daher, daß beide ein und dasselbe wollten, und nicht daher, daß jede dieser Bewegungen das Gegenteil von dem wollte, was die andere erstrebte. Beide schwimmen mit dem gleichen Strom, beide werden von den gleichen massenpsychologischen Wogen getragen: von der Zivilisationsmüdigkeit, davon, daß die Ideale von Tradition, Freiheit und Gerechtigkeit verdunkelt sind, vom Verlangen nach einer Orgie der Zerstörung, vom Reiz des Neuen und des anderen. Beide Bewegungen entstanden tatsächlich parallel zueinander, beide fanden die Mehrheit ihrer Anhänger in der gleichen Generation, die zudem oft versuchsweise von einer Partei zur anderen hinüberwechselten, meist zu den Nazis, bei denen, wie man bezeichnenderweise sagte, »mehr los war«. Beide waren antikulturell, antibürgerlich und antiindividuell eingestellt. Sie waren rivalisierende Banden von Abenteurern und Räubern, die sich um eine hilflose Beute balgten.

1932 erschien ein Buch von H. R. Knickerbocker unter dem Titel »Deutschland so oder so?«. Auf dem Schutzumschlag waren eine geballte Faust mit Hammer und Sichel sowie ein ausgestreckter Arm mit einem Hakenkreuz abgebildet. Die Frage und das Bild waren sehr typisch für die damalige Zeit. Die Leute nahmen resigniert den unaufhaltsamen Vormarsch der miteinander rivalisierenden Bewegungen wahr. Sie spürten, wie wehrlos und unsicher die traditionellen Kräfte waren, und sagten sich: »Bestimmt werden die einen oder die anderen siegen.«

Gespannt beobachtete man ihre Rivalität, so wie man ein Wettrennen verfolgt. Die Nazis lagen klar in der Führung, aber man hielt es für möglich, daß die Kommunisten die besseren Steher waren. Sie wirkten zäher. Was den Nazis beim ersten Anlauf gelang, erreichten sie mit Entschlossenheit. Als den Nazis 1933 die Macht in die Hände fiel, schaute jedermann angespannt »nach links« und wartete auf den Gegenschlag der Kommunisten, die sich immer damit gebrüstet hatten, sie seien »für den illegalen

Kampf gerüstet«. Und als die Leute allmählich begriffen, was es bedeutete, unter den Nazis leben zu müssen, vermischten sich ihre Erwartungen mit der vagen Hoffnung, daß die Kommunisten vielleicht nicht *ganz* so schlecht seien.

Mittlerweile haben die Kommunisten bewiesen, was aus ihrem »illegalen Kampf« geworden ist. Das Wettrennen gegen die Nazis, das einmal verloren wurde, wird nicht noch ein zweites Mal stattfinden. Die psychologische Situation hat sich seit 1932 geändert. Die Nazis haben dafür gesorgt, daß Freiheit, Tradition und Zivilisation wieder verlockende Ideale sind und daß kein Verlangen mehr nach den Dingen besteht, welche die miteinander wetteifernden Nazis und Kommunisten versprechen. Deutschland gleicht einem Menschen, der in einer bestimmten Situation gezwungen ist, sich an seinem rechten oder linken Fuß fesseln zu lassen. Er entscheidet sich für rechts, aber kaum spürt er die Fessel an seinem rechten Fuß, denkt er, daß eine Fessel an seinem linken Fuß nicht so schlimm wäre. Aber das ist ein müßiger Gedanke, und inzwischen ist der Mensch davon überzeugt, daß es vielleicht am besten ist, überhaupt nicht gefesselt zu sein. Und wenn er das Glück haben sollte, das rechte Bein freizubekommen, wird er bestimmt nicht lautstark verlangen, daß an seinem linken Fußgelenk eine Kette angebracht wird.

Es gibt selbstverständlich noch Kommunisten in Deutschland, aber sie finden keine Resonanz mehr. Die einzige Frage, die heute die Massen interessieren kann, lautet: Hitler oder nicht Hitler? Wer für Hitler ist, sieht keinen Grund, ihn gegen Stalin einzutauschen. Und wer gegen ihn ist, möchte ihn durch etwas ganz anderes ersetzt sehen als durch einen russischen Diktator. Die Kommunisten sind zwischen zwei Stühle gefallen. Sie scheinen die einzige deutsche Oppositionspartei zu sein, die völlig aus dem Rennen ist. Ihre letzte Hoffnung ist die Verschmelzung mit den ihnen überlegenen Nazirivalen, und das letzte Unheil, das sie anrichteten, war, daß sie den Agenten Hitlers in Westeuropa

Gelegenheit gegeben haben, immer wieder die Gefahr eines bolschewistischen Deutschland nach dem Sturz Hitlers an die Wand zu malen.

Inzwischen formieren sich langsam, sehr langsam die intellektuellen Elemente der neuen Front der Opposition, die wirklich eine Chance hat, die Nazis zu stürzen. Sie nimmt unerträglich langsam Gestalt an, und der Alptraum dauert an, daß der Aufbau der Front nicht rechtzeitig abgeschlossen sein könnte oder daß sie nicht im entscheidenden Moment da ist. Man muß zu ihrer Verteidigung vorbringen, daß sich sogar geistige Prozesse in Deutschland heute nicht leicht zu einem Abschluß bringen lassen. Selbst das Denken benötigt ein Minimum an »Lebensraum«, Diskussion, verbaler Kristallisation und Kontakt mit kritischen Meinungen, und all das ist kreuzgefährlich, wenn nicht gar unmöglich. Vor allem aber wirkt sich die tägliche Propagandaflut hemmend auf das Denken aus. Es ist so, als ob jemand versucht, eine Sinfonie zu komponieren, während ihm ein und dasselbe Potpourri von Märschen ständig aufdringlich laut in den Ohren dröhnt.

Doch ein großer Teil des aktiven deutschen politischen Denkens vollzieht sich außerhalb von Deutschland: in Paris, London, Zürich und New York, überall dort, wo sich der deutsche Geist derzeit mehr zu Hause fühlt als im Deutschen Reich. Und unser Bild ist unvollständig ohne das Deutschland, das außerhalb der Grenzen des Reiches entstanden ist, ohne die neue Diaspora, die deutschen Emigranten.

VII. Die Emigranten

Die deutschen Emigranten sind mißverstanden worden. Man hat sie fast überall als bloße Flüchtlingsbewegung angesehen, als einen immer stärker anschwellenden Strom von Menschen, die verfolgt sind, Asyl und Schutz suchen, um christliche und humanitäre Hilfe bitten und je nach ihrer Zahl unterschiedlich aufgenommen werden. Ihr Problem ist mit einem Seufzer als ein neues Problem zusätzlich zu allen anderen betrachtet worden, als das »Flüchtlingsproblem«. Die Emigranten unter all den Flüchtlingen wurden übersehen.

Man hat nicht bemerkt, daß die deutschen Emigranten meist nicht mit leeren Händen, wenn auch mit leeren Taschen kamen: daß sie eine politische Möglichkeit mitbrachten. Diese Möglichkeit wurde übersehen. Es blieb unbemerkt, daß die Emigration, zumindest in den ersten Jahren des Hitlerregimes, nicht nur eine Flucht vor den Nazis war, sondern das einzig reale Mittel des Kampfes gegen sie. Dies hätte unberechenbare Auswirkungen auf Deutschland gehabt, wenn man die deutsche Intelligenz von Anfang an zum Massenexodus ermutigt hätte, statt ihn zu verhindern. (Oder waren damals solche Auswirkungen vielleicht unerwünscht?) Man maß der Tatsache keine Bedeutung bei, daß ganz Deutschland jahrelang gespannt beobachtete, ob die Emigranten Erfolg haben würden oder nicht, und dies als einen Test ansah, der Aufschluß darüber gibt, welche Haltung die Welt zu den Nazis und zur Barbarisierung Deutschlands einnimmt.

Die Avantgarde der Opposition erhielt keine Chance. Es wurde ihr keine Gelegenheit gegeben, einen für die Gestapo unerreichbaren Brückenkopf gegen die Nazis zu bilden und ein Banner zu hissen, das jeden Zweifler davon überzeugt, daß Hitler nicht so unanfechtbar Deutschland sei, wie er vorgab. Keine deutsche

Universität wurde gegründet, keine Akademie, nicht einmal eine Siedlung. Die Emigranten wurden in den Cafés zögernd geduldet, solange sie – Gott weiß wie – ihren Kaffee bezahlen konnten, und die einzige Frage, die in Betracht gezogen wurde, war, wie man sie so bald wie möglich ans Ende der Welt verfrachten könne. Ihre Warnungen – wertvolle und berechtigte Warnungen, wie sich inzwischen gezeigt hat – wurden mit einem Schulterzucken als hysterisches Geschwätz von Flüchtlingen abgetan. Kurzum, man hat sie nicht verstanden, und man hat sie nicht verstehen wollen. Und schließlich kamen die Flüchtlinge, wie die Emigranten fälschlicherweise genannt wurden, also jene Menschen, die man durch die Behandlung der Emigranten abschrecken wollte, haufenweise. In Deutschland wird die Ablehnung der deutschen Emigranten durch die zivilisierten westlichen Mächte in moralischer Hinsicht als eine Niederlage betrachtet, die Frankreich und England sogar noch vor der Kriegserklärung erlitten haben – und leicht hätte vermieden werden können.

Die Regierungen, die den deutschen Exodus nicht verstanden, haben natürlich ihre Gründe. Es handelte sich um ein ziemlich komplexes Ereignis. Ein einzelner Name, oft ein einzelner Fall, steht mindestens für vier ganz verschiedene Prozesse, die sich keinesfalls exakt voneinander trennen lassen.

Erstens die mehr oder minder ungehinderte Ausreise der deutschen Juden mit zionistischer Gesinnung, die praktisch in ihrer Auswanderung nach Palästina zum Ausdruck kam. Dieser Fall interessiert uns hier nicht.

Zweitens die ganz und gar unfreiwillige Flucht schutzlos verfolgter Personen und Familien, die einzig und allein den Wunsch hatten, »irgendwo« friedlich und unschuldig zu leben und vor den Nazis, die ihnen nach dem Leben trachteten, sicher zu sein. Das trifft hauptsächlich auf jene deutschen Juden zu, die vor den Pogromen geflohen sind, aber auch auf viele »arische« Deutsche, viele österreichische Katholiken, deutsch-böhmische Nazigegner und namhafte Tschechen, die, ohne Politiker zu sein oder politische Meinungen zu vertreten, aus dem einen oder anderen Grund von den Nazis auf die schwarze Liste jener Personen gesetzt wurden, die gefoltert und umgebracht werden sollten. Sie flohen in den Jahren 1938/39 als erste in großer Zahl und sind die einzige Kategorie von Emigranten, die man verstanden hat – was jedoch nicht bedeutet, daß sie freudig aufgenommen wurden. Zehntausende von Privatpersonen und privaten Organisationen haben mit wunderbarer Großzügigkeit ihre rettende Hand ausgestreckt. Sie konnten jedoch nur einen kleinen Teil von Hunderttausenden retten.

Um sie alle zu retten, hätten die Regierungen – oder wenigstens eine von ihnen – einiges tun müssen. Sie taten nichts. Sogar im Winter 1938/39, als man die Schreie der zu Tode gequälten Unschuldigen vernahm, fühlte sich nicht eine einzige in der Lage, ihre Grenzen zu öffnen und einige Hunderttausende fleißiger, fähiger und dankbarer neuer Bürger aufzunehmen. Die diesbezüglichen Hoffnungen erfüllten sich nicht, das Problem wurde für unlösbar angesehen. Es sei jedoch erwähnt, daß solche Probleme für die früheren absolutistischen Herrscher, zur Zeit der unterentwickelten Handelsbeziehungen im 16., 17. und 18. Jahrhundert, keineswegs unlösbar waren. Damals wurde für die exilierten spanischen Juden, französischen Hugenotten, flämischen Protestanten und andere rasch und wirksam eine Zuflucht gefunden, obwohl man zu jener Zeit nicht ständig laut über sinkende Geburtenraten lamentierte und die Bürger nicht laufend würdelos dazu ermahnte, im Interesse der Bevölkerungsstatistik mehr Kinder zu bekommen. Aber das ist, wie gesagt, lange her.

Obwohl diese Flüchtlinge vielleicht die zahlreichste Gruppe darstellen, sind sie von unserem Standpunkt aus betrachtet am uninteressantesten. Daß Menschen vor dem Schlachtermesser flüchten, ist natürlich und könnte unter ähnlichen Umständen überall geschehen. Eine solche Flucht ist keine Schande und nichts

Besonderes, und sie sagt wenig über die heutige deutsche Mentalität aus. Für uns ist nur die indirekte Wirkung von Belang: der beklagenswerte Eindruck, den die Weigerung der Regierungen der zivilisierten Staaten in Deutschland hervorgerufen hat, den Opfern der Nazis Asyl zu gewähren. Die Nazis wußten sehr gut, was sie taten, als sie die Konferenz von Evian[41] und alles, was sich danach zutrug, weithin bekanntmachten. Die Redner von Evian konnten sich wohl kaum vorstellen, welchen Eindruck ihre höflichen Ausdrücke des Bedauerns (»Gewiß, gewiß, aber im Moment leider unmöglich …«) bei jenen hervorrufen mußten, deren Verwandte oder Freunde sich in den Konzentrationslagern Buchenwald und Dachau befanden oder die selbst jeden Tag verhaftet und dorthin gebracht werden konnten. Wenn die Nazis unter ihren eingeschworenen Feinden je einen propagandistischen Erfolg erzielt haben, dann damit, daß sie diese Haltung der westlichen Regierungen publik machten, die den demütig bittenden Flüchtlingen höchstens in Aussicht stellten, später nach Neu-Guinea gebracht zu werden, selbstverständlich nicht alle auf einmal – während diese in den Konzentrationslagern zu Tode gequält wurden.

In Deutschland wird auch eine Haltung wie die der Amerikaner für unbegreiflich angesehen, die sich aus Protest gegen den Judenpogrom zwar die Mühe machten, ihre Botschafter aus Berlin abzurufen, aber nicht einmal daran dachten, etwa die Quote für deutsche Einwanderer im gleichen Jahr (zu Lasten der drei kommenden Jahre) zu verdreifachen. Daher gibt es Leute in Deutschland, die, wenn sie unter den Tritten der SS-Männer in Buchenwald zusammenbrechen, wenigstens mit dem beruhigen-

---

41 Die internationale Flüchtlingskonferenz für die Auswanderung deutscher Juden, die im Juli 1938 auf Initiative des amerikanischen Präsidenten Roosevelt stattfand und an der 31 Staaten teilnahmen, um über die Erleichterung der Einwanderungsbestimmungen zu beraten. Die Konferenz erzielte keine Einigung. [Anm. d. Ü.]

den Gefühl sterben, daß sie die richtigen ordnungsgemäß ausgestellten Papiere hatten, mit denen sie 1942 oder 1943 ins Land der Freiheit hätten einreisen können – wenn sie es geschafft hätten, am Leben zu bleiben.

Die menschliche Psyche folgt seltsamerweise nicht immer der Logik. Unter solchen Bedingungen wäre es zwar richtig, wenigstens zu 99 Prozent über die Mörder zornig zu sein und höchstens zu einem Prozent über die gnadenlosen Priester und Leviten, die wegschauten. Aber Zorn läßt sich nicht in Prozenten angeben, und die Regierungen der Westmächte haben sich in den Augen der Deutschen damit, daß sie sich in der Flüchtlingsfrage in den Jahren 1938/39 bewußt untätig verhielten, mit der Naziregierung auf eine Stufe gestellt. Diese Einschätzung mag ungerecht sein, aber sie ist eine Tatsache. Ein großer Teil der Empörung, die die schrecklichen Ereignisse im November 1938[42] sogar in Deutschland hervorgerufen haben, richtete sich so gegen die westlichen Demokratien. Den Nazis fiel es danach nicht schwerer, sondern leichter, jeden Wutausbruch über ihre Untaten als Heuchelei hinzustellen – um sich den Anstrich von Ehrenhaftigkeit zu geben: »Nun ja, wir Wilden sind die besseren Menschen.«

Abgesehen von diesem wichtigen indirekten Ergebnis ist die politische Bedeutung dieser Massenflucht verfolgter unschuldiger Menschen jedoch gering. Sie ist im Fall der dritten und vierten Kategorie deutscher Emigranten, die erbärmlich unterschätzt und mißverstanden wurden, um so größer. Gemeint sind die unzähli-

---

42 »Reichskristallnacht«, Pogrom gegen die jüdische Bevölkerung in ganz Deutschland in der Nacht vom 9. auf den 10. November 1938. Die meisten Synagogen wurden in Brand gesetzt und viele jüdische Geschäfte und Wohnungen zerstört. 91 Menschen wurden ermordet und 30.000 in Konzentrationslagern inhaftiert. Die Reichskristallnacht bildete den Auftakt zur sogenannten »Endlösung der Judenfrage«, zum Holocaust. [Anm. d. Ü.]

gen Vertreter der wissenschaftlichen und künstlerischen Intelligenz, deren Ausreise ein Akt des Protests und der bewußten Auflehnung war, sowie die Mitglieder der früheren Oppositionsparteien, welche geistiger Mittelpunkt und Kampftrupp der ins Exil gegangenen Deutschen sind. Was die letzteren betrifft, so haben wir es mit dem genauen Gegenteil einer Flucht vor Verfolgungen zu tun. Diese Menschen verließen Deutschland zum größten Teil nicht deswegen, weil sie verfolgt wurden, sondern weil sie sich weigerten, an Verfolgungen teilzunehmen oder indirekt dafür verantwortlich zu sein. Ich möchte zwei bekannte Beispiele anführen, um zu zeigen, was ich meine.
Erstens Hermann Rauschning. Als wohlhabender Grundbesitzer, der hohes Ansehen in der Nazipartei genoß und das Amt des Senatspräsidenten in Danzig innehatte, hätte er in Hitlerdeutschland ohne Zweifel eine glänzende Karriere machen können. Aber er zog es vor, auf Besitztum, Rang und Ehren zu verzichten und ins Exil zu gehen, statt auf Hitlers Befehl mit der Verfolgung von Juden und Christen in Danzig zu beginnen, Wahlergebnisse zu fälschen, politische Gegner in Acht und Bann zu tun und weiter einer Partei zu dienen, die ihren von Grund auf destruktiven Charakter offenbart hatte.
Das andere Beispiel ist eine noch bedeutendere Persönlichkeit, und zwar Thomas Mann, der größte lebende Deutsche, der beim ersten Akt der Barbarei dem Land seiner Geburt und seines Ruhmes still den Rücken zukehrte. Schmeichelnde Einladungen, dem »Deutschen Kultursenat« zu Ehren zurückzukehren, ließ er unbeantwortet. Im Alter von sechzig Jahren, ein Olympier, der daran gewöhnt war, prominent zu sein, wählte er den Weg ins Exil und in die Heimatlosigkeit, statt ein Aushängeschild für die Nazis zu sein.
Die Fälle von Rauschning und Thomas Mann waren Sensationen; die Menschen verhielten sich dazu mit Respekt, wenn nicht gar mit vollem Verständnis. Einem Thomas Mann konnte

man das Einreisevisum für die westlichen Länder kaum verweigern. Aber nur wenige erkannten, daß das zwei herausragende Beispiele einer weitverbreiteten Erscheinung waren – daß 1933 und danach der größere und bessere Teil der deutschen Schriftsteller, bedeutende Wissenschaftler und unzählige unbekannte Vertreter der deutschen Kultur Deutschland verlassen hatten, nicht weil sie nicht länger geduldet wurden, sondern weil sie nichts mehr mit diesem Land zu tun haben wollten; weil sie durch ihr Schweigen nicht den Anschein erwecken wollten, das Monstrum Nationalsozialismus zu tolerieren und zu ermutigen; weil sie spürten, daß im totalitären System, in dem sie gefangen waren, alles, selbst die harmloseste unpolitische Handlung, so hingestellt werden konnte, daß sie dem großen kollektiven Verbrechen dient.

Schließlich müssen unter den Emigranten auch alle jene unbedeutenden und unbekannten Privatpersonen erwähnt werden, die während der Jahre, in denen die Staatsmänner der großen Demokratien vom Appeasement träumten, klar erkannten, wie Hitler den neuen Weltkrieg plante. Sie weigerten sich, Hitlers Krieg zu führen, genauer gesagt, sie weigerten sich, auf Hitlers Seite zu kämpfen. Daher verließen sie Deutschland, solange noch Zeit war, und verloren Stellung, Vermögen, Sicherheit, Freunde und Geliebte. Ihre Zahl geht sicher in die Tausende. Und es wären Zehn- oder gar Hunderttausende, wenn die Länder, in denen sie Aufnahme zu finden hofften, ihnen den Weg nicht hartnäckig versperrt hätten. Diese Länder bedachten nicht, daß ihnen diese Leute eines Tages als deutsche Soldaten mehr auf die Nerven gehen würden – statt als deutsche Emigranten.

Auf diese Leute können die Deutschen verweisen, wenn sie gefragt werden, wo das »andere Deutschland« während dieser sieben Jahre war, welche Lebenszeichen es von sich gab und worauf es seinen Anspruch gründet, anerkannt zu werden: diesen nicht enden wollenden Strom von Menschen, die entschlossen

waren, um jeden Preis das Vaterland zu verlassen und sich »ins Elend« zu begeben (was im Althochdeutschen »anderes Land« bedeutet).
Hie und da hört man den Einwand, es sei nicht besonders hilfreich fortzugehen; die Emigranten hätten lieber in Deutschland bleiben und dort gegen den Nationalsozialismus kämpfen sollen. Das ist leichtfertig geurteilt. Diese Meinung wird ausnahmslos von Leuten geäußert, die sich nicht die Mühe gemacht haben, die Lebens- und »Kampf«-Bedingungen in Deutschland näher zu untersuchen. Was die innerdeutsche Situation betrifft, so müssen wir erstens erkennen, daß alle Möglichkeiten des Widerstands, der Opposition und sogar des politischen Denkens systematisch unterbunden werden, so daß das einzige, was alle Rebellen gegen die Nazis erwartet, der Märtyrertod unter Ausschluß der Öffentlichkeit ist, und daß zweitens selbst die harmloseste private Betätigung auf die eine oder andere Weise dem ganzen nationalsozialistischen System nützt, so daß niemand eine Arbeit leisten, ein gutes Werk tun oder gar ein Kind aufziehen kann, ohne ungewollt den Nazis zu helfen, ihre Pläne zu verwirklichen, wohingegen jede Sabotagehandlung bedeuten würde, daß man sich selbst schadet und bewußt sein Leben und Werk vernichtet. Wer in Deutschland lebt und arbeitet, ist heute zum Rädchen einer Maschine geworden, die ihn unwiderstehlich zwingt, sich denen anzupassen, welche am Ruder sind, und die ihn, falls er Widerstand leistet, einfach in Stücke reißt. Es klingt eher wie Hohn, wenn ihm gesagt wird, er solle »innerhalb Deutschlands gegen die Nazis kämpfen«. Die einzig wirksame Form des Protests und Widerstands, die ihm bleibt, ist, fortzugehen, was jedoch nicht so leicht ist, wie es scheint.
Wenn ausländische Regierungen nicht begreifen wollten, daß die Emigranten eine Gefahr für die Nazis darstellten, so begriffen diese das sehr wohl. Überdies verließen sie sich nicht einzig und allein auf die Hindernisse, die den Asylsuchenden im Ausland in

den Weg gelegt wurden, sondern errichteten selbst manche Hürden. Seit 1937 war es sowohl für Juden als auch für Arier schwierig, einen Paß zu bekommen; seit 1938 war es praktisch unmöglich. Die Nazis wissen, was im Ausland nicht so gut bekannt ist, daß das Auswandern eine alte und gefährliche Methode der politischen Kriegführung in Deutschland ist.

Tatsächlich ist dies die spezielle Form des nationalen Widerstands der Deutschen. Es liegt ihnen als jahrhundertelange historische Erfahrung im Blut, auszuwandern, wenn sie gepeinigt werden, genauso wie es den Franzosen im Blut liegt, unter ähnlichen Umständen Revolution zu machen. In Deutschland existiert noch eine schwache Erinnerung an die Massenauswanderungen zur Zeit der Gegenreformation und während der Religionskriege; es waren stille, entschlossene Abwanderungen aus katholischen in protestantische deutsche Länder. Und nicht nur die moralischen Folgen der Emigration sind im Gedächtnis geblieben, sondern auch ihre überraschenden materiellen Auswirkungen. Damals waren manche Staaten, so zum Beispiel das Erzbistum Salzburg, nur noch leere Hülsen, es gab dort keine Reichtümer und Gewerbe mehr, und die Bevölkerung hatte sich stark reduziert.

In ähnlicher Weise wäre es für das Deutsche Reich nicht nur in moralischer, sondern auch in materieller Hinsicht ein Schlag gewesen, wenn statt einiger hunderttausend ein paar Millionen seiner besten, intelligentesten, gebildetsten Bürger emigriert wären. Dies wäre nicht nur die wirksamste Gegenpropaganda gewesen, man hätte dies im Nazilager wie eine verlorene Schlacht empfunden. Zu wissen, daß man jederzeit das Land verlassen konnte, wenn sich die Lage allzusehr verschlechterte, hätte außerdem zu den gefährlichsten Reaktionen bei denen geführt, die zurückgeblieben waren. Man hätte auf sie ein wenig mehr Rücksicht nehmen müssen. Man hätte sie befragt, bevor sie gegangen wären; die eine oder andere Freiheit wäre ihnen vielleicht zugestanden worden – und die Nazis hätten sich bald auf einer abschüssigen Strecke befunden.

Wer weiß, was geschehen wäre, wenn der eiserne Griff einmal gelockert worden wäre. Die unaufhörliche Unterdrückung, Umformung und Verwandlung des deutschen Volkes in Roboter war nur möglich, nachdem alle Ausgänge versperrt waren. Und wie diebisch sich die Nazis darüber freuten, kann man sich gut vorstellen. Nun hatten sie die Deutschen zum ersten Mal ganz in ihrer Hand, und sie konnten mit ihnen machen, was sie wollten. Jetzt konnte der Welt zum ersten Mal ungestraft mitgeteilt werden, das deutsche Volk stünde wie ein Mann hinter Adolf Hitler ...

Man wird vielleicht fragen, wo die Millionen Auswanderungswilligen seien. Ich kann versichern, daß es sie gibt, und es ist nicht ihre Schuld, wenn sie sich noch in Deutschland befinden. Abgesehen von jenen Emigranten, denen trotz der auf beiden Seiten fest verrammelten deutschen Grenze die Flucht gelang, gibt es die »inneren Emigranten«, jene zahllosen Menschen, die ständig zu jenem Wall drängen, um einen Spalt zu finden, durch den sie entkommen können, ihn aber nicht finden.

Es ist vielleicht von Interesse, daß der Prozentsatz der international »bekannten« Personen unter den Emigranten unverhältnismäßig hoch ist. So sind bestimmte Berufe, wie zum Beispiel Schriftsteller, Schauspieler, Ärzte und Wissenschaftler, stark, andere dagegen, wie zum Beispiel Musiker, Philosophen und Architekten, sehr schwach, und gewöhnliche Angestellte, Handwerker und Arbeiter im allgemeinen gar nicht vertreten. Das ist nicht darauf zurückzuführen, daß in Deutschland nur Prominente sowie Schauspieler und Ärzte gegen die Nazis sind und emigrieren wollen, während Musiker, Handwerker und das einfache Volk begeisterte Nazis sind und dableiben möchten, sondern darauf, daß die Berühmtheiten als erste und jene Glücklichen, die Berufe hatten, welche überall ausgeübt werden konnten und gefragt waren, als zweite eine Gelegenheit fanden zu entkommen, während die Unglücklichen, die keine sofort anwendbaren Qualifikationen besaßen, zurückbleiben mußten.

Hier begegnen wir erneut dem furchtbaren Mangel an Verständnis, der den Westen daran hinderte, die deutsche Emigration als die große politische Chance zu betrachten, die sie war; der den Westen veranlaßte, die Auswanderung als eine Sache der Kultur und Philanthropie wie in Friedenszeiten anzusehen; der dazu führte, daß man sich hochmütig die besten Rosinen aus dem Teig herauspickte und höchstens ein paar Spezialisten akzeptierte, von denen man sich den einen oder anderen Nutzen versprach. Zu keiner Zeit erkannte man die politischen Vorteile, welche man durch jene Deutschen hätte erzielen können, die Hitlerdeutschland massenhaft den Rücken gekehrt hätten und in die von den Nazis bedrohten Länder eingereist wären, auch wenn diese Emigranten zeitweilig »den dortigen Arbeitsmarkt belastet« hätten. Im Krieg freut man sich, wenn ein Feind desertiert, und niemand fragt, ob er »den Arbeitsmarkt belastet«. Zu begreifen, welche Bedeutung einer Massenflucht zukam – daß sie vielleicht den Krieg verhindert hätte –, das ging über den Horizont der europäischen Staatsmänner hinaus. Man kann das nur ewig bedauern.

Die vierte Gruppe – die politischen Emigranten – stieß auf fast die gleiche unvorstellbare Haltung. Typisch für ihre Bestrebungen war der Entschluß der SPD, ihren Sitz nach Prag zu verlegen. Viele ähnliche Maßnahmen wurden später weniger auffällig auch von anderen politischen Parteien ergriffen, und heute gibt es in fast allen europäischen Hauptstädten, Rom nicht ausgenommen, deutsche und österreichische politische Zentren, die für das künftige Deutschland und Österreich wirken.

Diese Leute kamen als Besiegte, und viele von ihnen waren erst vor kurzem Gefahren und Verfolgungen ausgesetzt gewesen. Es wurde nicht erwartet, daß man sie als ausländische Regierungschefs und Minister empfangen würde. Aber daß man sie überall verächtlich behandeln, ostentativ ignorieren und ihnen zu verstehen geben würde, sie seien unerwünscht, das war, gelinde gesagt, kurzsichtig. Die Besiegten und Emigranten von heute sind oft die Sieger und Regierenden von morgen. Daß die Führer der deutschen Oppositionsparteien und die Anwärter auf die Nachfolge der Nazis nach Westeuropa kommen und dort Schutz suchen würden, war historisch präzedenzlos. Dadurch eröffnen sich Perspektiven von großer Bedeutung. Daß Leute für diese Möglichkeiten blind sein konnten, daß sie darin nichts zu erkennen vermochten, nicht einmal eine Gelegenheit, heimlich Kontakte zu knüpfen und mit einem sehr bescheidenen Aufwand – ein wenig Schutz, ein wenig Hilfe, ein wenig Rücksichtnahme und Höflichkeit – einen großen Gewinn in Gestalt künftiger Zusammenarbeit zu erzielen –, nun ja, das ist wohl typisch für die Generation europäischer Staatsmänner, die binnen sieben Jahren alle Trümpfe, die sie durch den Weltkrieg und den Frieden in der Hand hatten, aus der Hand gaben.

Die Emigration der Oppositionsparteien war nicht so erfolgreich, wie es hätte der Fall sein können, woran sie nicht schuld sind. Der Entschluß, ins Ausland zu gehen, war grundsätzlich vernünftig. Selbstverständlich redete man hier ebenfalls von feiger Flucht und mangelnder Bereitschaft, Verantwortung zu übernehmen, und war so nett, die deutschen Politiker aufzufordern, nach Deutschland zurückzukehren, um dort »gegen Hitler zu kämpfen«. Die Leute, die das äußerten, wußten nicht, wovon sie redeten. Der illegale Kampf in Deutschland ist, wie ich zu zeigen versuchte, unter den jetzigen Bedingungen zur völligen Unwirksamkeit verurteilt und kommt einem Selbstmord gleich. Dagegen waren die Bemühungen der ins Exil gegangenen Oppositionsparteien selbst bei den begrenzten Wirkungsmöglichkeiten, die ihnen ihre gleichgültigen Gastgeber zugestanden, durchaus erfolgreich und blieben nicht ohne Einfluß auf Deutschland. Hätten diese deutschen politischen Emigranten nichts weiter hervorgebracht als Heidens Hitlerbiographie[43], Rauschnings »Revolution des Nihilismus« oder Thomas Manns »Briefwechsel mit dem Dekan der Universität Bonn«, hätten diese Werke bereits deren Existenz gerechtfertigt. Und den Emigranten sind noch mehr Erfolge dieser Art zu verdanken, wohingegen die Opposition in Deutschland natürlich nichts Vergleichbares aufzuweisen hat.

Es wäre auch völlig falsch zu behaupten, die Opposition habe durch ihre Emigration die Verbindung zu Deutschland verloren. Es hat sich erwiesen, daß es viel leichter ist, im Ausland Bücher, Broschüren und Flugblätter zu verfassen und zu drucken und sie nach Deutschland zu schmuggeln, als sie dort zu verfassen und zu drucken. Außerdem war es nur im Ausland möglich, politische Fragen neu zu durchdenken. Das war die dringendste Aufgabe der deutschen Opposition nach ihrer Niederlage von 1933. Dies ist im Ausland keineswegs unter idealen Bedingungen geschehen, doch waren sie sicher ideal im Vergleich zu den Bedingungen in Deutschland. In diesem Zusammenhang wurde bewiesen, daß wirklich wichtige Ideen Grenzen noch immer zu überqueren vermögen. Thomas Manns Korrespondenz mit der Bonner Universität zum Beispiel und Heidens Buch über Hitler waren oft das aktuelle Thema der Flüchtlingspropaganda in Deutschland, obwohl diese Literatur meines Wissens nicht in großen Mengen ins Land geschmuggelt wurde. Aber jeder Deutsche, der geschäftlich oder zum Urlaub ins Ausland reiste, kaufte diese Bücher am ersten ausländischen Bücherstand und konnte noch etwas von ihrem Inhalt zu Hause aus dem Gedächtnis wiedergeben. Die hektographierten illegalen Flugblätter, die ihm gelegentlich nachts unter der Tür durchgesteckt wurden, lieferten ihm dagegen keinen vergleichbaren Stoff zum Nachdenken und Argumentieren.

43 Konrad Heiden: »Adolf Hitler. Das Zeitalter der Verantwortungslosigkeit. Eine Biographie«, 2 Bde., Zürich 1936/37. [Anm. d. Ü.]

Die ersten beiden Hauptziele der deutschen Opposition in der Emigration waren bereits erkennbar: Erstens galt es, alles von neuem zu durchdenken, bevor sie von neuem tätig wird; daher mußte ein Ort gesucht werden, wo das Denken nicht unterdrückt wurde. Da ihr in Deutschland jeder Einfluß genommen war, mußte sie zweitens danach trachten, sich mit Staaten zu verbünden, die noch als Großmächte galten und in den Augen Deutschlands Respekt einflößten. Aus diesem Grund wandten sie sich den Demokratien zu. So sehr die Leute diese Politik des »Drohens mit dem großen Bruder« auch belächeln mögen, sie bleibt eine legitime und vernünftige Taktik. So wandten sich zum Beispiel das Königshaus und die Aristokratie Frankreichs während der Französischen Revolution wie selbstverständlich an die Königshäuser und Aristokratien Englands, Deutschlands und Österreichs und fanden dort selbstverständlich Anerkennung, Schutz und Beistand. Und von dort aus führten sie mit starker Unterstützung den Kampf gegen die Revolution in Frankreich, das, solange wie jenes »andere« Frankreich – ein mit den mächtigen Nachbarn Frankreichs eng verbündeter unversöhnlicher Feind – von jenseits der Grenze haßerfüllt herüberstarrte, als etwas weiterbestand, was leicht verachtet wurde, dem es an Solidarität mangelte und das unvollkommen war.

Die Parallele zur entthronten Demokratie Deutschlands drängt sich hier auf. Mit welchen Erwartungen hatte ganz Deutschland 1933 und noch 1934 beobachtet, wie die auswandernden deutschen Demokraten vorankommen und was für eine Aufnahme sie bei den demokratischen Großmächten finden würden. *Ganz* Deutschland, einschließlich der Nazis, die einen so sicheren Machtinstinkt haben und bald erkannt hätten, daß es besser wäre, sich zu mäßigen, wenn sie gesehen hätten, daß die deutsche Demokratie von den großen Demokratien Hilfe und Unterstützung erhält! In der hektischen Kampagne, welche die Nazis 1933/34 gegen die Emigranten durchführten, in der Bedeutung, die sie ihrer ersten Verordnung zur Aberkennung der Staatsbürgerschaft beimaßen, und darin, wie lautstark sie die Emigranten als Feiglinge, Bankrotteure, Verbrecher und Verräter bezeichneten, die vor dem Zorn des Volkes fliehen würden, kam auch ein bestimmtes Maß an Furcht zum Ausdruck. Die Nazis atmeten erleichtert auf, als sie erkannten, daß die demokratischen Regierungen die Emigranten im Stich ließen und sie wie unerwünschte, verachtenswerte, arme Verwandte behandelten, welche in die Cafés von Prag und Paris verbannt waren und im übrigen ignoriert wurden. Gleichzeitig begannen die dagebliebenen Gegner der Nazis sowohl die Hoffnung auf die Solidarität zwischen Europa und den europäisch denkenden Deutschen aufzugeben als auch in zunehmendem Maße am Westen zu verzweifeln.

Diese Stimmung förderten die Nazis mit aller Macht. So sagte zum Beispiel Hitler am 26. September 1938, drei Tage vor München: »Diese großen Demokratien – wir haben gelernt, sie aufs tiefste zu verachten.« Diese Stimmung hatten die Westmächte mit ihrer Deutschlandpolitik im Laufe von sieben Jahren selbst kultiviert, und vergebens versuchten sie nun, ihr innerhalb weniger Wochen mit Flugblättern und Rundschreiben entgegenzuwirken.

Aber was nützt es heute, über vertane Chancen zu klagen? Statt dessen wollen wir lieber sehen, was noch gerettet werden kann. Die deutschen Emigranten sind trotz alledem immer noch da: zwischen Hoffnung und Verzweiflung schwankend, desorientiert, verarmt, entmutigt und durch den Flüchtlingsstrom, der 1938/39 zahlenmäßig anschwoll, ohne viel zu einer neuen intelligenten Kraft beizutragen, etwas an die Seite gedrängt. Doch sie sind da, ein Stück Deutschland, das vor Hitlers Zugriff gerettet ist, um Hitler zu bekämpfen: die einzige klare und reale Manifestation des »anderen« Deutschland, das sich nicht rechtfertigen muß, in seiner unmißverständlichen Identität so symbolisch ist wie auf der anderen Seite die Person Adolf Hitlers und sich außerdem zum Glück vom nicht wiederzuerkennenden Inhalt des Schmelztiegels »Deutschland« unterscheidet, wo alles verworren, aus den Fugen geraten und undurchschaubar ist. Und ist dieses Stück Deutschland quantitativ auch nicht sehr groß, obwohl das nicht seine Schuld ist, es ist qualitativ nicht unbedeutend. Zu ihm gehört ein beachtlicher Teil der klügsten und berühmtesten Deutschen. Können sie wirklich in keiner Weise genutzt werden?

Wenn es für die ablehnende Haltung, welche die Mächte in den letzten sieben Jahren gegenüber den Emigranten an den Tag gelegt haben, überhaupt einen allgemeinen Grund gibt, so ist es die Politik des Appeasement, die in dieser Zeit verfolgt wurde. Solange man glaubte, Hitler ließe sich durch Annäherungsversuche und Kompromisse friedfertiger stimmen, und solange man es für möglich hielt, trotz allem eine gutnachbarliche Zusammenarbeit mit Hitlerdeutschland herbeizuführen, so lange war es verständlich, daß man über beleidigende Phänomene hinwegsah, die zu Reibereien mit Hitler führen mußten. Als solche wirtschaftlich gesunden, prosperierenden, hochzivilisierten Länder wie Österreich und die Tschechoslowakei dem »Appeasement« geopfert wurden, war es nur natürlich, daß man eine schwache deutsche Antinazibewegung, die des Schutzes und der Unterstützung bedurft hätte, ebenfalls opferte. Aber welchen Grund gibt es heute, wo diese Politik gescheitert ist, alle Zugeständnisse, die Hitler gemacht wurden, sich als vergeblich erwiesen haben und die Westmächte einen Krieg auf Leben und Tod gegen Hitlerdeutschland führen, die deutschen Emigranten als »Plage« anzusehen? Ist es nicht offenkundig, daß man diese deutsche Anti-Hitler-Bewegung in vollem Umfang nicht nur nutzen müßte, damit sie nicht nur den Kampf gegen Hitlerdeutschland, sondern auch die notwendige Umgestaltung Deutschlands in jeder nur erdenklichen Weise unterstützt? Niemand ist mehr dazu bereit, einen solchen Beitrag zu leisten, als die Emigranten.

Dieser Beitrag kann immer noch beträchtlich sein. Natürlich wird der millionenfache Exodus, der vor zwei Jahren nur auf eine einladende Handbewegung wartete, heute zum größten Teil durch die Siegfried- und die Maginotlinie verhindert. Es gibt jedoch zahllose anständige Wehrpflichtige in Hitlers Armee, die bloß auf ein Zeichen der Ermunterung und eine Chance warten, um auf die andere Seite hinüberzuwechseln – auf die Seite, für die sie viel lieber kämpfen würden. Wieso wird dieses Zeichen und diese Chance nicht mit Hilfe der deutschen Emigranten gegeben? Allein in England und Frankreich befinden sich einhunderttausend deutsche Emigranten und Flüchtlinge. Warum werden keine deutschen Legionen aufgestellt? Warum werden keine deutschen Emigranten in allen Ländern dazu aufgerufen, ihr beizutreten? Die rein militärische Bedeutung eines solchen Verbandes neben den Massenarmeen der Alliierten mag vielleicht gering sein. Aber erkennt man denn seinen politischen und symbolischen Wert nicht? Hat man die polnische und die tschechische Legion vergessen, die im letzten Weltkrieg in Ländern kämpften, welche Gegner ihres eigenen unterdrückten Landes waren, und später das neue Polen und die neue Tschechoslowakei gründeten? Ist man denn nicht daran interessiert, Hitlers Feinden im deutschen Heer andere Anreize zur Desertion zu bieten als ein Kriegsgefangenenlager und Stacheldraht? Ist man denn nicht daran interessiert zu beweisen, daß man nicht nur theoretisch »nicht mit dem deutschen *Volk* verfeindet« ist, sondern daß man jene Deutschen, die den Fängen der Gestapo entronnen sind, dazu einlädt, für ihre eigene Freiheit und Ehre auf seiten Englands oder Frankreichs zu kämpfen? Was für eine Wirkung hätte eine solche Geste in der ganzen Welt und vor allem in Deutschland!
Eine solche Wirkung könnte sogar noch verstärkt werden. Man könnte mehr tun, als nur eine militärische Formation aufzustellen, der ja bloß jüngere Männer und für den Militärdienst taugliche Emigranten angehören könnten, denn unter den deutschen Emi-

granten befindet sich ein besonders hoher Prozentsatz kluger Köpfe. Es käme einer kolossalen Verschwendung gleich, Nobelpreisträger, weltberühmte Wissenschaftler und Schriftsteller zu Soldaten zu machen. Doch nehmen wir an, diese Männer würden heute, während der Krieg gegen Hitler geführt wird, irgendwo in England zusammengerufen, um eine deutsche Akademie zu gründen. Was für eine großartige Widerlegung der These der Nazipropaganda wäre das, die da lautet, England sei bestrebt, die deutsche Nation und die deutsche Kultur zu vernichten. Und was für eine »story« für die Welt, wenn zu der Zeit, da Hitler alle Universitäten in Deutschland bis auf drei geschlossen hat, der »Feind« – England – eine deutsche Akademie gründete, eine Akademie, die zudem mit ihrer Liste glänzender Namen alles in den Schatten stellen würde, was sogar vor der Schließung der Universitäten im Deutschen Reich existierte. Die Gründung einer solchen Akademie würde vielleicht genausoviel kosten wie ein Dutzend Flugzeuge, aber der Schlag, den sie besonders in den Augen des deutschen Volkes Hitlers Prestige versetzen würde, könnte für den Sieg und für die Vorbereitung des Friedens viel wichtiger sein als die Bombenlast von tausend Flugzeugen.

Schließlich befindet sich unter den deutschen Emigranten eine große Anzahl politischer Intellektueller und vermutlich auch ein beachtlicher Teil der künftigen führenden deutschen Politiker, die nach dem Kriegsende den Platz der Nazis einnehmen müssen. Man kann nicht sagen, ob die künftigen Regierungschefs darunter sein werden, obwohl das im Fall Österreichs sehr wahrscheinlich ist, doch sind zweifellos künftige Minister, Staatssekretäre, Parteiführer und Diplomaten zahlreich vertreten. Weshalb zieht man aus ihnen keinen Nutzen und macht Gebrauch von ihren Erfahrungen auf dem Gebiet der deutschen Innenpolitik und ihren immer noch zahllosen geheimen Verbindungen mit Deutschland? Weshalb verwendet man sie nicht wenigstens bei der Propagandakampagne gegen Hitler? Nicht jeder Deutsche ist ein Meister der Propaganda, doch gibt es sicherlich Dutzende von deutschen Politikern und politischen Denkern unter den Emigranten, die überzeugender zum deutschen Volk sprechen können als die erfahrensten englischen und französischen Propagandisten, die trotz ihrer speziellen Qualifikation und ihrer Kenntnis Deutschlands nie das Fingerspitzengefühl für die deutsche Mentalität haben wie ein geborener Deutscher. Man wäre wahrscheinlich aus formalen Gründen schlecht beraten, wenn man die deutsche Abteilung des Informationsministeriums mit Deutschen besetzte. Aber könnte nicht ein deutsches Komitee mit halboffiziellen Aufgaben geschaffen werden? Als politisches Gremium würde es die gegen die Nazis gerichtete Propaganda mit Rat und Tat unterstützen und gleichzeitig die Verbindung zu den deutschen Emigranten und ihren militärischen, kulturellen und politischen Organisationen halten und so als Bindeglied zwischen den Emigranten und den Regierungen der Alliierten fungieren. Es könnte noch viele andere wichtige Aufgaben bewältigen: Pläne für Deutschlands Wiederaufbau und die künftige Verfassung ausarbeiten sowie über neutrale Staaten halbdiplomatische Verbindungen zu den Oppositionsgruppen in Deutschland herstellen. Der direkte praktische Nutzen, den ein solches Komitee bringen könnte, wäre beträchtlich. Der propagandistisch-symbolische Wert seiner Existenz dagegen kann gar nicht hoch genug eingeschätzt werden.

Aber all diese Dinge, die so einfach und offensichtlich sind, muten wie utopische Träume an. Denn die Tatsachen zeigen eindeutig: Sogar das Scheitern der Appeasement-Politik und der Kriegsausbruch haben nicht dazu geführt, daß die Regierungen der Alliierten ihre Haltung gegenüber den deutschen Emigranten änderten. Heute kann wie bisher bestenfalls damit gerechnet werden, daß der eine oder andere prominente Emigrant nach lobender Fürsprache willkommen geheißen wird: Die Emigranten als solche stoßen nach wie vor auf Ablehnung und werden gemieden.

Tatsächlich ist noch Schlimmeres geschehen. Während sich in England in der Politik nichts geändert hat, hat Frankreich – wie Hitler – den deutschen Emigranten den Krieg erklärt. Unmittelbar nach Ausbruch des Krieges wurden alle männlichen deutschen Emigranten im Erwachsenenalter bis auf wenige Ausnahmen verhaftet. Man ignorierte bewußt die Tatsache, daß sie Flüchtlinge waren, und behandelte sie wie die Naziagenten, mit denen man sie zusammen einsperrte. Eine Armee wertvoller Verbündeter hat man vernichtet, um billig zu einigen Kriegsgefangenen zu kommen. Etwas viel Schlimmeres als eine Ungerechtigkeit ist geschehen: Man hat eine schwere, katastrophale Niederlage auf dem psychologischen Schlachtfeld erlitten.

Es handelt sich leider um eines der wichtigsten Kriegsereignisse mit weitreichenden Folgen. Obwohl es keine Schlagzeilen in der Presse gemacht hat, gibt es keinen triftigen Grund, es taktvoll zu ignorieren oder zu bagatellisieren, denn es ist ein Ereignis, das durchaus das Grundkonzept des Krieges verfälschen und die Kriegsstrategie auf eine abschüssige Bahn lenken kann. Es hat keinen Sinn, die Affäre als eine bürokratische Routine anzusehen oder sie mit dem Argument zu rechtfertigen, man müsse verstärkte Maßnahmen zum Schutz des Staates treffen oder unter den Tausenden von Emigranten könnten sich ein paar Spione befinden. Man kann sich gewiß darauf verlassen, daß die französische Gegenspionage und die französische Polizei die seit vielen Jahren in Frankreich lebenden Fremden genau kennen und in der Lage sind, die schwarzen Schafe von den übrigen zu unterscheiden. Außerdem würden Amateurspione in einer deutschen Legion, in der militärische Disziplin herrscht, wenig Gelegenheit haben, ihre Absichten zu verwirklichen.

Nein, die Sache läßt sich mit dieser Rechtfertigung nicht aus der Welt schaffen. Die Internierung der deutschen Emigranten ist kein bürokratischer Lapsus, sondern eine absichtliche politische Geste. Sie sagt klarer als jede Rede eines Ministers, daß der Krieg gegen das deutsche Volk geführt wird, darunter auch gegen jene, welche sich als Gegner Hitlers und als Freunde der Alliierten erwiesen haben. Demnach schützt weder der ausdrückliche Wunsch, in der französischen Armee zu kämpfen, noch irgendein persönliches Opfer im Kampf gegen Hitler jemanden davor, als verantwortlich für Hitlers Taten angesehen zu werden. Mit brutaler Deutlichkeit beweist die Inhaftierung: »*Boche* bleibt *Boche*.« Sie begünstigt die Kriegspropaganda der Nazis mehr, als jegliche Worte es vermögen. Sie treibt Millionen von Deutschen, die man hätte überzeugen und auf die Seite der Alliierten ziehen können, zur Verzweiflung und in die Arme Hitlers. Sie macht die französische Rundfunkpropaganda in Richtung Deutschland völlig sinnlos und unglaubwürdig. Sie gibt den Deutschen das Gefühl, daß es für sie keinen Ausweg und keinen Zufluchtsort gibt – daß sie um ihr Leben kämpfen müssen.

Diese Maßnahmen deuten auf eine große Divergenz im Kriegskonzept der Alliierten, in seiner Richtung und seinem Ziel hin. Die Politik Frankreichs, die in der feindseligen Behandlung der deutschen Emigranten zum Ausdruck kommt, kann nur auf einen Vernichtungskrieg gegen das deutsche Volk ausgerichtet sein, während England solche Absicht stets eindeutig zurückgewiesen und es als sein Ziel erklärt hat, das deutsche Volk in die zivilisierte Gemeinschaft der europäischen Nationen wieder aufzunehmen. Ein Vernichtungskrieg gegen das deutsche Volk, wofür die Internierung der deutschen Emigranten in Frankreich ein unverkennbares Signal ist, welches – das kann man mir glauben – erkannt und verstanden worden ist, hat überhaupt keine Aussicht auf Erfolg. Es ist wider alle Vernunft, anzunehmen, daß sich 80 Millionen ausrotten oder auch nur 40 Millionen bewachen lassen. Die einzige Möglichkeit besteht also darin, unter den 80 Millionen jene Deutsche ausfindig zu machen, die den Frieden garan-

tieren können; diesen Deutschen müßte man in den Sattel helfen und sie dabei unterstützen, diejenigen von den 80 Millionen in Schach zu halten, welche nicht friedfertig sind. Das ist eine Aufgabe, an der die Alliierten selbst stark interessiert sind. Wenn man statt dessen die Avantgarde des friedliebenden Deutschland, die emigriert ist, um an der Seite Frankreichs zu kämpfen, zu Kriegsgefangenen macht, wird die Lage hoffnungslos. Und damit sind alle großartigen Möglichkeiten dieses Krieges verloren, für die unzählige Franzosen ihr Leben zu opfern bereit sind.
Ich äußere mich hier nicht zum moralischen Aspekt der Frage. Da ich Frankreich liebe und respektiere, überlasse ich dies den Franzosen. Ich beschränke mich strikt auf den politischen Aspekt, der – ganz gleich, ob wir Franzosen, Engländer, deutsche Hitlergegner oder gar neutrale Europäer sind – für uns alle von lebenswichtiger Bedeutung ist. Es ist nicht davon die Rede, daß einhunderttausend deutsche Emigranten noch mehr Leid und Ungerechtigkeit im heutigen Europa erfahren müssen, in dem Leid und Ungerechtigkeit das tägliche Los von Millionen unschuldiger Menschen sind. Es ist eine Frage der politischen Auswirkungen dieser Maßnahme auf einen Krieg, auf dessen erfolgreichem Ausgang die Hoffnungen unzähliger Millionen ruhen. Wenn ein schwerer politisch-psychologischer Fehler wie dieser begangen wird, ist es nicht nur für die unmittelbar Betroffenen eine Katastrophe, sondern auch für die unzähligen anderen Menschen in Europa, deren Schicksal in diesem Krieg auf dem Spiel steht. Ich hoffe, daß meine Stimme laut genug ist, um von denen gehört zu werden, die für diesen Irrtum verantwortlich sind, damit sie erkennen, daß das, was den deutschen Emigranten widerfährt, wichtig ist: wichtig nicht für sie selbst, sondern weil die Sache Aufsehen erregt und das Augenmerk Deutschlands auf sie gerichtet ist wie sonst auf Hitler; weil sie ein Symbol ist und weil Symbole – merkt Euch das, Ihr Berufspolitiker! – unter den politischen Realitäten von erstrangiger Bedeutung sind, wichtiger

als Armeekorps, wie auch Fahnen wichtiger sind als Kanonen. Die deutschen Emigranten sind der Hebel, mit dem allein in Deutschland unermeßliche Kräfte und riesige Massen in Bewegung gesetzt werden können, ein Hebel, den Sie nicht in die Hand gedrückt bekommen haben, damit Sie ihn zerbrechen und wegwerfen. Das Schicksal dieser Emigranten findet in Deutschland mehr Beachtung als das, was Sie in die Rundfunkmikrofone sprechen (Sie können sich auch die Mühe sparen, wenn Ihr Verhalten gegenüber den deutschen Emigranten im Widerspruch zu dem steht, was Sie sagen); weil es diese verarmten, verlorenen und zurückgewiesenen »anderen« Deutschen sind, auf die der große Zeiger der Weltuhr heute deutlich zeigt, wie einst auf eine in ähnlicher Weise allein gelassene und verfolgte Schar freiwillig Ausgewanderter in den Katakomben!

Wir sind vom Thema unserer Studie über die deutschen Emigranten weit abgeschweift und sind bei den vielfältigen Möglichkeiten (und Unmöglichkeiten) dieses Krieges gelandet. Mehr als jede andere deutsche Frage steht das Problem der deutschen Emigranten im Mittelpunkt des Interesses, was jedoch nicht bedeutet, daß man alle anderen deutschen Probleme, die wir geduldig untersucht haben, ignorieren und unberücksichtigt lassen darf.

Dieser Krieg ist der zweite deutsche Krieg, der zweite der großen Kriege, die Deutschland – in früheren Jahrhunderten ein bedeutendes, ehrenwertes und zivilisiertes Land, das aber in den letzten Jahrzehnten plötzlich zum Werwolf Europas geworden ist – den Völkern Europas aufgezwungen hat. Im Unterschied zum ersten dieser Kriege führen ihn viele Deutsche zögernd, während es einen kleinen Teil des deutschen Volkes gibt, die Emigranten, die sogar auf der anderen Seite kämpfen, wenn sie daran nicht gehindert werden. Aufgabe dieses Krieges ist es, das deutsche Problem zu lösen – nicht mehr und nicht weniger. Es liegt auf der Hand, daß durch einen Krieg gegen ein einzelnes Land keine neue Weltordnung entstehen kann, da viele Nationen, die nicht an diesem Krieg teilnehmen, in der neuen Ordnung ein Mitspracherecht haben müssen. Unbestreitbar ist jedoch, daß er mehr bewirken muß als der erste deutsche Krieg; er kann nicht damit enden, daß der deutsche Werwolf nur vorübergehend an die Kette gelegt und geschwächt wird. Die Befreiung Europas hat in diesem Krieg selbstverständlich Vorrang. Das ist wichtiger, als Deutschland vor sich selbst zu retten. In Wirklichkeit decken sich beide Aufgaben, und daraus ergibt sich die große Interessenübereinstimmung zwischen Deutschland und seinem offensichtlichen Feind. Europa kann vor Deutschland nicht dadurch gerettet werden, daß Deutschland von einem äußeren Joch befreit wird – das würde bedeuten, daß man die Dinge zu sehr vereinfacht –, sondern daß Deutschland den Fluch los wird, der seit längerem auf ihm lastet, und von seiner gefährlichen Krankheit geheilt wird. Bietet dieser Krieg solche Möglichkeiten? Worin bestehen sie?

VIII. Möglichkeiten

Die meisten Schlagworte sind dumm, aber eines der dümmsten, das je bei einem intelligenten Volk Mode war, ist der zur Zeit in England und Amerika nicht unpopuläre Spruch: »Ein Krieg regelt nichts.« Was für ein Unsinn! Man könnte genausogut sagen, eine Operation nütze nichts oder ein Prozeß kläre nichts. Im Gegenteil, es gibt politische Verhältnisse, die nur durch einen Krieg in Ordnung gebracht werden können, genauso wie es Krankheiten gibt, die nur durch eine Operation geheilt, oder Rechtsstreitigkeiten, die nur durch einen Prozeß geklärt werden können. Ein Krieg ist ebenso wie eine Operation unangenehm, und Streitfragen sollten, wo immer möglich, mit friedlichen Mitteln beigelegt werden. Aber manchmal ist das unmöglich, und die friedliche Methode stiftet dann nur Unheil. Krebs kann nicht mit Medikamenten und einer Diät behandelt werden, sondern nur mit dem Skalpell, und zwar unverzüglich. Mit einem meineidigen Betrüger kann man nicht verhandeln, man muß den Rechtsweg beschreiten. Ein Regime wie das von Nazideutschland kann nicht durch Konzessionen und Kompromisse versöhnlich gestimmt werden, nachdem man zugelassen hat, daß es stark wurde: Man muß es durch einen Krieg unschädlich machen.

Aber selbst im stupidesten Schlagwort steckt ein Körnchen Wahrheit. In diesem Fall besteht sie darin, daß durch einen Krieg *allein* nicht alles in Ordnung gebracht werden kann. Ein Krieg ist kein präziser und wohlerwogener Vorgang wie eine Operation oder ein Prozeß. Bei der Zerstörung dessen, was zerstört werden muß, werden viele Dinge, die intakt bleiben sollen, vernichtet: Menschenleben, kulturelle Werte, die guten Dinge des Lebens, Emotionen. Abgesehen von seinem erwünschten Ergebnis hat ein Krieg viele äußerst unerwünschte indirekte Auswirkungen; denn

jede Störung, die er hervorruft, erzeugt zahllose neue Störungen, deren Unterdrückung Anlaß zu neuen Kriegen gibt.
Folgt daraus, daß ein Volk auf keinen Fall Krieg führen sollte? Keineswegs. Wenn Krebs diagnostiziert wird, muß die Geschwulst sofort herausoperiert werden, selbst auf die Gefahr hin, daß wichtige Organe verletzt werden. Aber maximale Anstrengungen müssen unternommen werden, um erstens die Krebsgeschwulst zu beseitigen, ohne eine Spur zu hinterlassen, damit die Operation sich schließlich nicht als vergeblich erweist, und um zweitens die gesunden Organe sowenig wie möglich zu verletzen, damit keine überflüssigen neuen Krankheiten entstehen können.
Man muß also, wenn wir uns dem Krieg wieder zuwenden, genau – und nicht ungefähr – wissen, was das unmittelbare Ergebnis des Krieges sein soll: Weder der »Sieg« noch »eine künftige bessere Welt« sind die richtige Antwort auf diese Frage. Man muß zugleich genau wissen, wogegen der Krieg *nicht* geführt wird und worauf sich die künftige Gesundung und Existenz Europas gründen kann. Und all das muß immer wieder klar und unmißverständlich gesagt werden. Denn die Ziele des modernen Krieges sind auch seine mächtigsten Waffen.
Die militärische Bedeutung der modernen Kriege ist sekundär. Es ist verheerend, wenn sie ähnlich den bis zum letzten Jahrhundert geführten europäischen Kriegen – nur in größerem Maßstab – geplant werden. Sie sind ganz anders. Die früheren Kriege wurden über die Köpfe des Volkes hinweg geführt, mit Berufssoldaten, die entsprechend den eisernen Grundsätzen des Ehrenkodex ihrem Befehlshaber bedingungslos gehorchten, ganz gleich, welches Ziel er bei der Kriegführung verfolgte. Es wäre lächerlich gewesen, sich an sie zu wenden, Propaganda unter ihnen zu betreiben oder Bedeutung und Ziel des Krieges mit ihnen zu diskutieren. Die Erringung des militärischen Sieges war das einzige Ziel. Die Kriegskunst bestand aus den Regeln und Finessen eines schachähnlichen strategischen Spiels, bei dem jede

Seite danach strebte, mit einem Minimum an eigenen materiellen Verlusten und gleichzeitig mit einem Maximum an materiellen Verlusten des Feindes den Sieg zu erringen. Die Kriegsziele begannen in der Vergangenheit erst dann eine Rolle zu spielen, wenn eine Seite geschlagen war oder wenn man auf Grund beiderseitiger Ermattung einen Waffenstillstand geschlossen und Friedensverhandlungen aufgenommen hatte. Bis dahin bestand das einzige Ziel darin, den Feldzug zu gewinnen.

Heute ist es anders. Heute ist es kein Berufsheer, das kämpft, sondern das Volk. Die Menschen kämpfen nicht, weil sie ohne Rücksicht auf die Kriegsursache kämpfen müssen; sie sind nicht per se an einen militärischen Kodex gebunden. Sie müssen mit den verschiedensten Mitteln von der Notwendigkeit überzeugt werden zu kämpfen: durch emotionale Appelle an den Kriegseifer, an Furcht und Hoffnung, durch rationale Appelle an ihr Gerechtigkeitsgefühl oder durch den Hinweis auf die Aussichten und den Nutzen des Krieges. Die Wirkung des reinen Appells an die Kampfesfreude (obwohl bei den Deutschen nicht völlig nebensächlich) hält angesichts des furchterregenden und abstoßenden Charakters des modernen mechanisierten Krieges selten lange an. Auf die Dauer kämpft nur dasjenige Volk, das von Sinn, Nutzen und Rechtmäßigkeit des Krieges überzeugt ist.

Außer der Militärstrategie gibt es etwas, was mindestens genauso wichtig für den Ausgang des Krieges und noch wichtiger für die Vorbereitung des Friedens ist und was man vielleicht als eine große Diskussion zwischen den Nationen bezeichnen kann; denn »Propaganda« ist dafür ein eher schwacher und schlechter Ausdruck. Gemeint ist ein geistiger Kampf, der mit allen Mitteln geführt wird, wobei jede Seite versucht, die andere davon zu überzeugen, daß die Sache, für die der Feind kämpft, schlecht und dessen Kampf vergeblich ist. Sicher sind nicht nur Worte, sondern auch militärische Schläge, welche die Hoffnungslosigkeit eines Unterfangens unterstreichen sollen, geeignete Argumente.

Doch genauso wichtig ist zu zeigen, daß die Sache ungerecht und aussichtslos ist, und dafür braucht man andere als nur militärische Waffen. Vor allem ist es überaus wichtig, mit absoluter Klarheit, und nicht verschwommen, die Alternative zu zeigen; denn selbst die schlimmste Sache ist attraktiver, als sich einem Gegner, dessen Absichten unbekannt sind, auf Gnade oder Ungnade auszuliefern. Als die Deutschen im letzten Krieg kapitulierten, mußten sie abgesehen davon, daß sie gezwungen waren, sich ihre geistige und ideologische Niederlage einzugestehen, zutiefst an ihrer Sache gezweifelt haben; sie müssen zunehmend davon überzeugt gewesen sein, daß sie umsonst kämpften und daß die gegnerische Seite im Recht war. Dies lähmte völlig ihren Willen, zu kämpfen und Widerstand zu leisten, und entschied schließlich den Krieg. Das bedeutet jedoch keineswegs, daß der letzte Krieg ein klares, überzeugendes und erfolgreiches Modell einer geistigen und psychologischen Strategie war.

Die Fähigkeit, einen Gegner geistig zu entwaffnen, spielt in der modernen Kriegführung die gleiche Rolle wie der Überraschungseffekt plötzlicher Truppenbewegungen und eine raffinierte Strategie in früheren Kriegen. Heutige Kriegskunst ist, einen Krieg so rasch, sowenig blutig und so wirksam wie möglich zu gewinnen. Die alte Strategie, das wissen wir, ist tot. Die Mechanisierung und die Massierung der modernen Armeen haben sie erledigt. Auf dem heutigen Schlachtfeld spielen der Ingenieur und der Organisator die Rolle der früheren Strategen. Was einmal ein brillantes Schachspiel voller Bewegung und voller Überraschungen war, ist heute ein gegenseitiges Zermürben, gigantisch, methodisch und geduldig geplant. Der Intellekt ist keineswegs aus der heutigen Kriegführung verbannt, doch hat sich sein Spielraum verändert. Alle Methoden der alten Strategie – der Überraschungseffekt, die Einkesselung, die Umgehung der Flanken und das Überlisten des Gegners – werden heute angewendet, wenn man sie in die Kategorien des psychologischen Schlachtfeldes übersetzt, beziehungsweise sie könnten angewendet werden, wenn die psychologische Strategie voll entwickelt wäre.

Aber sie ist es nicht. Das beweist schon der Name, den man dem Metier gegeben hat: »Propaganda«. Propaganda ist eine armselige Bezeichnung für eine sehr große Sache. Ihre Bedeutung muß hier künstlich erweitert werden, damit sie alles erfaßt, was den Feind psychologisch entwaffnen und überwältigen kann, und bei dieser Aufgabe, die gewöhnlich »Propaganda« genannt wird, haben Rundfunksendungen und Flugblätter nur eine untergeordnete Bedeutung. Ich möchte sie lieber als »psychologische Kriegführung« bezeichnen. Auf dem psychologischen Schlachtfeld spielt alles eine Rolle – alles, was auf dem und auf jedem anderen Schlachtfeld geschieht. Rundfunksendungen und Flugblätter gelten hier als die kleinste Kanone. Propaganda ist die *Taktik* des psychologischen Krieges. Seine *Strategie* ist etwas ganz anderes. Und niemand sollte denken, die Rundfunkmeldungen in deutscher Sprache und das Abwerfen von Flugblättern über deutschen Städten würden eine größere Rolle in der psychologischen Kriegführung spielen als die Vorpostengeplänkel und Artillerieduelle, aus denen der Krieg im Westen bisher bestanden hat. Als rein technische Mittel der psychologischen Kriegführung sind Radio und Flugblätter natürlich wichtig und unerläßlich. Aber um einen entscheidenden Einfluß zu haben, müssen sie mehr als nur »Propaganda« vermitteln. Viel wirksamer als die Propaganda sind Erklärungen von Ministern, symbolische Gesten wie die Internierung deutscher Emigranten in Frankreich sowie militärische Ereignisse. Nebenbei bemerkt, können sich taktische Entscheidungen, die vom rein militärischen Standpunkt ganz vernünftig zu sein scheinen, auf dem psychologischen Schlachtfeld verheerend auswirken, wohingegen partielle und zeitweilige militärische Erfolge unter bestimmten Umständen entscheidende psychologische Reaktionen hervorrufen können.

Die Trumpfkarte der psychologischen Kriegführung ist die Taktik zur Durchsetzung der Kriegsziele: die Parolen, mit denen der Krieg geführt wird, die Drohungen, die ausgestoßen werden, falls der Gegner länger als erwartet Widerstand leistet, die Aussichten und Versprechungen im Fall einer Kapitulation. Das sind die geistigen Grundlagen des Krieges. Diese Gedanken kreisen im Kopf jedes einzelnen Menschen, sie wirken auf ihn, führen dazu, daß er nachdenkt und grübelt: Sie beeinflussen ihn ganz anders als die »Propaganda«, die er gelegentlich beim Empfang eines ausländischen Rundfunksenders hört. Was seine Vorstellung beschäftigt, das gewinnt seine Sympathie. Die Seite, die sich mit Nachdruck, kühn und überzeugend äußert, hat einen riesigen Vorteil vor jenen, die zögern und deren Worte verworren und unecht klingen. Findet ein Land eine klare und einfache Formel, die den Krieg begreiflich macht, eine Erklärung, die so einleuchtend ist, daß sie sogar den Feind beeindruckt, dann hat dieses Land den Krieg bereits halb gewonnen. Und es hat auch die beste Voraussetzung für den Frieden geschaffen.

Denn paradox ist, daß jeder Krieg um des kommenden Friedens willen geführt wird. Jeder Krieg – zumindest jeder vernünftige und sinnvolle – muß einen besseren und stabileren Frieden zum Ergebnis haben. Aber die unerläßlichen militärischen Maßnahmen führen auf Grund ihres Charakters nicht zum Frieden, sondern von ihm fort. Sie rufen unvermeidlich Haß, Feindschaft, Erbitterung und Aggressivität hervor – jene Emotionen, die den Frieden a priori belasten. Aber die Gefühle, die dem Frieden den Weg bereiten, können nur mit psychologischen Mitteln geweckt werden, und am wirksamsten mit seinen stärksten Waffen: den Kriegszielen. Erreicht es eine Nation, daß die eigenen Kriegsziele von großen Teilen der feindlichen Nation akzeptiert werden, so wird sich der ganze Haß und Zorn, den deren Leiden hervorrufen, nicht gegen den äußeren Feind richten, sondern gegen die eigene Regierung, die den Krieg weiterführt.

Dazu müssen die nicht unbeträchtlichen geistigen Anstrengungen, die bisher immer nach Beendigung des Krieges unternommen wurden, bereits am Anfang unternommen werden: Man muß die Fragen herausfinden, bei denen sich die eigenen Kriegsziele mit den Interessen und Wünschen der feindlichen Nation – oder zumindest mit denen ihres friedliebenden Teils – decken, und auf dieser Grundlage muß versucht werden, mit diesem eine Übereinstimmung herbeizuführen, die, solange der Krieg andauert, eine Art von Bündnis bildet und, nachdem der Krieg gewonnen ist, automatisch den Frieden darstellt. Anders formuliert, von Anfang an muß versucht werden, ein Bündnis mit jenen Kräften in den Reihen des Feindes einzugehen, mit denen später der Frieden geschlossen wird. Man muß sich über die Identität dieser Kräfte im klaren sein. Man muß sie ausfindig machen, mit ihnen verhandeln und noch möglichst vor Ausbruch des Krieges ein Bündnis schließen, das zum Frieden führt. So wird nicht nur ein Verbündeter hinter den feindlichen Linien gewonnen, sondern auch jemand, der im nachfolgenden Frieden ein guter Partner ist und nicht wegen des gegen ihn geführten Krieges verbittert ist. Außerdem wird dem Gegner so die Initiative auf dem psychologischen Schlachtfeld genommen. Das Thema der vorbereitenden Gespräche ist festgelegt. Der Gegner wird sich der Ansichten der anderen Seite bewußt. Ihm wird ein konkreter Vorschlag unterbreitet: »Du kannst diese Regierung und diesen Frieden akzeptieren, wenn du akzeptierst, daß der Krieg heute beendet wird. Was sagst du dazu?« Das liefert einen interessanteren, gehaltvolleren, gewichtigeren Stoff zum Nachdenken als jede »Propaganda«. Das aber setzt vollständige Klarheit über den gewünschten Frieden und jene Elemente im feindlichen Lager voraus, mit denen dieser Frieden geschlossen werden kann.

Ich möchte nun zu einigen Schlußfolgerungen kommen, die aus dem in den vorangegangenen Kapiteln gegebenen Überblick gezogen werden können. Sie betreffen die psychologischen und politischen Bedingungen in Deutschland, die Möglichkeiten der Neuordnung der politischen Verhältnisse im künftigen Deutschland und die psychologische Kriegführung gegen die Nazis. Jeder, der die vorhergehenden Seiten aufmerksam gelesen hat, bedarf keines zusätzlichen Beweises dafür, daß diese Dinge eng miteinander verknüpft sind.

Zwei weitere Bemerkungen seien noch gestattet.

Erstens, meine Darlegungen beruhen auf einer intimen Kenntnis der deutschen Verhältnisse und der deutschen Psyche. Wenn ich in diesem Kapitel auf Fragen eingehe, die nicht die ausschließlich inneren deutschen Angelegenheiten betreffen, tue ich das unter Berücksichtigung dessen, welche Auswirkungen sie auf Deutschland haben. Mir scheint es wichtig, die Politik Englands und Frankreichs von diesem Standpunkt aus zu erörtern, was zudem nicht ohne Nutzen für England ist. Aber ich weiß selbstverständlich, daß es nicht der einzige Gesichtspunkt ist, der in Betracht gezogen werden muß, und wenn ich von dieser Warte aus Englands jüngste Politik zur Durchsetzung seiner Kriegsziele kritisiere, beabsichtige ich nicht, ein endgültiges Urteil zu fällen. Ich weiß, daß noch viele andere Gesichtspunkte berücksichtigt werden müssen, wie zum Beispiel die Auswirkungen dieser Politik auf die Engländer selbst oder auf ihre Verbündeten oder auf die wichtigsten neutralen Mächte, und daß es hier sehr plausible Gründe geben mag. Was ich vorzubringen versuche, ist nicht mehr als ein Argument, wenn auch, wie ich glaube, ein wesentliches.

Zweitens handelt es sich bei den Dingen, auf die ich hinweise, nur um Möglichkeiten oder, genauer gesagt, um Chancen. Welche davon schließlich greifbare Formen annehmen können, hängt zum größten Teil davon ab, welche von ihnen verfolgt werden – und mit welcher Entschlossenheit. Ich werde mich bemühen, jede von ihnen mit aller mir zu Gebote stehenden Klarheit und Logik darzulegen. Aber ich bin mir wohl bewußt: Die Geschichte läßt selten zu, daß eine der vielen Möglichkeiten, die eine Situation bietet, voll auf Kosten der anderen verwirklicht wird. Ich hoffe, ich erwecke nicht den Eindruck, ein Doktrinär oder ein Prophet zu sein, wenn ich mich anscheinend selbstsicher über die unklare Zukunft äußere. Ich weiß, daß diesem Krieg gewiß das Schicksal aller menschlichen Planungen und Bemühungen beschieden sein wird – daß Gutes, Schlechtes und Mittelmäßiges durcheinandergeraten werden. Trotzdem halte ich es für angebracht, klar zu denken und das Beste zu erhoffen.

Welche Möglichkeiten also bietet Deutschland dem Krieg? Welche Möglichkeiten bietet der Krieg Deutschland?

Den Alliierten bietet sich dadurch, daß Deutschland als eine völlig uneinige Nation in den Krieg eintritt und daß große Teile seiner Bevölkerung den Sieg mehr fürchten als die Niederlage, eine große psychologische Chance. Hinter dem Regime, das Deutschland den Krieg beschert hat, stehen nur die wirklichen Nazis – nicht mehr als eine Minderheit, deren verzweifelte, nicht nachlassende Entschlossenheit nicht unterschätzt werden darf. Aber gleich danach beginnt die Unentschlossenheit, die Zerrüttung und der potentielle Verrat. Jene loyalen Deutschen, die 1914 alle »Hurra!« geschrien haben, sind über diesen Krieg alles andere als begeistert, fühlen sich unbehaglich und wären froh, wenn er so bald wie möglich zu Ende wäre. Außerdem wünschen die meisten von ihnen, daß die Möglichkeit genutzt wird, eine gemäßigte Regierung einzusetzen. Dieser Teil der Nation zieht trotzdem den Sieg vor, obwohl er am meisten einen baldigen Kompromißfrieden begrüßen würde. Doch eine starke Minderheit – von uns als »die illoyale Bevölkerung« bezeichnet – fürchtet nichts so sehr, als daß der Krieg mit einem Sieg endet, und möchte die gegenwärtigen Machthaber fast um jeden Preis loswerden. Sie befürchtet sogar, ein Kompromißfrieden könnte ein Weiterbestehen des Naziregimes in der einen oder anderen Form zulassen. Aber man kann auch nicht behaupten, daß ein beträchtlicher Teil der Deutschen den Krieg gewollt habe und ihn wegen der Aussicht auf die Niederlage mit einem Seufzer der Erleichterung begrüßt hätte – das wäre eine Übertreibung. Sie hatten sich jedoch mit einem verlorenen Krieg als einziger Chance für eine Befreiung und ein »Ende des Schreckens« abgefunden, das sicherlich dem »Schrecken ohne Ende« vorzuziehen ist. Natürlich wünschen sich diese Leute nicht die Niederlage um der Niederlage willen. Das wäre zuviel verlangt. Sie haben ihre eigenen »Kriegsziele«: Sie wollen, daß die Nazis aus ihren Ämtern entfernt und bestraft werden; sie möchten wieder eine anständige Regierung haben und als anständige Bürger leben dürfen.

Das ist ein Kriegsziel, das sich mit dem der Alliierten leicht in Übereinstimmung bringen lädt. Leider kann man nicht behaupten, die Alliierten hätten inzwischen aus dieser vielversprechenden Haltung vieler Deutscher Nutzen gezogen.

Mittlerweile erweckt der Streit, der in England und Frankreich über die Kriegsziele entbrannt ist, noch schlimmere Befürchtungen als das frühere Schweigen ihrer Regierungen zu diesem Thema. Außerdem hat der Streit einen peinlichen Eindruck bei den Deutschen hinterlassen. Es ist erstaunlich, wie sehr selbst wichtige politische Diskussionen im Ausland ein Echo in Deutschland finden, als ob die Luft trotz Grenzen und anderer Hindernisse Gedanken und Worte von Land zu Land tragen würde.

Die Vorschläge, die von der Öffentlichkeit in England gebilligt wurden, unterscheiden sich von denen, die in Frankreich Anklang gefunden haben. In England besteht der Grundfehler der Diskussionen über die Kriegsziele darin, daß man nicht strikt bei der Sache bleibt. Die meisten Leute, die sich in diesem Lande mündlich und schriftlich zu diesem Thema geäußert haben, scheinen bisher viel zuviel vom Krieg zu erwarten; sie wollen nicht mehr und nicht weniger als eine neue, bessere Weltordnung. Oft wird gesagt, wenn der Krieg nicht dazu führe, daß diese entsteht, werde er nicht all die Opfer wert sein, die gebracht werden. Aber selbst der Dümmste begreift, daß ein solches Ergebnis nicht von einem Krieg erwartet werden kann, der sich auf England, Frankreich, Polen und Norwegen auf der einen Seite und auf Deutschland auf der anderen Seite beschränkt. Es gibt mehrere neutrale Staaten, die kaum damit einverstanden sein werden, daß ihr Schicksal vom Ausgang eines fremden Krieges abhängen soll. Es hätte tatsächlich wenig Sinn, sie zur Teilnahme an der Friedenskonferenz einzuladen; sie müßten erst aufgefordert werden, sich am Krieg zu beteiligen.

Die Frage, ob eine neue Weltordnung her muß oder nicht, ist wirklich kein Thema für die Diskussion über diesen Krieg. Bei diesem Krieg geht es um die deutsche Frage oder, noch spezieller, um die Nazis. Was das betrifft, so äußern sich die meisten englischen Wortführer recht vage, weshalb man oft den Eindruck hat, als ob sie über das Problem wenig nachgedacht und seinen Ernst nicht voll erfaßt hätten. »Nach dem Krieg wird Deutschland selbstverständlich Mitglied des europäischen Bündnisses werden«, sagen sie. Ja, wenn das nur so einfach wäre! Ein Bündnis zwischen England und Frankreich ist heute ein vernünftiges und vielversprechendes Thema. Zwei Waffenbrüder gegen den gleichen Feind, beide in der gleichen tödlichen Gefahr – das schafft auf beiden Seiten die Voraussetzung für eine gemeinsame Tradition, auf deren Grundlage sich trotz vieler Unterschiede, die zwischen dem Nationalcharakter beider Völker bestehen, eine dauerhafte Zusammenarbeit entwickeln kann. Aber Deutschland? Eine enge Zusammenarbeit auf der Basis eines tödlichen Kampfes, der zweimal geführt wurde und dessen Wunden noch bluten? Man fühlt sich etwas an Schillers Ballade »Die Bürgschaft« erinnert. Ergriffen von der Freundestreue der beiden Tyrannenmörder Damon und Pythias, die den Tyrannen Diony-

sos töten wollten, bittet dieser die beiden inständig darum, ihr Freund sein zu dürfen:
»Ich sei, gewährt mir die Bitte,
In Eurem Bunde der Dritte.«
Eine herrliche Gemeinschaft!
Außerdem, was für eine Art von Deutschland wird es sein, das mit England und Frankreich zusammen einen Bund schließt? Wird es ein nationalsozialistisches Deutschland sein? Die Meinungen hierüber gehen auseinander. Manche, die von einem etwas übertriebenen Idealismus erfüllt sind, halten es für selbstverständlich, daß das Naziregime beseitigt und durch ein nebulöses, edles Traumgebilde Deutschland ersetzt wird. (Das Problem besteht jedoch darin, wie man dies bewerkstelligt und wo man das Regime hernimmt, das die Nazis ersetzt.) Es gibt andere, die tatsächlich noch immer den Standpunkt vertreten, man müsse Deutschland gestatten, eine Regierung nach seinem Geschmack zu wählen, und falls das eine nationalsozialistische Regierung wäre, müßten wir uns damit abfinden. Wir sollten zurückfragen, weshalb sie dann überhaupt einen Krieg gegen Nazideutschland führen und wieso sie nicht offen Hitlers Macht anerkennen?
Aber selbst dieser Gipfel von politischer Naivität wird noch übertroffen. Es gibt Leute, die allen Ernstes empfehlen, Hitlerdeutschland nach dem Krieg für seine Beutezüge auch noch zu belohnen. Ihrer Meinung nach sollte Deutschland Österreich und die Grenzprovinzen von Böhmen als »Reparation für die Ungerechtigkeit von Versailles« erhalten, ein paar Kolonien sollten noch dazukommen, und wenn ein Rest von Scham diese Leute nicht zurückhält, würden Hitler sogar noch Danzig und der Korridor zugestanden werden. So sehen die Kriegsziele dieser geistigen und materiellen »Urchristen« aus, für die die Jugend Englands, Frankreichs und Polens ihr Leben opfern muß.
Solche Vorschläge brauchen, obwohl sie aus hohen Kreisen stammen, nicht ernst genommen zu werden. Die Aussicht ist

gering, daß sie tatsächlich die englische Politik bestimmen werden. Das Schlimmste daran sind die außerordentlich negativen Reaktionen, die sie in Deutschland hervorrufen. Sie erschüttern, so seltsam es scheinen mag, völlig das Vertrauen. Deutsche, die nicht lange in England gelebt haben, können nicht glauben, daß solche Ergüsse nicht ernst gemeint seien. Sie erscheinen dem Durchschnittsdeutschen unvermeidlich als Musterbeispiele englischer Phrasendrescherei und Heuchelei, als das Werk politischer Falschspieler. Sie drohen von vornherein jedes freundliche und großzügige Friedensangebot zu diskreditieren, das England vielleicht einmal unterbreiten wird. Sie spielen ungewollt, aber wirksam der Nazipropaganda in die Hände, die natürlich alles tut, um Mißtrauen gegenüber jeder Äußerung zu säen, die aus England kommt.

Die Diskussion, die in England über die Kriegsziele geführt wird, sinkt jedoch nicht immer auf dieses Niveau herab. Aber selbst jene Vorschläge, die ernst genommen werden können, lassen erkennen, daß die politische Mentalität der Deutschen in einem beträchtlichen Maße falsch eingeschätzt wird. Viele glauben, den Deutschen könnte und müßte die Bitterkeit der Niederlage durch ein beflügelndes Ideal wie das einer europäischen Union versüßt werden. Sie übersehen dabei, daß diese Ziele kaum verlockend auf die Deutschen wirken. In England finden die Begriffe »Weltordnung«, »Völkerbund« und »Paneuropa« eine gewisse Resonanz, aber kaum in Deutschland, nicht einmal bei »guten«, humanen und zivilisierten Deutschen. Sie schenken ihnen keinen Glauben. Sogar deutsche Liberale schätzen sie gering, wie wir bereits ziemlich ausführlich dargelegt haben. Außerdem dürfte es sehr schwierig sein, allen Deutschen gleichermaßen die Niederlage zu versüßen. Man muß sich wahrscheinlich damit begnügen, denjenigen unter ihnen etwas anzubieten, mit denen man Frieden schließen möchte und mit deren Unterstützung der Frieden zustande kommen wird. Aber wer immer diese Kräfte sein mögen, sie werden die Idee eines internationalen politischen Mammutkonzerns als nicht sehr verlockend ansehen.

Doch abgesehen von dieser Neigung, die deutsche Mentalität falsch einzuschätzen, liegt den vielen Kriegszielen, die von den Engländern verkündet werden, noch ein anderer Fehler zugrunde – ein sympathischer, aber gefährlicher. (Mir als Deutschem kommt es merkwürdig vor, daß ich Engländer darauf aufmerksam machen muß.) Erfüllt von dem ritterlichen und bis zu einem gewissen Grade weisen Wunsch, sich mit dem geschlagenen Feind zu versöhnen und ihn gerecht zu behandeln, vergessen fast alle die Größe der Gefahr, die von diesem Gegner ausgeht, sowie die Notwendigkeit, künftig gegen eine solche Gefahr geschützt zu sein. Im Unterschied zu den Deutschen, die nur ungern die Schuld bei sich suchen, eifern die Engländer danach, dem Feind die Absolution zu erteilen. So führen viele Engländer die Entwicklung des Nationalsozialismus auf die Härten des Versailler Vertrags zurück und sind geneigt, es diesmal mit Milde zu versuchen. Das ist ein gefahrvoller Kurs. Der Versailler Vertrag war sicherlich kein Meisterstück. Sonst würde der Krieg, den er beenden sollte, nicht zwanzig Jahre später erneut ausgebrochen sein, doch ist es sehr fraglich, ob die Mängel des Vertrages *in seiner Härte* bestanden. Viele Franzosen behaupten das Gegenteil. Meiner Meinung nach lag es daran, daß man bei seiner Formulierung zwischen Härte und Milde hin und her schwankte. Als ein Vertrag mit einem Deutschland, das Belgien angegriffen, Nordfrankreich verwüstet, die Greuel des U-Boot-Krieges begangen, erbittert um die Beherrschung der Welt mit brutaler Gewalt gekämpft und über alle Vermittlungsangebote so lange gespottet hatte, wie es auf dem Schlachtfeld ungeschlagen war, war er zu nachsichtig. Als ein Vertrag mit einem Deutschland, das all dies zurückwies, ganz entschieden dem Militarismus und Imperialismus abschwor, sich an seine frühere geistige Größe erinnerte und ein manierliches Mitglied der europäischen Völkerfamilie sein wollte, war er zu rigide. Das Unglück bestand darin, daß die Weimarer Republik nicht deutlich machte, welches der beiden Deutschland sie tatsächlich repräsentierte. Wahrscheinlich wußte sie es selbst nicht. Sie war eine demokratische Republik, die sich noch immer Deutsches Reich nannte; sie war zur Versöhnung bereit, aber erst nach der Niederlage; sie war über ihre militaristischen und imperialistischen Verführer erbost, weigerte sich aber, sie auszuliefern; sie war voller Reue, protestierte aber gegen die »Kriegsschuldlüge«; sie war pazifistisch, während sie heimlich wiederaufrüstete.

Es war schwierig, mit einem so konfusen Staat einen unmißverständlichen Frieden zu schließen. Vielleicht war es aber auch die Aufgabe des Friedens, überhaupt erst klare Verhältnisse in Deutschland zu schaffen. Auf jeden Fall müßte genau das diesmal die Aufgabe sein, nachdem durch Erfahrung klüger gewordene Männer vor dem gleichen Problem stehen.

Die Aufgabe ist leichter geworden; denn das deutsche Volk, welches damals ein kompakter, einheitlicher Block war, besteht heute aus deutlich unterscheidbaren Teilen. Man kann nun viel klarer bestimmen, welcher Teil der Bevölkerung in Deutschland ausgeschaltet – und nicht nur gezügelt – werden muß und mit welchem Teil wirklich Frieden geschlossen werden kann. Und es ist wichtig, diese Kenntnis zu nutzen. Weder ein milderes Versailles, wie es viele Engländer wünschen, noch ein härteres, wie es viele Franzosen wollen, ist praktikabel. Jedes Konzept ist fruchtlos, bei dem Deutschland und das Deutsche Reich als gegebene Postulate betrachtet und alle Deutschen als gleich angesehen werden. Man wäre wahnsinnig, wenn man die Nazis durch grenzenlose Milde zufriedenstellen wollte. Ebenso wäre man von allen guten Geistern verlassen, würde man ihre Gegner durch unversöhnliche Härte entmutigen. Nur wer gut unterscheidet, der urteilt gut.

Bei unserer Analyse der Deutschen haben wir sieben Macht- und

Meinungsgruppen festgestellt: Hitler, die Naziführer, die Nazis, die Loyalen, die Illoyalen, die Opposition und die Emigranten. Es muß noch entschieden werden, mit welcher dieser Gruppen man sich einigen kann. Der Frieden wird, wenn er kommt, unterschiedlich beschaffen sein, je nachdem, welcher Partner gewählt wird. Das gleiche gilt für das künftige Deutschland und die gegenwärtige Strategie der psychologischen Kriegführung. Begutachten wir die Möglichkeiten!

Jeder, der Deutschland kennt und politisch zu denken vermag, wird die Möglichkeit eines Friedens mit Hitler, seinen Handlangern und seinen Nachfolgern selbstverständlich ausschließen. Leider ist das nicht generell so. Es gibt zweifellos gewisse Regierungserklärungen, die auf den ersten Blick den Eindruck erwecken, als ob ein Frieden mit Hitler nicht in Frage komme. Aber prüft man sie genauer, stellt man fest, daß jede Möglichkeit offengelassen wird. Sicherlich sagte Herr Chamberlain[44] an dem Tag, da der Krieg erklärt wurde, er hoffe, er werde es noch erleben, daß der »Hitlerismus« erledigt ist. Das ist jedoch eine sehr vage Äußerung. Der Hitlerismus ist nicht dasselbe wie Hitler: Warum sollte Hitler, der den Mantel nach dem Wind zu drehen versteht, nicht eines Tages dem Hitlerismus abschwören? Und die Hoffnung, noch ein bestimmtes Ereignis zu erleben, zählt doch etwas weniger als die Entschlossenheit und Zusicherung, dafür zu sorgen, daß es eintritt. Präziser war der Wink, der bei der Zurückweisung von Hitlers »Friedensoffensive« nach der Eroberung Polens gegeben wurde. Nach den vielen Enttäuschungen, welche die Alliierten erlebt hatten, wurde gesagt, sie würden nur

---

44 Arthur Neville Chamberlain (1869–1940), von 1937 bis 1940 britischer Premierminister. Er betrieb eine Beschwichtigungspolitik gegenüber den Achsenmächten Deutschland und Italien, die in der Münchener Konferenz vom September 1938 gipfelte, auf der er der Annexion des Sudetenlandes durch Hitlerdeutschland zustimmte. Im Mai 1940 wurde er durch Winston Churchill abgelöst. [Anm. d. Ü.]

mit einer deutschen Regierung, »auf deren Wort man sich verlassen kann«, Frieden schließen. Doch auch das ist genaugenommen eine sehr vorsichtige Erklärung, und es ist ganz offenkundig, daß sie absichtlich so formuliert wurde. Vielleicht bedeutet sie, ein Frieden sei nicht möglich mit einer Hitler-Ribbentrop[45]-Regierung, die sich als äußerst unzuverlässig erwiesen hat. Damit wird aber nicht gesagt, man könne eine Göring-Neurath[46]-Regierung später möglicherweise nicht als vertrauenswürdig ansehen. Und unter bestimmten Umständen nicht doch eine Hitler-Ribbentrop-Kombination? Können wir uns nicht vorstellen, unter welchen Umständen man ihrem Wort – vielleicht weil es mit ihren Interessen übereinstimmen würde – mehr Vertrauen schenken würde als heute? Sind wir hier allzu kritisch und mißtrauisch? Keinesfalls. Ein paar Wochen später bestätigte Herr Chamberlain diese Interpretation unmißverständlich, als er beim Versuch, auf seiten Belgiens und Hollands zu vermitteln, seine Bereitschaft erklärte, jeden Friedensvorschlag der deutschen Regierung zu prüfen, welcher die Grundlage für eine Diskussion biete. Die deutsche Regierung – das ist die gegenwärtige Hitler-Ribbentrop-Regierung! Wir dürfen uns keinen Illusionen hingeben: Die Möglichkeit eines Friedensschlusses mit den Nazis besteht immer noch. »Ein Frieden mit einer Naziregierung kommt nicht in Frage« – diese Worte sind bis jetzt nicht gefallen.

Und noch nie ist bisher verkündet worden, die Beseitigung der Naziregierung und die Bestrafung der Nazis für ihre Verbrechen

---

45 Joachim von Ribbentrop (1893–1946), von 1938 bis 1945 Reichsaußenminister, vom Internationalen Militärgerichtshof in Nürnberg 1946 zum Tode verurteilt. [Anm. d. Ü.]
46 Konstantin Freiherr von Neurath (1873–1956), Politiker, Diplomat, SS-General. 1932–38 Außenminister in den Kabinetten Papen, Schleicher, Hitler, 1939–42 »Reichsprotektor von Böhmen und Mähren«, im Nürnberger Prozeß zu 15 Jahren Gefängnis verurteilt, 1954 vorzeitig aus der Haft entlassen. [Anm. d. Ü.]

sei das oberste und selbstverständlichste Ziel, für das der Krieg geführt wird. Gewisse englische Leitartikler erörtern selbstgefällig, welche Aussichten dafür bestehen, daß Hitler persönlich »zurücktritt«, um einen Kompromißfrieden zu ermöglichen. Wie dieser Kompromißfrieden aussehen würde, läßt sich leicht vorstellen. Sein Modell kennen wir: das Münchener Abkommen von 1938. Der Reichskanzler Göring würde sich im Namen des Reichspräsidenten Hitler auf die Münchener Linie zurückziehen, und dafür würde das Münchener Abkommen ratifiziert werden. Vielleicht würden Deutschland ein bis zwei Kolonien zugesprochen werden. Göring würde versprechen, abzurüsten, und später dagegen protestieren. Die Alliierten würden abrüsten.
Nach allem, was ich über Hitler, die Naziführer und die Nazis geäußert habe, brauche ich mich nicht weiter darüber auszulassen, daß ein Frieden mit den Nazis in jedem Fall eine schauerliche und selbstmörderische Idee ist. Obwohl hier offensichtlich Versuche unternommen werden, sich diese Möglichkeit offenzuhalten, ist sie tatsächlich ein Unding, falls England und Frankreich nicht vorhaben, ihr eigenes Todesurteil zu unterschreiben. Einen Frieden mit Hitler, den Naziführern und den Nazis abzuschließen wäre glatter Wahnsinn, weil sie unfähig sind, in anderen Kategorien als denen des Krieges zu denken, und weil jedes Abkommen, das entsprechend der Absicht der Alliierten ein Friedensvertrag wäre, den Nazis auf Grund ihrer eingefleischten und unveränderlichen Geisteshaltung als ein taktisches Mittel des Krieges erscheinen muß. Jeder Vertrag mit Hitler und den Nazis muß das gleiche Schicksal haben wie Hitlers Abkommen mit der bayerischen Regierung im Jahre 1923 und mit den Deutschnationalen im Jahre 1933, der englisch-deutsche Flottenvertrag, das Abkommen über Nichteinmischung, der Antikominternpakt und das Münchener Abkommen, da Pakte und Verträge für Hitler und die Nazis nichts weiter als Kriegslisten bedeuten. Das bloße Aushandeln und Abschließen eines Vertrages mit Hitler und den Nazis

bedeutet, ihnen genauso in die Falle zu gehen und das Spiel von vornherein zu verlieren, wie wenn man sich, um das Spiel zu verlieren, mit einem Falschspieler an einen Tisch setzt. Hierzu sind keine weiteren Erläuterungen erforderlich. Wer das nicht begriffen hat – trotz aller Beweise dafür, welche Rolle die Nazis in der deutschen Politik von ihrem Aufstieg an bis 1933 und in der europäischen Politik von 1933 bis 1940 gespielt haben –, dem ist nicht zu helfen.

An dieser Stelle möchte ich auf etwas hinweisen, was meiner Meinung nach schon lange verdient, allgemein anerkannt zu werden, nämlich auf den immensen propagandistischen und psychologischen Wert einer Erklärung folgenden Inhalts:

Erstens, eine Abmachung mit einer nationalsozialistischen Regierung, ganz gleich, wie sie zusammengesetzt sein mag, ist unter keinen Umständen möglich. Zweitens, die Vorbedingung für jegliche Friedensverhandlungen oder einen Vertrag mit einer anderen deutschen Regierung ist die Bestrafung der Schuldigen für alle von den Nazis begangenen Verbrechen.

Diese beiden Maßnahmen – die Ausschaltung der Naziregierung und die Ahndung der Naziverbrechen – müssen zu den Ergebnissen dieses Krieges gehören, wenn er nicht völlig vergebens geführt sein soll. Was das erste betrifft, so ist dem, was gesagt wurde, nichts hinzuzufügen. Aber das zweite ist fast ebenso wichtig; denn solange die Nazis machen können, was sie wollen, sind sie eine Gefahr – die deutsche Gefahr. Viele kluge, weitsichtige Leute in England und Frankreich sind sich voll darüber im klaren, daß dieser Krieg umsonst stattgefunden haben wird, wenn er nicht zu einer Veränderung dessen führt, was »die deutsche Mentalität« genannt wird. Aber sie zerbrechen sich ihren Kopf vergebens, wenn sie herausfinden wollen, wie diese offenbar geistige Umwandlung durch äußere militärische Mittel herbeigeführt werden kann. Dabei ist es kein schwieriges Problem, und hier ist der Schlüssel zu seiner Lösung. Jener Teil der »deutschen

Mentalität«, der ausgemerzt werden muß, wird von den Nazis personifiziert. Und wir haben bereits darauf hingewiesen, was für eine passende Gelegenheit es ist, daß die ganze Unmenschlichkeit, Brutalität, Skrupellosigkeit und Aggressivität, welche früher im Blutstrom des deutschen Volkes sozusagen »verstreut« vorkam, sich nun lokalisiert hat und das gefährliche Krebsgeschwür der Nazibewegung darstellt. Das Krebsgeschwür muß herausgeschnitten werden, und zwar so bald wie möglich. Ein weiterer Glücksumstand besteht – auch wenn das in der Natur der Sache liegt – darin, daß die Nazis sich selbst den Strick gedreht haben, an dem sie aufgehängt werden können, wobei sie ihrem Henker das Odium der Intoleranz und der ideologischen Verfolgung ersparen. Das verdanken sie der riesigen Zahl von Verbrechen, die sie während der letzten sieben Jahre verübt haben. Es wird nicht nötig sein, irgend jemanden einfach deswegen zu bestrafen, »weil er ein Nazi ist«. Es wird nur erforderlich sein, die gesetzlich festgelegten Strafen für alle seit dem Januar 1933 in Deutschland begangenen Verbrechen – wie Mord, schwere Körperverletzung, Freiheitsberaubung, Plünderung, Diebstahl, Betrug, Erpressung, Brandstiftung, Enteignung, Beleidigung, Unterschlagung, Justizmißbrauch und Meineid – zu verhängen. Danach werden nicht viele Nazis übrigbleiben, und Deutschland wird sich erstaunlich verändert haben.
Die Beseitigung des Naziregimes und die Bestrafung der Nazis sind notwendige Kriegsziele. Aber man hat völlig übersehen, daß ihre Verkündung eines der stärksten Mittel der psychologischen Kriegführung ist.
Sehr viele Leute in England und Frankreich sind darüber enttäuscht, daß es bislang keine sichtbaren Zeichen einer Massenrevolte jener Deutschen gibt, die dem Naziregime gegenüber feindlich eingestellt sind oder sonstwie eine ablehnende Haltung zu ihm haben. In Anbetracht ihrer eigenen Kriegszielpolitik ist diese Enttäuschung verwunderlich. Wenn die Deutschen rebellieren

sollen – was ein viel schwierigeres und gefährlicheres Unterfangen ist, als sich die Leute im Westen anscheinend vorstellen –, müssen sie zumindest davon überzeugt sein, daß der Westen den Nazis mit eiserner Entschlossenheit Widerstand leisten wird und daß diejenigen, die offensichtlich ihre Verbündeten sind, sie nicht im entscheidenden Augenblick im Stich lassen und hinter ihrem Rücken mit den Nazis einen Kompromiß schließen. Diese Gewißheit wird so lange fehlen, wie nicht zweifelsfrei alle Brücken, die zu den Nazis führen, abgebrochen und alle Hintertüren, die für eine Verständigung mit den Nazis noch offenstehen, versperrt sind. Und man kann die Deutschen nicht dafür tadeln, daß sie über diesen Punkt Klarheit haben wollen.

Denn erstens, und das ist das einzige, was sie am Krieg interessiert, da sie keine Nazis oder Sympathisanten der Nazis sind: Es ist nicht gerechtfertigt, überhaupt irgend etwas von ihnen zu erwarten, solange die Ausschaltung und Bestrafung der Nazis ihnen nicht feierlich versprochen und garantiert ist, so wie einem Verbündeten sein Anteil am Nutzen eines Bündnisvertrages garantiert wird. Zweitens haben die Erfahrungen der letzten sieben Jahre sie pessimistisch gestimmt. Sie sind sich nicht sicher, ob die Regierungen, die im September 1938 nach München kamen, diesen Krieg vielleicht nicht mit einem weiteren München beenden werden. Und aus ihren Erfahrungen haben sie gelernt, auf die Hintertürchen in den Erklärungen dieser Regierungen genauso zu achten wie auf die Erklärungen selbst; sie haben gelernt, den weiter oben analysierten Formulierungen der vorsichtigen diplomatischen Zurückhaltung in den drei offiziellen Erklärungen von Herrn Chamberlain genausoviel Bedeutung beizumessen wie den ermutigenden Worten, die diese enthielten. 1933 oder 1934 hätte ein Hinweis genügt, um den aktiven Widerstand gegen die Nazis in Deutschland zu entfesseln. Heute, da der Druck von außen ebenso wie die Enttäuschung im Inland ständig zugenommen haben, ist ein stärkerer Dynamo erforderlich. Solange die beiden obenerwähnten Punkte nicht offiziell als Kriegsziele der Alliierten proklamiert sind, können wir nicht mit der Entstehung eines antinazistischen Deutschland rechnen. Eine solche offizielle Erklärung ist die unerläßliche Voraussetzung dafür, daß das »andere« Deutschland seine Zuversicht und sein Selbstvertrauen wiedergewinnt. Solange sie unausgesprochen bleibt, da man hofft, man müsse in der Lage sein, irgendwann mit den Nazis zu verhandeln, so lange wird eine der größten Chancen für einen raschen Sieg im Kriege einer nicht existenten Möglichkeit des Friedens geopfert.

Die Erklärung hätte nicht nur bedeutende und nützliche Auswirkungen auf die Gegner der Nazis, sondern auch auf den vertrauensseligen, jedoch unentschlossenen und leicht beunruhigten Adressaten der Nazipropaganda – auf jene, die wir »die Loyalen« genannt haben. Diese Leute bekommen, wie wir wissen, täglich von den Nazis zu hören, das wahre Kriegsziel der Alliierten sei die Vernichtung des deutschen Volkes. Die Antwort der Propaganda der Alliierten darauf ist meines Erachtens schwach und unwirksam. Sie besteht aus einer bloßen Verneinung, aus einem bloßen »Nein, wir wollen das deutsche Volk nicht vernichten. Wir sind nicht mit dem deutschen Volk verfeindet.« Dies erklärt nichts und löst keinen Denkprozeß aus, sondern macht es den Nazis leicht zu antworten: »Seht nur! Was für eine Heuchelei! Sie führen gegen Deutschland Krieg, aber behaupten, sie seien mit Deutschland nicht verfeindet. Das beweist nur, daß sie das Schlimmste planen. Glaubt uns, ihr wahres Kriegsziel *ist* die Vernichtung des deutschen Volkes.«

Ein Krieg ist gewaltsam und zerstörerisch. Wenn er einer Entschuldigung und Rechtfertigung bedarf, so müssen die Institutionen und Personen ausgewählt werden, welche vernichtet werden sollen und es verdienen, vernichtet zu werden. Wenn jedoch nur erklärt wird, man wolle nicht vernichten, so erklärt man nichts und erweckt Mißtrauen. Eine viel wirksamere Antwort auf das laute Getöse der Nazipropaganda, die behauptet, die Alliierten wollten das deutsche Volk vernichten, wäre zu sagen: »Nein, aber sicherlich wollen wir die Nazis vernichten.« Denn das ist verständlich und glaubhaft. Es ist eine positive Idee, die im Kopf gewälzt werden muß; sie läßt dem Feind keine geistige Lücke, die er mit seinen zahllosen Propagandalügen füllen kann. Um darauf eine Antwort zu geben, müßten die Nazis erklären, daß es sich für die Deutschen lohne, zu kämpfen und zu sterben, um die Nazis vor dem Untergang zu retten. Das heißt, die Nazis müßten ihre eigenen Apologeten werden, was immer eine schwache Argumentationsbasis ist.

Und sie wäre um so schwächer, als die Nazis von da an gezwungen wären, Beweisgründe für ihre eigene Sache vorzubringen. Jene offizielle Erklärung würde mehr ausrichten, als nur den Verdacht zu zerstreuen, daß in Ermangelung eines anderen erklärten Feindes die Vernichtung des deutschen Volkes tatsächlich, wenn auch insgeheim beabsichtigt ist. Den Nazis wäre die Plattform entzogen, von der aus sie zum deutschen Volk sprechen. Es ist erstaunlich, wie sehr Menschen in ein schiefes Licht geraten, wenn sie erkennbar einer unmittelbaren und konkreten Gefahr ausgesetzt sind. Denn sobald deutlich gemacht wird, daß es *den Nazis* in diesem Krieg an den Kragen geht, daß *sie* aufgehängt werden, wenn die Deutschen den Krieg nicht gewinnen, daß alle Nazimörder und -diebe mit Hitler und Göring an der Spitze mit einem Strick um den Hals an einer langen Reihe von Galgen baumeln werden, wird alles, was die Nazis sagen, um das deutsche Volk zur Fortsetzung des Krieges anzuspornen, den Stempel des Unglaubwürdigen tragen. Von diesem Moment an wird es im persönlichen Interesse der Nazis liegen, nach anderen Gründen für die Fortsetzung des Krieges zu suchen als dem der Rettung ihrer eigenen Haut, und sie werden allzu offensichtlich in eigener Sache sprechen, wenn sie diejenigen zu überzeugen suchen, die sie in den Tod schicken.

Sie werden selbst viel zu sehr im Mittelpunkt der Diskussion stehen, um in der Lage zu sein, dabei neutral zu bleiben. Es ist ein psychologischer Trick, den die Nazis selbst mehr als einmal überaus erfolgreich angewendet haben, zum Beispiel als sie die »Judenfrage« und die »tschechische Frage« entdeckten und dadurch den Juden und den Tschechen das Recht zu nehmen schienen, an der Auseinandersetzung über ihr eigenes Schicksal teilzunehmen, und zwar mit der Begründung, sie seien die »Frage«. Überdies waren die Nazis gezwungen, alles, was das Lebensrecht der Juden und der Tschechen in Zweifel zog, zu erfinden, wohingegen die Verbrechen der Nazis nur aufgedeckt und als solche benannt zu werden brauchen, damit auch die loyalsten Deutschen erkennen, daß eine »Nazifrage« existiert. Warum in aller Welt sollte es seltsam und ungewohnt klingen, von einer »Nazifrage« zu sprechen, während jeder die »Judenfrage« dauernd im Munde führt? Gibt es kein Naziproblem? Und wenn es das gibt, warum existiert dann keine Bezeichnung dafür? Wieso übt man selbst heute diese Zurückhaltung in bezug auf die Nazis? Weshalb weigert man sich, die von ihnen gebotene einmalige Gelegenheit zu nutzen, nämlich die Tatsache, daß sie zur Austilgung prädestinierte Verbrecher und Halunken sind? Es muß ausgeschlossen sein, daß die Nazis als künftige Partner im Frieden in Frage kommen, doch als Blitzableiter, die den ganzen Abscheu anziehen, den der Krieg überall hervorruft, sind sie hoch willkommen. Als solche erweisen sie der Sache des künftigen Friedens, wenn auch nicht in der von ihnen beabsichtigten Weise, den besten Dienst.

Soviel zu den Möglichkeiten, die sich im Zusammenhang mit den Nazis für die psychologische Kriegführung und den künftigen Frieden ergeben. Wir wollen uns nun dem nächsten »Deutschland« zuwenden, das wir beschrieben haben. Welche Möglichkeiten ergeben sich im Zusammenhang mit diesem Teil der Bevölkerung, der sich bisher loyal zu den Nazis verhalten hat?

Kann erreicht werden, daß sich seine Einstellung ändert? Kann mit ihm Frieden geschlossen werden?

Diese Fragen sind äußerst dringend und schwerwiegend. Denn vielleicht betrachten die Regierungen der Alliierten diesen Teil der Bevölkerung zur Zeit als ihren künftigen Partner bei der Gestaltung des Friedens. Sie werden wahrscheinlich nicht mit den Nazis verhandeln, es sei denn, der schlimmste Fall tritt ein – und doch erscheint es auch so schlimm genug: Sie werden, wie es den Anschein hat, sehr froh sein, wenn es zu einer Übereinkunft mit diesen anständigen und ehrlichen Deutschen kommt, die zwar Patrioten und Nationalisten, aber weder Verbrecher noch Wilde sind. Es existieren sogar vage Vorstellungen darüber, wie das zustande gebracht werden könnte und wie der nachfolgende Frieden aussehen würde. Einige Bemerkungen hierzu in der Annahme, daß ich mich nicht völlig irre.

Die Nationalisten, wenn auch nicht die Nazis, bilden immer noch den größten Teil der Bevölkerung. Sie sind nicht nur zahlenmäßig stark, sondern haben auch politischen Einfluß. Zu dieser Gruppe gehören immer noch zahlreiche Beamte in höheren Stellungen, vor allem aber die Generäle. Keine Revolution von unten wäre nötig, damit sie ans Ruder gelangen, sondern nur ein Staatsstreich der Armee, ein Wechsel der Köpfe mit darauffolgender Reorganisation des Reiches auf konservativ-monarchistischer Grundlage. Der illoyale Teil der Bevölkerung würde eine solche Lösung dankbar akzeptieren, da er zumindest die Befreiung von den Nazis bedeuten würde. Und vielleicht wären auch die »gemäßigten« Nazis noch akzeptabel, so daß ein gewisses Maß an Stabilität garantiert wäre. Für einen großen Teil des Heeres würde dies die ideale Lösung darstellen. Außerdem haben die Generäle ein Interesse daran zu verhindern, daß Hitler das Heer in seinem gegenwärtigen Stadium aufs Spiel setzt, da sie wissen, daß es noch nicht voll »einsatzfähig« und für einen langen, anhaltenden Kampf noch nicht voll gerüstet ist. Wenn also Gefahr droht, werden sie geneigt sein, sowohl Hitler mit Hilfe der Armee zu stürzen als auch mit der noch intakten Armee im Rücken einen Frieden auszuhandeln, der es dem Deutschen Reich ermöglicht, insgesamt ungeschwächt und vielleicht sogar mit einem kleinen Prestigegewinn aus der ganzen Sache herauszukommen.

Zu diesem Zweck müssen ihnen goldene Brücken gebaut werden. Daher müssen wir von ihnen nicht erwarten, daß sie zum Beispiel sofort kapitulieren oder Hitler, ihren einstigen Oberbefehlshaber, hinrichten. Wir müssen auch keine harten Bedingungen stellen. Sie werden selbstverständlich ihre Truppen aus Polen und der Tschechoslowakei oder zumindest aus jenem Teil, der von ihr nach München übriggeblieben ist, zurückziehen müssen. Österreich – vielleicht eine Volksbefragung? Und wenn ihnen für die Abrüstungszusage einer Regierung, »auf deren Wort man sich verlassen kann«, aus dem Schlamassel geholfen wird, in den sie durch Hitler geraten sind, wären die Aussichten wirklich so verlockend, daß sie ihre gegenwärtige, nicht präsentable Regierung mit sanfter Gewalt in den Ruhestand schicken. So würde der Krieg zur allgemeinen Zufriedenheit enden, und die raschere Beendigung des Kampfes wäre ein Vorteil.

All das scheint vielversprechend, aber die ganze Kalkulation enthält meines Erachtens schwere Fehler. Der größte ist die in zweifacher Hinsicht falsche psychologische Einschätzung der Generäle und der Deutschen, die den Nazis gegenüber loyal eingestellt und ansonsten patriotisch gesinnt sind.

Der »Plan«, wie er hier skizziert ist, erfordert von diesen Leuten zwei Eigenschaften, ohne die er nicht funktionieren kann: ruhigen Verstand und mutige Entschlossenheit, die zu selbständigem Handeln befähigt. Beide Eigenschaften sind bei ihnen jedoch ungewöhnlich schwach entwickelt. Das politische Temperament, das der Patriot des Deutschen Reiches besitzt, ganz gleich, ob er Soldat oder Zivilist ist, wechselt zwischen höchster Zuversicht und tiefer Verzweiflung; mal frohlockt er, mal ist er zu Tode betrübt. Sie sind immer geneigt zu spielen, mit geringen Erfolgschancen viel zu wagen und das Spiel, wenn es schlecht läuft, rasch abzubrechen. »Es wird schon nicht so schlimm werden«, murmeln sie und hoffen. Sie sind es nicht gewöhnt, »voreilig« und gegen einen ihrer Meinung nach zu geringen Ausgleich einen Kampf einzustellen, insbesondere so lange nicht, wie die Chancen, den Kampf zu gewinnen und Ruhm zu erringen, nicht schlecht sind. Es sei noch genug Zeit, über Aussöhnung und Kompromisse zu reden, sagen sie, wenn sie, wie 1918, schon besiegt sind. Und die »knieweiche« Kompromißbereitschaft der Gegenseite bestärkt sie in dieser Haltung, statt sie zum Friedensschluß zu ermuntern. Man darf auch nicht vergessen, daß sie mit der Außenpolitik der Nazis voll und ganz übereinstimmen: daß die Expansion und die »Größe« des Deutschen Reiches genauso in ihrem Interesse liegt wie in dem der Nazis. Einzig und allein in Fragen der Friedensmoral, der Kultur und des Geschmacks unterscheiden sie sich von den letzteren, nicht jedoch in ihrem Streben nach Vergrößerung des Reiches und nach Weltherrschaft; denn dies ist, wie wir in einem früheren Kapitel dargelegt haben, die traditionelle, unersetzliche Idee des Deutschen Reiches. Solange sie nicht sehen, daß dem Reich Gefahr droht, auseinanderzubrechen, sind sie entschlossen, seine Grenzen immer weiter auszudehnen. Sie negieren die simple Weisheit: Der Spatz in der Hand ist besser als die Taube auf dem Dach.

Das gilt auch für den Mut, einen Staatsstreich durchzuführen, selbst wenn es ratsam scheint, so etwas zu wagen. Diese Art von Mut ist in Deutschland sehr selten und unter deutschen Soldaten nie zu finden. Deutsche Offiziere sind nur auf dem Schlachtfeld mutig, zu Hause sind sie Feiglinge. Es ist kein Zufall, daß die deutsche Geschichte keinen Fall kennt, wo die Armee trotz der verlockendsten Gelegenheiten einen Umsturzversuch unternommen hätte. Deutsche Generäle haben oft mit dem Gedanken gespielt, Geschichte zu machen, und zwar nicht nur Militärgeschichte. Aber von Wallenstein bis Schleicher sind sie nie über ein unentschlossenes Herumtrödeln hinausgekommen, und am Ende haben diese mächtigen Kriegsherren es gewöhnlich so weit kommen lassen, daß sie ermordet wurden. Vom soldatischen Mut abgesehen kennt der deutsche Offizier nur den Mut der Verzweiflung. Wenn er bei einem Loyalitätskonflikt einem extremen Gewissensdruck ausgesetzt war, fand er bei seltenen Gelegenheiten den Mut, seinen Überzeugungen gemäß zu handeln. Das trifft vielleicht auf Yorck[47] zu, der sich 1812 bei Tauroggen gegen Napoleon wandte, und auf einige Generäle des Rheinbundes während des Feldzuges von 1813. Aber damit der preußische Offizier so etwas tut, ist etwas ganz anderes nötig als der Bau goldener Brücken.

Wenn ein Staatsstreich des deutschen Heeres ein wünschenswertes Ziel sein soll – gefolgt von der Restauration der Macht der Hohenzollern, der Beendigung des Krieges, einem Frieden ungefähr auf der Grundlage der Grenzen von (Januar, April oder Oktober) 1938, einem gegenseitigen Abrüstungsabkommen, einschließlich einer Abmachung, Vergangenes ruhenzulassen –, muß den deutschen Offizieren das Leben so unerträglich gemacht werden, daß sie aus lauter Furcht Zivilcourage bekommen. Sie müssen mit großer Eindringlichkeit und Klarheit darüber informiert werden, daß sie nur für kurze Zeit die Möglichkeit haben, einen solchen Schritt zu unternehmen, und daß diese Chance nach dem Beginn einer deutschen Offensive nicht mehr besteht. Und wenn sie das Angebot ablehnen und es riskieren wollen, den Krieg zu verlieren, müssen sie mit einer Alternative konfrontiert werden, die ihren leichten Optimismus erschüttert. Ihnen muß

---

47 Der preußische General Yorck schloß am 30. Dezember 1812 mit dem russischen General Diebitsch eigenmächtig einen Waffenstillstand. Die Konvention von Tauroggen gab den Anstoß dazu, daß 1813 Volkserhebungen in Deutschland stattfanden. [Anm. d. Ü.]

gesagt werden, daß dann weder ein Frieden mit ihnen und mit ihresgleichen in Frage kommt noch das Reich weiter existieren wird. Als unvermeidliche Konsequenz der wahrscheinlichen Niederlage stünde ihnen nur ein neues und schlimmeres Versailles bevor, doch auf dem Territorium des Deutschen Reiches, auf dessen Kosten die Grenzen der Nachbarstaaten korrigiert und beim Völkerbund eine Reihe von Mandatsgebieten geschaffen würden, wäre nicht einmal ein Luftdruckgewehr oder ein Spielzeughelm erlaubt, und einzig und allein die bewaffnete Streitmacht einer ständigen internationalen Polizei würde im Lande Paraden abhalten. Dann, ja dann werden die Generäle es vielleicht für nötig erachten, sich noch einmal ihre Chancen, wenn auch etwas unwillig, genau auszurechnen, und, so schwer es ihnen auch fallen mag, sogar einen Staatsstreich wagen. Aber all das wird nicht passieren, solange die Nazis ihnen das britische Weltreich versprechen und die Briten ihnen goldene Brücken bauen. Solange die Möglichkeit eines Sieges groß und das Risiko klein scheint, wird die Armee die ihr von Hitler zugewiesene Rolle eifrig spielen, und die patriotisch gesinnten Deutschen dazu. Wer etwas anderes von ihnen erwartet, kennt sie schlecht.

Aus diesem Grund müssen die deutsche Armee und die »Deutschnationalen« unterschiedlich angesprochen werden, wenn man mit ihnen Frieden, einen baldigen Kompromißfrieden, schließen will.

Es erhebt sich jedoch die Frage, ob ein solcher Frieden so wünschenswert wäre, wie es auf den ersten Blick scheint. Er bietet sicherlich den einen oder anderen Vorteil. Aber er birgt mindestens ebenso viele Gefahren in sich und weist zudem zahlreiche Schwächen auf. Meiner Meinung nach sind, wenn ich das vorwegnehmen darf, die Gefahren so groß und die Schwächen so fundamental, daß diese Lösung katastrophale Folgen für Deutschland und Europa hätte.

Trotzdem wollen wir seine Vorteile beziehungsweise vermutlichen Vorteile erörtern in der Annahme, daß sie sich, wie geplant, einstellen. Der erste und auffallendste Vorteil wäre, daß der eigentliche Krieg hierdurch vermieden würde: daß der Krieg beendet wäre, bevor er angefangen hätte. Allein das ist sehr verlockend. Aber die ganze Sache verliert viel von ihrer Attraktivität, wenn wir uns vergegenwärtigen, daß ein Krieg, der bereits mit ausgezeichneten Siegeschancen begonnen hat, gegen einen späteren Krieg gegen denselben Gegner eingetauscht werden soll, einen Krieg, dessen Ausgang nicht so sicher vorhersehbar ist. Die Gelegenheit, den Krieg zu vermeiden, besteht schon lange nicht mehr, obwohl dieser noch gar nicht voll im Gange ist. Solange noch einigermaßen Frieden herrscht und solange eine Möglichkeit besteht, ihn zu erhalten, kann man viel darüber reden, was es nützt, sich mit nicht ganz zufriedenstellenden Lösungen abzufinden, statt den offenen Bruch zuzulassen.

Ganz anders verhält es sich, wenn es bereits zum Bruch gekommen ist und alles von Grund auf anders ist. So wünschenswert es ist, den Krieg rasch zu beenden und Menschenleben zu schonen, sollte das nicht auf Kosten der Sache geschehen, die auf dem Spiel steht; denn man täte denen unrecht, die für die Sache bereits gestorben sind. Ein moderner Krieg ist nicht etwas, was die Völker nach Belieben wiederholen können. Sobald er begonnen hat, selbst wenn er noch nicht »richtig« losgegangen ist; sobald die moralische und materielle Mobilisierung der Nationen stattgefunden hat; sobald das private und wirtschaftliche Leben von Millionen mit ungeheurer Entschlossenheit gewaltsam in den Dienst einer großen nationalen Aufgabe gestellt ist, ist es zu spät: man kann sich dann nicht mehr mit partiellen Lösungen zufriedengeben. Die moralischen Auswirkungen wären furchtbar. Die mobilisierten Millionen des britischen und französischen Weltreiches können nicht mit dem Gefühl nach Hause geschickt werden, daß sie nicht mehr gewonnen haben als eine Atempause. Denn mehr als das wäre ein solcher Frieden nicht.

Der zweite offensichtliche Vorteil besteht darin, daß der Partner dieses Friedens, die deutsche Armee, die übergroße Mehrheit des deutschen Volkes dazu bringen kann, sich hinter sie zu stellen, und daß die Verbündeten lieber Frieden mit denen schließen möchten, die von ihren Landsleuten anerkannt werden, statt mit denen, die wenig Garantien dafür bieten können, daß sie die von ihnen akzeptierten Friedensbedingungen auch zu Hause durchsetzen können. Aber auch dieser Vorteil verringert sich bei genauerer Betrachtung. Die Armee könnte eine große Anhängerschaft um sich scharen, doch wäre diese nicht besonders zuverlässig und glaubwürdig. Sie bestünde aus allzu vielen unterschiedlichen Elementen, die ganz unterschiedliche Motive hätten. Die Motivation dieser Leute wäre nicht besonders beständig oder nicht von Dauer. Außerdem würden sich unter ihnen wahrscheinlich ziemlich viele Nazis befinden, die sich auf diese Weise der Verantwortung für die Folgen ihrer Taten entziehen würden. Sie wären bestrebt, sich bei der erstbesten Gelegenheit neu zu organisieren, und würden ihr altes Spiel immer wieder beginnen. Und wenn die deutsche Armee garantieren soll, daß das »deutsche Volk«, oder wer immer es regiert, 14 Jahre später nicht erklärt, der Frieden sei ein »Schandfrieden« und der entsprechende Vertrag einen »Fetzen Papier« wert, wer wird garantieren, daß die Armee dies bei passender Gelegenheit nicht selbst tut – sogar in weniger als 14 Jahren?

Der dritte Vorteil ist der fragwürdigste. Es ist der in vielen Köpfen spukende Gedanke, »ein starkes deutsches Reich« müsse als ein »Bollwerk gegen den Bolschewismus« oder vielleicht gar als ein Verbündeter gegen diesen erhalten bleiben. Nun bin ich der letzte, der den Ernst der bolschewistischen Gefahr und die Notwendigkeit von Bollwerken gegen ihn ignoriert. Aber ein solches Bollwerk in einem »starken Deutschen Reich« zu sehen, das traditionell dazu neigt, sich mit Rußland gegen den Westen zu verbünden; das selbst dem Bolschewismus geholfen hat, sich in Rußland zu etablieren; das während der ganzen geheimen Wiederaufrüstung mit Rußland zusammengearbeitet hat; das heute im entscheidenden Augenblick wieder Hilfe von ihm erhält und dessen innere Entwicklung logisch zum Bolschewismus drängt – das bedeutet nicht mehr und nicht weniger, als einen Wolf zum Hirten zu machen. Vielleicht wird ein schwächeres, aber gesundes und zivilisiertes Deutschland – ohne das Reich und ohne eine starke Armee – ein viel besserer Schutzwall gegen den Bolschewismus sein als ein hochgerüstetes, kulturfeindliches Deutschland, das danach dürstet, sein Territorium auszuweiten. Sogar im Westen wird die Macht der Waffen heute überbewertet und die Macht des Geistes unterschätzt. Armeen kann man sicherlich nicht geringschätzen, aber nur auf die eigene kann man sich verlassen. Armeen anderer Nationen erscheinen, wie sich erst in der jüngsten Vergangenheit erneut gezeigt hat, plötzlich neben denen auf der Bildfläche, gegen die sie ein Bollwerk sein sollten. Der Geist hat wenigstens den Vorzug, daß er das nicht so leicht tun kann. Ein durch und durch europäisches Deutschland, das genauso stolz auf seinen Geist, seine Kultur und seine Tradition ist wie zum Beispiel Finnland, wäre trotz seiner schwachen Armee ein viel besseres Bollwerk gegen den Bolschewismus als das prahlerische, mächtige Deutschland von Ludendorff[48] und Keitel[49] mit all ihrem Gezeter über die rote Gefahr.

Es liegt also auf der Hand, daß alle Vorteile, die ein Frieden

---

48 Erich Ludendorff (1865–1937), Generalstabschef Hindenburgs; 1917 an der Organisation der Reise Lenins durch Deutschland (im plombierten Waggon), 1920 am Kapp-Putsch und 1923 am Putschversuch Hitlers beteiligt. [Anm. d. Ü.]
49 Wilhelm Keitel (1882–1946), Generalfeldmarschall, 1938 bis 1945 Chef des Oberkommandos der Wehrmacht, einer der engsten militärischen Mitarbeiter Hitlers, unterzeichnete am 8. Mai 1945 die bedingungslose Kapitulation der Wehrmacht, als einer der Hauptkriegsverbrecher in Nürnberg zum Tode verurteilt und hingerichtet. [Anm. d. Ü.]

mit der deutschen Armee und dem von ihr verkörperten Deutschen Reich böte, entweder von geringer taktischer und zeitweiliger Bedeutung oder völlig illusorisch sind. Die Gefahren, die ein solcher Frieden in sich birgt, sind um so größer und schrecklicher.

Die Situation, die wiederhergestellt würde, wäre kurz gesagt der Status quo von 1914. Diese einfache und unbestreitbare Tatsache zeigt sofort, welchen Wert ein solcher Frieden hätte. Er würde erstens bedeuten, daß man zwei große Kriege für nichts und wieder nichts geführt hätte, und zweitens, daß ein dritter großer Krieg unvermeidlich folgen würde. Denn man kann sich nicht vorstellen, daß das Deutsche Reich und seine Armee daraus den Schluß ziehen würden, sie müßten ihren Charakter ändern und friedlich werden. Warum sollten sie? Das Resultat wäre ein vollständiger Erfolg und eine Rechtfertigung ihrer Aggressionspolitik. Nach zwei Kriegen gegen die ganze »neidische Welt« würden sie sich um so mehr ihrer Macht bewußt sein und in ihren Dogmen und Überzeugungen bestärkt fühlen und mehr als je zuvor eine Bedrohung für ihre kleineren Nachbarn darstellen. Der Westen hätte den Krieg von 1939 geführt, um etwas zu stärken, wogegen er 1914 ins Feld gezogen war! Dem Deutschen Reich könnte kein besserer Beweis dafür geliefert werden, daß es nie ernsthaft in Gefahr war.

Es wäre auch nicht von seinen Ressentiments, seinem mangelnden Vertrauen und seiner größenwahnsinnigen Kampfesfreude geheilt. Wenn nur die Staatsmänner des Westens für einen Augenblick die Mentalität dieses Reiches und seiner Fanatiker auf die Probe stellen könnten! Ich selbst kann sie schon hören, die Reden und Gespräche, in denen man den »widerlichen« und »halben« Frieden rechtfertigen würde, jene oberschlauen Reflexionen, daß das »alles war, was sie jetzt tun konnten«, daß die Nazis »wild dagegen gewettert« hätten, daß man »wissen muß, wie man im richtigen Augenblick aufhört«. Und ich höre die beschwichtigende Bemerkung im Hintergrund: »Wartet ab und seht, was kommt!«

Die Generäle sind vielleicht persönlich sympathischer, kultivierter und klüger als die Nazis. Das hindert sie nicht, der gleichen Sache zu dienen. Und es ist kein Zufall, sondern eine historische Notwendigkeit, daß sie sich trotz der persönlichen Antipathien und der ständigen Reibereien bis heute an die Nazis geklammert haben. Beide dienen dem »Deutschland über alles«. Beide dienen der Sache der Expansion um jeden Preis, die das Deutsche Reich von Friedrichs Preußen geerbt hat; sie ist sein einziges Ziel, das kein Regierender, der die Zügel in der Hand behalten will, lange aus dem Auge verlieren darf. Im Vergleich dazu ist alles, was die Nazis und die Kriegsherren trennt, von zweitrangiger Bedeutung.

Das Reich der Generäle zu akzeptieren bedeutet, neue Gefahren, Krisen und Kriege zu akzeptieren. Vielleicht werden die Generäle ihre Eroberungsfeldzüge anständiger und humaner führen als die Nazis. Vielleicht – vielleicht aber auch nicht. Der Einmarsch in Belgien 1914 war kaum ein Musterbeispiel für Anständigkeit und Menschlichkeit. Und nach den spärlichen Informationen aus Polen zu urteilen, war es das Heer, das sich durch Plünderungen und Geiselerschießungen hervortat und nicht wie in Österreich und der Tschechoslowakei die Gestapo, für die die Armee den Türöffner und Büttel spielte.

Sei es, wie es sei, es sind nur Nuancen, die das Dritte Reich und das Deutsche Reich voneinander unterscheiden. Für die Welt sind sie im großen und ganzen identisch; der Geist der Aggression, der Drang nach Expansion und das Streben nach Weltherrschaft sind Mittel, Seele und Dämon dieses Staates. Und gelassener möchte ich hinzufügen, daß sie das auch für Deutschland sind: die Verachtung und Vernichtung des deutschen Geistes und der deutschen Mission; sie machen das Reich – das Dritte oder das andere – zu einer deutschen Krankheit.

Daß diese Krankheit im Nazistaat ansteckender denn je geworden ist, daß sie Formen angenommen hat, die keiner für möglich gehalten hätte, daß sie einen großen Teil des deutschen Volkes in den Wahnsinn getrieben, aber einen ebenso großen Teil wieder zur Vernunft gebracht hat, bedeutet: hier besteht die Chance und die Aussicht, daß die Krankheit diesmal geheilt werden kann. Würde man sie in das frühere latente Stadium zurückführen, wäre das ein schlechter Ersatz für soviel Kampf und Leid.

Es gibt noch eine Möglichkeit: einen Frieden, bei dem man auf jene Deutsche baut, welche die Nazis als ihre Feinde betrachten. Man kann ihn nicht so leicht herbeiführen wie einen Behelfsfrieden mit der Armee, der sich unter Anwendung der richtigen psychologischen Taktik zustande bringen lädt. Doch lohnt sich der eine, lohnt sich der andere nicht.

Die Schwierigkeit dieser Aufgabe liegt auf der Hand. Sie besteht darin, daß die große Masse der illoyalen, gegen die Nazis eingestellten Deutschen heute insgesamt ohne eine politische Vertretung und ein politisches Programm dasteht, so daß der Partner fehlt, mit dem wir verhandeln könnten. Die Friedensarmee existiert, aber es ist eine Armee ohne Führer. So weit verbreitet und tief verwurzelt die unorganisierte Feindschaft gegen die Nazis auch sein mag, die tatsächliche politische Opposition ist schwach, zersplittert, unfertig und nicht repräsentativ. Es ist tatsächlich keine verlockende Perspektive, das Gebäude des Friedens zu errichten, wenn die Opposition so ist, wie sie heute ist. Der künftige Frieden mit Deutschland kann sich nicht auf die Unterstützung durch die Opposition gründen, sondern nur auf die Unterstützung durch den illoyalen Teil der Bevölkerung. Aber damit die Illoyalen, die jetzt schweigen und untätig sind, zu einem politischen Faktor werden, müssen sie politisch vertreten sein. Und dazu bedarf es einer neuen Idee, einer klaren Vision vom Ziel – und vom Weg, der zu ihm hinführt.

Ganz anders war die Situation während des Ersten Weltkrieges.

Einerseits waren die Chancen für einen wirklichen Umbruch viel geringer als heute; sogar in den letzten Kriegsjahren stieß das Kaiserreich nicht auf eine solche Mauer von Illoyalität, Ablehnung und tödlicher Feindschaft wie das Naziregime. Einerseits gab es eine wachsende Kriegsmüdigkeit; die Unzufriedenheit und die Zweifel an der Perspektive und allmählich auch am tatsächlichen Wert der deutschen Sache nahmen zu. Doch selbst in den Reihen der sozialdemokratischen Arbeiter bestand nicht wirklich der Wunsch nach einer radikalen Umwandlung Deutschlands und einem neuen politischen Ziel, und sicherlich war die geheime Sehnsucht nach einer Niederlage auch nicht so stark wie heute.
Andererseits gab es damals eine aktive politische Opposition. Es existierte eine parlamentarische Koalition von Sozialdemokraten, radikalen Liberalen und dem Zentrum, die im Sommer 1917 auf einen Kompromißfrieden hinzusteuern begann, um die Macht kämpfte und schließlich im Oktober 1918 – vor der »Revolution« – die Regierung übernahm. Historisch gesehen war die deutsche außerparlamentarische Opposition 1917/18 eine viel oberflächlichere und viel weniger verheißungsvolle Kraft, als es heute die leidenschaftliche Illoyalität eines großen Teils des deutschen Volkes ist, doch im Gegensatz dazu war sie eine spürbare Realität. Rein theoretisch war es damals nicht schwieriger, mit jener Opposition Frieden zu schließen, als heute mit den deutschnationalen Generälen. Doch wie die Geschichte der späteren Jahre gezeigt hat, war dies nicht sehr fruchtbringend.
Heute wäre ein solcher Friedensschluß nicht mehr sinnvoll, er wäre im Unterschied zu damals auch unrealistisch. Wenn man die Möglichkeiten eines realen Friedens mit dem realen »anderen« Deutschland untersucht – eines Friedens, der weder eine Kapitulation vor den Nazis wäre noch ein Waffenstillstand mit den Vertretern der militärischen Expansion –, ist es ratsam, den Gedanken von vornherein auszuschließen, das erfolglose Experiment von 1919 könne wiederholt werden und ein »verbesserter«

Vertrag von Versailles ließe sich mit einer »verbesserten« Weimarer Republik schließen.

Lassen wir die äußerst kontroverse Frage beiseite, welchen Charakter die ins Auge gefaßten Verbesserungen haben sollten. Es wäre zwecklos, sich darüber Gedanken zu machen, denn das Konzept, auf das sich der Frieden von 1919 gründete, ist von der Geschichte eindeutig und grundsätzlich widerlegt. Entsprechend diesem Konzept wurde es für möglich erachtet, das Deutsche Reich mitsamt seiner ihm zugrunde liegenden Idee, seiner unteilbaren Legende und seinem unverwechselbaren Charakter – ohne radikale Veränderung seiner geschichtlichen Tradition und seiner geographischen und politischen Struktur – einfach in eine westliche Demokratie nach westlichem Vorbild umzuwandeln und mit ihm Bedingungen der friedlichen Koexistenz und Kooperation zu vereinbaren, trotz diskriminierender militärischer und ökonomischer Vorsichtsmaßnahmen, die notwendig waren, gerade weil man seine historische Tradition und seine geographisch-politische Struktur beibehalten hatte. Die Geschichte der Weimarer Republik hat gezeigt, daß das unmöglich war. Sie hat gezeigt, daß im Rahmen des Deutschen Reiches, das wegen der »Ketten von Versailles« vor schäumender Wut verrückt geworden war, die Weimarer Koalition der Sozialdemokraten, Liberalen und politisch interessierter Katholiken sogar mit der zahlreichsten Anhängerschaft gegen die friderizianisch-Bismarcksche Tradition dieses Staates keine Chance hatte, daß sie nur so lange an der Macht bleiben konnte, wie die betäubenden Wirkungen der Niederlage anhielten, und daß, sobald Konzessionen an das sogenannte demokratische Reich gemacht wurden, wieder Kräfte auf den Plan gerufen wurden, die zur alten Tradition und Legende des Reiches besser paßten als die »Demokraten«. Dadurch ist etwas noch Schlimmeres erkennbar geworden, nämlich, daß die plötzliche Einführung demokratischer Formen in einem an Gehorsam und Disziplin gewöhnten Land auf lange Sicht nicht den Demokraten zugute kommt, sondern den Nazis, und daß die Entmachtung der Herren nicht zu Freiheit, Gleichheit, Brüderlichkeit führt, sondern leider zum Schrecken aller Schrecken, zur Diktatur der Lakaien.

Wenn also die Parteien der Weimarer Koalition unfähig waren, solche Ergebnisse zu verhindern, als sie beträchtliche politische Kräfte mit mächtigen Organisationen darstellten, noch den Wind der Geschichte in den Segeln hatten und von der Hoffnung, dem Glauben und der Begeisterung von Millionen loyaler Anhänger inspiriert wurden – wieviel mehr gilt das heute nach all den Schwierigkeiten, Enttäuschungen und Mißerfolgen? Diejenigen deutschen Oppositionsgruppen, welche nichts anderes vorzuschlagen haben als die Wiederholung des Weimarer Experiments (mit »Verbesserungen«), können nicht länger den Anspruch auf politische Glaubwürdigkeit erheben. Sie betrügen sich selbst und andere, wenn sie glauben und vorgeben, sie könnten mit den alten Losungen von einer »Republik der Arbeiter, Bauern und Soldaten«, von »Freiheit, Arbeit, Brot« oder von »Einheit, Ordnung, Freiheit« noch einmal die Massen für sich einnehmen wie im Jahre 1919. Selbst wenn sie das täten, wären ihre Anstrengungen allesamt vergebens. Inzwischen sind die Massen taub und mißtrauisch gegenüber diesen Parolen. Die glitzernden Hoffnungen von 1919 sind begraben. Die damaligen Versprechungen sind zum Gespött geworden. Der glühendste Demokrat in Deutschland hat heute instinktiv gelernt: Solange das Deutsche Reich bleibt, wie es ist, muß sich der freiheitsliebende, friedliche und tolerante Bürger den Tyrannen und den Kriegern unterwerfen. Obwohl man sich dieser Tatsache bewußt ist, können nur wenige sie erklären. Die Deutschen haben das Gefühl, ein unausweichliches Schicksal drohe ihnen, eine magische Kraft habe sie in den Bann geschlagen. Und ist sie denn nicht magisch – die dämonische Unnachgiebigkeit, mit der die historische Tradition des Deutschen Reiches sich gegen ihre Feinde wehrt? Trotzdem, wenn ein wirklicher Friede möglich ist, muß der Bann gebrochen werden. Das bedeutet: *Das Deutsche Reich muß verschwinden, und die letzten 75 Jahre der deutschen Geschichte müssen ausgelöscht werden. Die Deutschen müssen bis zu jenem Punkt zurückgehen, wo sie den falschen Weg eingeschlagen haben – bis zum Jahr 1866. Kein Frieden ist denkbar mit dem preußischen Reich, das damals entstanden ist und dessen letzte logische Konsequenz Nazideutschland ist. Und nirgends findet man ein vitales »anderes« Deutschland, ausgenommen jenes, das in jenem Jahr aus einer Kriegslaune heraus besiegt wurde – ohne es je völlig zu unterwerfen.*

Man kann nicht sagen, die Möglichkeiten, die hier dargelegt wurden, seien inzwischen erkannt worden oder hätten in öffentlichen Diskussionen über den Krieg und die Kriegsziele die entsprechende Rolle gespielt. Keinesfalls dürfen sie mit der »Aufteilung« und »Zerstückelung« Deutschlands verwechselt werden, die in den Leserbriefspalten der Zeitungen und in den Reden einiger Politiker der extremen Rechten oft erwähnt werden. Diese Drohungen muten eher wie ein Schlachtruf an denn wie ein wohldurchdachtes politisches Programm. Die Befürworter dieser Politik scheinen die völlige Vernichtung eines Organismus zu planen, die Vierteilung eines lebendigen Körpers, ein Gemetzel, das die Deutschen aller künftigen politischen Existenzformen berauben wird: tatsächlich nicht nur kein »anderes« Deutschland, sondern kein Deutschland überhaupt – ein Schicksal, wie es die Nazis für Polen ausersehen haben.

Wir wollen einräumen, daß Menschen in der Hitze des Gefechts zeitweise solche Gedanken äußern können. Falls man aber diese ernsthaft in den Rang politischer Ziele erheben sollte, wäre das nicht nur für die Deutschen eine furchtbare Tragödie, sondern auch für die Franzosen und Engländer. Denn für die letzteren würde das erstens auf lange Sicht bedeuten, daß sie alle Hoffnungen auf einen wirklichen Frieden, auf eine Wiederherstellung der

»europäischen Gemeinschaft« begraben müßten, so daß ihre einzige Sicherheitschance in einer ständigen schlaflosen, bewaffneten Überwachung und Unterdrückung eines Feindes bestünde, der unaufhörlich seine Befreiung planen und auf Rache sinnen würde (und wir haben gesehen, wie rasch sie es satt haben, ständig bewaffnet auf der Hut sein zu müssen!), und zweitens auf kurze Sicht, daß sie gezwungen wären, jede Chance einer psychologischen Kriegführung zu vergeben, auf jede Möglichkeit zu verzichten, große Teile des deutschen Volkes für sich einzunehmen, und sich zur Erringung des Sieges einzig und allein auf die Waffen zu verlassen; denn die lebenslängliche politische Inhaftierung nach dem verlorenen Krieg wäre das stärkste psychologische Mittel, um Hitler sogar seine widerspenstigsten Landsleute in die Arme zu treiben. Die Verbündeten würden damit das fertigbringen, was bisher nicht einmal Hitler geschafft hat: alle Deutschen zu einen, damit sie mit eiserner Entschlossenheit danach trachten, den Krieg um jeden Preis – ob mit oder ohne Hitler – zu gewinnen! Wir dürfen uns keinen Illusionen hingeben. Ein Krieg zwischen den Völkern, ein Krieg der Franzosen und Engländer gegen die Deutschen, der mit der Herrschaft der Sieger und mit der Versklavung der Besiegten endet – das ist die Idee des Krieges, die Hitler den Deutschen (und der Welt) einzuhämmern versuchte – doch bis jetzt nicht vollkommen erfolgreich. In dem Moment, wo die Alliierten diese Auffassung akzeptieren und sanktionieren und sich damit die These und Diskussionsgrundlage des Feindes zu eigen machen, haben sie den psychologischen und ideologischen Krieg verloren, wie dessen militärischer Ausgang auch immer aussehen mag (der von da an sehr viel zweifelhafter wird, weil psychologische Niederlagen zu dem militärischen Ergebnis einer Stärkung der Einheit und der Kampfmoral des Feindes führen). Von da an wird das »Thema« des Krieges genauso von Hitler bestimmt, wie es beim »Thema« der vorangegangenen europäischen Krisen in Friedenszeiten – bei der österreichischen, tschechischen und Danziger »Frage« – der Fall war. Im Gegensatz dazu war es die Auffassung und Interpretation der Alliierten, die insgesamt vernünftig scheint und von der sie zum Glück noch nicht offiziell abgerückt sind, daß dieser Krieg eine Polizeiaktion der Welt gegen die Nazis ist, bei der sogar die Deutschen ein Interesse haben, teilzunehmen. Damit diese Idee voll zum Tragen kommt, muß sie viel konkreter, energischer und genauer ausgearbeitet werden, ihr müssen sozusagen Zähne wachsen. Wenn man sie widerriefe, einen geschickten taktischen Rückzug machte und dem Feind das ganze psychologische Schlachtfeld überließe, so wäre das ein politisches Trondheim[50], das nicht nur einen verlorenen Feldzug, sondern einen verlorenen Krieg bedeuten würde. Der Himmel bewahre uns vor einem so schlimmen, nicht wiedergutzumachenden Fehler.

Nein, was wir hier vorschlagen, ist nicht die Zerstückelung und Vernichtung Deutschlands zum Zwecke seiner Unterdrückung und Versklavung, sondern eine höchst konstruktive Lösung, die nicht gegen seine historischen Traditionen verstößt, sondern deren Entwicklung folgt, nicht *gegen* die Deutschen verwirklicht werden kann, sondern nur *mit* ihnen und *durch* sie, und die nicht nur seinen Nachbarn, sondern auch Deutschland selbst eine bessere und glücklichere politische Zukunft verspricht, als es das gegenwärtige preußisch-deutsche Reich vermag. Daß eine solche Möglichkeit existiert, scheint niemanden überrascht zu haben, es setzt allerdings die Erkenntnis voraus, daß das Deutsche Reich *nicht* Deutschlands natürliche und geeignete politische Form ist,

---

50 Am 9. April 1940 wurde Trondheim, die drittgrößte Stadt Norwegens, von deutschen Truppen besetzt. Nördlich und südlich angelandete britisch-französische Streitkräfte mußten nach mehreren Niederlagen Anfang Mai 1940 zurückgezogen werden. Im Juni 1940 Kapitulation der norwegischen Truppen bei Narvik. [Anm. d. Ü.]

ganz im Gegenteil, und daß das »andere« Deutschland, wenn es noch einmal eine politische Realität wird, zu seinen natürlichen und lebendigen politischen Formen zurückfinden und diese entwickeln muß. Diese Tatsache wurde in Europa übersehen. Ich glaube, sie wird nach den schrecklichen Erfahrungen der letzten Jahrzehnte und als Reaktion auf den Nationalsozialismus in Deutschland leichter erkannt werden als im Westen, wo man die Dinge von außen betrachtet und selten gezwungen war, darüber viel nachzudenken. Das aber ist für die Westmächte, die von Nazideutschland bedroht sind, genauso wichtig wie für Deutschland, das von den Nazis versklavt und verwüstet ist.

Es gibt heutzutage eine ziemlich unerklärliche Neigung, alle Nationen als gleich anzusehen, alles in das gleiche politische Schema pressen zu wollen – den nationalen Einheitsstaat. Dieses von Grund auf falsche Konzept ergreift so sehr vom Denken der Menschen Besitz, daß sie oft sogar schwer erkennen können, daß es zumindest ein Problem oder auch nur ein Diskussionsthema ist. Es ist jedoch keine rein akademische Frage; das genaue Gegenteil dieser allgemeinen Auffassung ist der Fall. Genauso wie Menschen ziehen verschiedene Nationen unterschiedliche Lebensbedingungen vor. Manche sind prädestiniert für die Existenz großer oder kleiner Nationalstaaten, andere für die supranationalen Staaten, wieder andere für die Stadtstaaten, wie zum Beispiel das alte Athen oder das heutige Hamburg; manche für die Existenz kleiner oder mittelgroßer Agrarstaaten, und wieder andere, so zum Beispiel die Juden, sehen die vollständige Staatenlosigkeit als ideal an. Wenn eine Nation eine ungeeignete politische Form akzeptiert, die ihr entweder von außen aufgedrängt wurde oder die aus Instinktlosigkeit bloß die eines anderen Staates nachäfft (das Deutsche Reich ist eine Mischung von beiden), können die Folgen für die Nation verschieden sein. Sie kann insgesamt untergehen oder sich auf Kosten ihres Nationalcharakters anpassen beziehungsweise, wenn sie es nicht schafft, sich anzupassen, einer pathologischen Neurose zum Opfer fallen. Letzteres ist dem Deutschen Reich widerfahren.

Die Tatsache, daß große Nationalstaaten heute Mode sind, macht es schwierig zu begreifen, daß es etwas Besseres und Vernünftigeres geben kann. Eine Entwicklung vom Großen zum Kleinen kann unter bestimmten Umständen von Vorteil sein und einen Heilungsprozeß bewirken: Das Gegenteil kann Dekadenz bedeuten und krankhaft sein. Man kann den Fall Deutschland an Hand einer historischen Parallele, des Schicksals des alten Hellas, erklären.

Die klassischen Griechen, die ohne Zweifel eine einzige Nation sind und sehr auf ihren nationalen Zusammenhalt bedacht sind, fanden ihre ideale politische Form in kleinen souveränen Staaten von der Größe von Provinzen. Solange sie unter diesen günstigen politischen Verhältnissen lebten, blühte ihre Kultur, auch ihre politische Kultur. Aber als sie teils »vereinigt«, teils dem kriegerischen und halbzivilisierten griechischen Grenzland Makedonien untertan waren und eine Großmacht wurden, verfiel ihre politische Kultur rasch und bald darauf auch ihre geistige. Makedonien-Griechenland eroberte ein riesiges Reich, aber es konnte es nicht verdauen. Was es der Welt gab, war bestenfalls ein Abglanz des verblassenden Ruhmes von Athen, Korinth, Sparta und Theben.

Die Parallele zum heutigen Deutschland ist augenfällig. Deutschland stellte eher das Hellas von Europa dar, solange es – trotz all des gesunden, nicht übertriebenen Nationalbewußtseins der damaligen Zeit – aus einer Anzahl kleiner und mittlerer Staaten bestand. Seit es durch Preußen – das moderne Makedonien – »geeint« ist, hat es aufgehört, Deutschland zu sein, so wie Griechenland im 4. und 3. Jahrhundert vor Chr. aufgehört hat, Hellas zu sein. Die deutsche Kultur hat diesem Einigungsprozeß sogar noch weniger widerstanden als die griechische Kultur. Nur einen Unterschied gibt es. Preußen-Deutschland hat in seiner Rolle als

Welteroberer bisher keinen Erfolg erzielt. Und nach jedem neuen gescheiterten Versuch kündigt sich wieder das alte Deutschland ungeduldig an und sucht besorgt nach etwas, was es verloren hat und was in gehobener Sprache Freiheit, Kultur und Schönheit des Lebens und im Alltag Ruhe, Bescheidenheit und Behaglichkeit genannt wird. Es gewänne all dies mit seiner alten politischen Form – der einzigen, die es je beherrscht hat – wieder, und entscheidend ist, ob diese Wahrheit, die nach dem letzten Krieg verborgen blieb, diesmal erkannt werden wird.

Diejenigen, für die die Begriffe »Deutschland« und »Deutsches Reich« identisch sind und die daher je nach Temperament entweder resigniert die Fortdauer der deutschen Gefahr akzeptieren oder nur Deutschlands Zerstückelung und Vernichtung als ein Mittel zur Abwendung dieser Gefahr vorschlagen, übersehen, daß es kraftvolle Organismen gibt, die vom Reich in Fesseln gelegt wurden, seit alters bestehen und tief in der Geschichte verwurzelt sind. Werden sie befreit, so werden sie in vollem Umfang ihre Rolle spielen. Man ignoriert die Tatsache, daß die deutschen Länder, die das Reich als die politische Lebensform der Deutschen ersetzen müssen, existieren, Realitäten sind, und daß nur der Wille fehlt, sie wieder zu Gegebenheiten des Lebens zu machen. Schließlich läßt man außer acht, daß alle jene Lehren der Zivilisation, die die deutsche Geschichte als Alternative und als Gegenkräfte zum gegenwärtigen übermächtigen friderizianisch-Bismarck-Hitlerschen Ideal des nationalen Aufstiegs anzubieten vermag, in den Traditionen und Staatsmythen dieser Länder enthalten sind. Dem Reich ist es nie gelungen, auf dieses im Grunde nationalsozialistische Ideal zu verzichten und sich einen anderen Staatsmythos zu geben. Sein einziger Versuch in dieser Richtung, die Weimarer Republik, war ein Mißerfolg. Warum, so können wir fragen, sollte das Deutsche Reich ein anderes Ideal und Ziel erstreben als jenes, durch das es entstanden ist und sich entwickelt hat? Die deutschen Länder haben andere Ideale und

Ziele und dank ihnen jahrhundertelang bestanden und floriert. Das widerspricht der Behauptung, der Nationalsozialismus in Deutschland werde bewußt oder unbewußt durch die Tradition vieler Jahrhunderte genährt. Die großartigen Jahrhunderte des deutschen Geistes sind jetzt fast legendär, werden aber mit der Wiederherstellung seiner natürlichen politischen Form wieder auferstehen.

Die erneute Aufgliederung Deutschlands in Länder kann der Prozeß einer natürlichen und organischen Entwicklung sein und sowohl die Sicherheit Europas fördern als auch die besonderen Talente und die Mission Deutschlands. Ein Deutscher büßt den besten Teil seines Charakters ein, wenn er sich auf sein »Deutschtum« konzentriert und Nationalist wird. Ein Deutschland, das unterdrückt und im Reich eingemauert ist, büßt seine Bedeutung und seine Seele ein; es wird krank, verzweifelt und endet im Nationalsozialismus, es wird zu einem politischen Werwolf. Was das Deutsche Reich heute zur Geißel Europas macht, beeinträchtigt nicht minder das Leben jedes Deutschen. Das ist der Kernpunkt der gegenwärtigen Tragödie. Diese Erkenntnis kann zur Keimzelle des künftigen Friedens werden. Das gleiche »Nie wieder!«, welches täglich immer lauter als aufrüttelnder Ruf Frankreichs und Englands ertönt, kann und muß das Losungswort Deutschlands werden. Die Wiederherstellung der deutschen Länder als Pfeiler des wirklichen Schicksals Deutschlands kann das gemeinsame Ziel sowohl der Alliierten als auch der Nazigegner im Krieg wie im Frieden werden. Und auf diese Weise wird es nicht nur den Ausgang des Friedens beeinflussen, sondern auch die Grundlage für einen von Haß und Rachegefühlen unbelasteten dauerhaften Frieden schaffen.

Drei Dinge müssen jedoch klar erkannt werden:

1. Der Frieden mit diesen Ländern muß ein echter Frieden sein, das heißt, er muß der Beginn einer Zusammenarbeit und Freundschaft und nicht eine Strafe und Unterdrückungsmaßnahme sein.

Wir müssen voll und ganz begreifen, daß wir das Deutsche Reich nicht loswerden und gleichzeitig seine »Nachfolgestaaten« mit ihm gleichsetzen können, um sie für seine Sünden zu bestrafen. Entweder das eine oder das andere! Wenn wir die »Nachfolgestaaten« so bestrafen, wie wir das beim besiegten Reich tun würden, wird das dazu führen, daß sie sich weiter so fühlen wie das besiegte Reich – und sich bei der ersten günstigen Gelegenheit wieder zusammentun, um Vergeltung zu üben. Wenn wir wollen, daß die neuen Länder Wurzeln schlagen und durchhalten und daß die Reichsmentalität ausstirbt – wofür nach dem Zusammenbruch des Nationalsozialismus gute Aussichten bestehen –, müssen wir ihnen eine faire Chance bieten. Fremde Besatzungsarmeen, die Auferlegung von Reparationen, moralische Diskriminierung und einseitige Beschneidung der Souveränitätsrechte wären keine solche Chance. Der Versailler Vertrag irrte darin, daß er das Reich »bestrafte« *und* es weiterbestehen ließ. Der richtige Kurs, der eingeschlagen werden müßte, bestünde darin, dem Reich ein Ende zu setzen, so daß sich eine politische »Bestrafung« erübrigt. Wir müssen erkennen, daß die Idee der Bestrafung eines *Staates* sinnlos ist. Menschen können bestraft werden, und die Bestrafung der Nazis für ihre im Frieden und im Krieg begangenen Verbrechen ist eine wesentliche Voraussetzung für einen dauerhaften Frieden. Was die Staaten betrifft, so können sie abgeschafft und durch andere ersetzt werden, und das sollte man mit dem Deutschen Reich tun. So würde die Schuld gesühnt und auch der Frieden erhalten bleiben. Würde man Staaten gründen, damit sie leben und gedeihen, und dann ihre Existenz durch Strafen in Frage stellen, würde das bedeuten, daß man das ganze Konzept zunichte macht, auf dem der künftige Frieden Europas beruhen muß.

2. Deutschland kann nur im Rahmen eines Europa wiedererrichtet werden, das ökonomisch und politisch neu gestaltet ist. Man muß klar erkennen, daß keiner der deutschen Staaten eine unabhän-

gige, sich selbst versorgende ökonomische Einheit ist. Das ist einerseits ein Vorteil, da dies jeden Versuch ausschließt, eine unnatürliche Politik der wirtschaftlichen Autarkie zu betreiben. Andererseits ist eine effektive internationale Wirtschaft erforderlich, damit diese Staaten Arbeit finden und ihre Existenz sichern können. Die Organisation dieser Wirtschaft muß heute in Angriff genommen werden; die internationalen Großprojekte, die die Aufgabe haben, der wirtschaftlichen Zerrüttung nach Beendigung des Krieges vorzubeugen, müssen heute geplant werden. Es wäre zu spät, wenn man sie erst improvisierte, wenn die Krise da wäre. Sie müssen ein Bestandteil des Friedensvertrages sein. Und die Rolle der künftigen deutschen Staaten beim ökonomischen Wiederaufbau Europas muß für jeden von ihnen gesondert im voraus festgelegt werden, entsprechend den ökonomischen Bedingungen und Möglichkeiten eines jeden von ihnen. Jeder muß seine festgelegte Aufgabe haben. Die Deutschen sind eines der geschäftstüchtigsten und fleißigsten Völker. Nichts ist furchtbarer für die Deutschen als die Aussicht, die Hände in den Schoß legen zu müssen und keine Arbeit zu haben.

Eine zweite Überlegung: 70 Jahre einer engverflochtenen Wirtschaft können nicht mit einem Federstrich beendet werden. Zum einen existieren zwischen den deutschen Ländern viele wirtschaftliche Verbindungen, die nicht abrupt unterbrochen werden können, ohne schweren Schaden hervorzurufen. Zum anderen wäre es gefährlich, sie weiter dafür zu benutzen, die »Nachfolgestaaten« des Reiches isoliert von der übrigen Welt zusammenzukoppeln; denn sie könnten leicht zum Kern eines neuen Reiches werden. Die richtige Politik besteht darin, diese ökonomischen Verbindungen über die Grenzen Deutschlands hinaus zu erweitern. So wäre es zum Beispiel unklug, die deutsche Eisenbahn in acht staatliche Eisenbahnsysteme aufzugliedern. Aber können sie nicht von einem europäischen Eisenbahnsystem absorbiert werden? Deutschland stellt auch ein einheitliches Zollsystem dar.

Acht Zollsysteme an Stelle eines einzigen wären kaum ein Fortschritt. Aber wird die Beendigung des Krieges nicht auf lange Sicht signalisieren, daß der richtige Zeitpunkt für die Schaffung einer europäischen oder zumindest mitteleuropäischen Zollunion gekommen ist?

Diese Fragen erfordern ein Buch für sich. Wir beabsichtigen hier nur, auf ihre Existenz und Dringlichkeit hinzuweisen und die Maßnahmen grob zu umreißen, die zu ihrer Lösung ergriffen werden müssen.

Ähnliche Probleme existieren im Bereich der internationalen politischen Organisation. Die Beseitigung des Deutschen Reiches und der Gefahr, die es verkörpert, ebnet den Weg für die Wiederherstellung der »europäischen Gemeinschaft«, das heißt der stabilisierten, sicheren und organisierten Koexistenz der europäischen Nationen. Und dieser Weg muß tatsächlich beschritten werden. Die Erfahrungen der letzten zwanzig Jahre haben gezeigt, daß solche Fragen nicht hinausgeschoben werden dürfen. Neue Organisationen für internationale Sicherheit und Zusammenarbeit müssen geschaffen werden, solange die Dinge noch im Fluß sind, das heißt unmittelbar nach dem Krieg und nicht lange nachdem sie wieder anfangen, konkrete Formen anzunehmen.

Die Zusammensetzung der neuen »europäischen Gemeinschaft« würde sich von der des 19. Jahrhunderts unterscheiden. Die alte war ein Quartett oder Sextett der Großmächte. Die neue wird ein aus kleinen und mittelgroßen Staaten bestehendes Orchester sein. Ein großes Orchester erfordert andere, disziplinierte Arbeits- und Organisationsmethoden als ein Kammerorchester. Kleine Staaten haben ein größeres Sicherheitsbedürfnis als Großmächte. Daher wird es wichtig sein, sogleich die internationalen und überstaatlichen Organisationen zu konzipieren und zu schaffen, welche die Grundlage der neuen europäischen Ordnung sein werden. Nur im Rahmen eines solchen europäischen Systems kann der neue Plan für Deutschland vollendet werden.

3. Der Erfolg der ganzen Operation hängt zum großen Teil davon ab, wie und von wem sie unternommen wird. Ein Staat befreit sich niemals aus der Herrschaft des Gesetzes, das seine Geburt bestimmt hat; die Geschichte des Deutschen Reiches beweist das. Es wäre ein irreparabler Fehler, wenn die deutschen Staaten sich nur rühmen könnten, durch die Zerstückelung des Deutschen Reiches wiedergeboren zu sein.

Wahrscheinlich wären sie dann nicht mehr als die Gliedmaßen des Deutschen Reiches, das im Hintergrund lebendig, aber unsichtbar bliebe und eines Tages, wenn die Lage günstig wäre, in all seiner handgreiflichen Realität wiedererschiene. Wenn die deutschen Länder, mit denen wir in Zukunft auf lange Sicht in Frieden leben wollen, lebensfähig sein sollen, müssen sie auf natürliche Weise wiedererrichtet werden, das heißt, diejenigen, die sie künftig regieren und verwalten werden, müssen auch ihre Gründer sein. Und es wäre gut, wenn die Geburt möglichst vieler dieser Länder nicht das Ergebnis einer Niederlage wäre: wenn ihnen zu einem Stück ihrer neuen Geschichte, zum Anfang eines neuen Staatsmythos – zu etwas Ähnlichem wie den Annalen der tschechischen und polnischen Legion im Weltkrieg – verholfen werden könnte. Das läßt sich machen, und diese Aufgabe muß sofort angepackt werden – mit Hilfe der deutschen Emigranten.

Der erste praktische Schritt zu einer positiven und konstruktiven Politik gegenüber Deutschland muß in einer positiven und konstruktiven Politik gegenüber den deutschen Emigranten bestehen. Laßt uns endlich die große Gelegenheit nutzen, welche die Bereitschaft zur Zusammenarbeit vieler Angehöriger der deutschen politischen Intelligenz bietet, die heute außerhalb von Deutschland leben, sowie einer großen Anzahl von Menschen, die Todfeinde der Nazis und zahlreich genug sind, um wenigstens den symbolischen Kern einer deutschen Armee zu bilden, die an der Seite der Alliierten kämpft. Es genügt nicht, die Emigranten nur human zu behandeln: Man muß sie politisch nutzen. Es genügt nicht, sie in der Freiheit sich selbst zu überlassen: Sie müssen für die gemeinsame Sache genutzt werden. Es genügt nicht, zu seufzen und sich mit der Anwesenheit von 70 000 bis 80 000 »feindlichen Ausländern« in England abzufinden (ganz zu schweigen von der Flüsterpropaganda gegen sie).

Vor allem müssen wir heute Organisationen gründen und die Vorbereitungsarbeit leisten, um morgen die neuen deutschen Staaten gründen und leiten zu können. Sie können bescheiden beginnen, in Form von Enquetekommissionen für Österreich, Bayern, das Rheinland usw., um Informationen zu sammeln und miteinander zu vergleichen, Fragen der Propaganda zu diskutieren und Pläne für die künftigen Verfassungsorgane und Verwaltungssysteme auszuarbeiten. Je mehr sie die Probleme der Organisation meistern und Mittel und Wege finden, um Verbindungen zur illegalen Opposition in ihren eigenen Ländern aufzunehmen, um so mehr wird ihnen die Autorität von Exilregierungen zukommen. Die entscheidende Stunde, auf die sie sich vorbereiten müssen, wird schlagen, wenn der Krieg auf deutschem Boden ausgefochten wird. Neue Landesregierungen müssen bereitstehen, um die Macht in einer solchen Region zu übernehmen, einen Separatfrieden zu schließen, Gerichte einzusetzen, damit die Nazis für ihre Verbrechen bestraft werden, die Naziverwaltung abzuschaffen, sie durch neue Institutionen zu ersetzen und das Land für die Aufgabe der Befreiung Deutschlands zu mobilisieren. Eine solche Aktion, die in irgendeiner Region durchgeführt wird, kann ungeahnte Auswirkungen auf ganz Deutschland haben, die sich von denen der rein militärischen Besetzung eines deutschen Frontabschnitts sehr unterscheiden. Denn dies wird der erste Moment sein, da man mit inneren Revolten gegen das Naziregime rechnen kann. Aber dieser Moment muß sorgfältig geplant werden.

Es scheint an der Zeit, damit zu beginnen, obwohl diese Aufgabe erfordert, rasch und gründlich in neuen politischen Kategorien zu denken. Wenn vom einfachen Mann täglich verlangt wird, sein Leben auf dem Schlachtfeld aufs Spiel zu setzen, so kann auch von den Politikern, egal ob Engländer, Franzosen oder emigrierte Deutsche, gefordert werden, ihre Kraft nicht zu schonen. Einfallsreichtum, Entschlossenheit, Mut – dies sind im Krieg sowohl die unerläßlichen Eigenschaften des Politikers als auch des Frontoffiziers. Staatsmänner der Alliierten und exilierte führende Persönlichkeiten Deutschlands wollen ihr Bestes tun.

Es ist die Aufgabe der deutschen Oppositionsparteien zu erkennen, daß jeder Versuch, Deutschland vor der Selbstvernichtung zu retten, während das Deutsche Reich weiter erhalten bleiben soll, dem Versuch gleichkommt, sich zu waschen, ohne sich naß zu machen. Aus dieser Erkenntnis müssen sie ihre Schlüsse ziehen.

Es ist die Aufgabe der Westmächte zu erkennen, daß ein Frieden mit den wiederhergestellten deutschen Staaten ihnen mehr nützt als die zeitweilige Unterwerfung Deutschlands. Und dementsprechend müssen sie handeln. Beide Seiten haben die Aufgabe zu erkennen, daß sie Verbündete sind und ihre Bataillone gemeinsam in den Kampf führen müssen.

Beide Seiten sind weit von dieser Erkenntnis entfernt. Das Schicksal Europas hängt davon ab, ob diese Schlußfolgerung mit Lichtgeschwindigkeit gezogen wird. Denn nur dann kann die große und anspornende Möglichkeit genutzt werden, die dieser Krieg bietet, die einzige Möglichkeit, sowohl geistig als auch militärisch den Sieg davonzutragen, die einzige Möglichkeit, den deutschen Knoten zu lösen, ohne ihn zu durchschlagen, die einzige Möglichkeit, sowohl Europa vor Deutschland als auch Deutschland vor sich selbst zu retten.

Das eine ist ohne das andere nicht möglich.

Nachwort

Welch eine Situation, ein Buch zu schreiben! Emigrant, der Sprache des Gastlandes noch nicht so mächtig, um bereits mittels ihrer schreiben zu können, zwischen zwei Internierungen als »feindlicher Ausländer«, unregelmäßige und äußerst bescheidene Einkünfte, werdender Vater, geflohen vor den Nationalsozialisten, die im Begriff sind, bald ganz Europa zu erobern. Was ist zu tun? Was kann getan werden?
Die Politik der Regierung seines Gastlandes ist unentschlossen und nachgiebig. Ungefragt, so muß man annehmen, macht sich Sebastian Haffner an die Arbeit, das nationalsozialistische Deutschland, das zu besiegen in diesen Jahren offensichtlich die wichtigste Aufgabe ist, minutiös zu beschreiben. Wird man ihn anhören? Wird er einen Übersetzer finden? Einen Verleger? Und wovon wird die nächste Miete bezahlt? Wird man ihn und seine Familie nach den ersten deutschen Luftangriffen gefangennehmen oder, schlimmer noch, des Landes verweisen? Wie kann man Einfluß nehmen? Welch eine Situation, ein Buch zu schreiben.
»Germany: Jekyll & Hyde«, Sebastian Haffners erstes Buch, erschienen 1940 in England, liegt hiermit als letztes in der langen Reihe seiner Veröffentlichungen vor. Allein diese Tatsache unterstreicht die ungewöhnliche Geschichte dieses Buches – und daß der Text für diese deutsche Erstausgabe erst rückübersetzt werden mußte, da das deutschsprachige Originalmanuskript verschollen ist. Der Verlust an sprachlicher Authentizität durch zwei Übersetzungen – der Verlag hofft, ein nicht allzu großer – wird durch einen unschätzbaren Gewinn auf einem anderen Gebiet möglicherweise mehr als wettgemacht: Hier ist keine nachträgliche Weisheit zu Papier gebracht worden, keine rückwärtsge-

wandte Prophetie, warum alles so und nicht anders kommen konnte. Haffner greift mit diesem Buch – mit vollem Risiko, in großer Not – in die politischen Tagesauseinandersetzungen ein. So finden sich sowohl beachtete als auch unbeachtete Argumente, angenommene und verworfene Vorschläge, eingetroffene und ausgebliebene Vorhersagen.

Nehmen wir ein Beispiel: Die Emigranten haben nach 1945 offensichtlich nicht die von Haffner gewünschte Rolle gespielt; es gab keinen wirklichen Neuanfang, und die Aufteilung Deutschlands orientierte sich an den Grenzlinien des Kalten Krieges, nicht an denen der von Haffner skizzierten neuen (alten) deutschen Länder. Ein anderes Beispiel: Es ist unbestreitbar ein Unterschied, ob man Hitlers Selbstmord im nachhinein als wenig überraschend oder als logische Konsequenz bezeichnet, oder ob dieser Selbstmord bereits fünf Jahre zuvor – also noch zu Lebzeiten Hitlers – mit den Worten »Hitler besitzt genau den Mut und die Feigheit für einen Selbstmord aus Verzweiflung« vorhergesagt wird. 1976 hatte Haffner in seinen »Anmerkungen zu Hitler« geschrieben, daß Hitlers »ständige Selbstmordbereitschaft ... Hitlers ganze politische Laufbahn« begleitete.

Auch an vielen anderen Punkten begegnet man Themen Haffners, die er immer wieder in seinen späteren Büchern aufgegriffen hat: Die Unfähigkeit der Deutschen zur Demokratie, der Wunsch, lieber »ordentlich regiert« zu werden; die Bedeutung Preußens und der Politik Bismarcks für die Entwicklung des Deutschen Reichs zum »europäischen Werwolf«; der Januskopf sowohl der Weimarer Republik als auch der Sozialdemokratischen Partei Deutschlands – das alles ist in »Germany: Jekyll & Hyde« schon angelegt. Dabei hat sich Haffner, dessen Fähigkeit, den Leser in einen Dialog zu verwickeln, ebenfalls schon erkennbar ist, nie gescheut, seiner Ansicht nach unhaltbar gewordene Positionen zu räumen. Am deutlichsten wird diese Bereitschaft in seiner im

Vergleich zum vorliegenden Buch in späteren Jahren sehr veränderten Meinung über die Politik Bismarcks – und in seiner Haltung zur Geschichte der SPD.

Zwar bescheinigte Haffner schon 1939 der SPD Verrat an ihren Grundsätzen und macht dies an der Kriegskreditbewilligung, an der Politik Friedrich Eberts in der deutschen Revoluzzer, als Ebert Freikorpssoldaten auf die Revolution schießen ließ, und – nur allzuoft übersehen – der Passivität angesichts der Absetzung der SPD-geführten preußischen Regierung am 20. Juli 1932 fest. (Die Verantwortung des SPD-Politikers Gustav Noske, quasi im Range eines Reichswehrministers, für die wohl folgenreichsten politischen Morde dieses Jahrhunderts – die an Rosa Luxemburg und Karl Liebknecht – am 15. Januar 1919 konnte Haffner 1939 noch nicht wissen.) Aber daß die SPD die »marxistische Glaubenslehre«, an der festzuhalten Haffner ihr noch 1939 vorwirft, schon längst aufgegeben haben mußte, um überhaupt in dieser Weise handeln zu *können*, beschrieb Haffner erst 1968 in seiner Serie anläßlich der 50. Wiederkehr dieser Ereignisse in der Illustrierten »Stern«. Und daß es bei dem »auf eine ungewöhnliche Art« vollzogenen Zusammenbruch der Hohenzollernmonarchie, dem Verlauf der deutschen Revolution und bei der Entstehung der Weimarer Republik nicht mit rechten Dingen zugegangen war, daß sich hier ein Schlüssel – vielleicht der entscheidende, aber kaum beachtete – zum Verständnis der Entstehung der NS-Bewegung verborgen hält, ahnte Haffner offensichtlich früh.

Haffners unverwechselbarer Stil, seine Fähigkeit, komplizierte und widersprüchliche Zusammenhänge sowie deren Ursachen und Folgen mit wenigen Worten verständlich zu machen, ist nicht zuletzt Ausdruck der Situation, in der er seine Bücher schrieb. Als Zeitzeuge fast des gesamten 20. Jahrhunderts, dessen Verlauf Haffner (eigentlich Jurist) in die politische Publizistik, man könnte fast sagen: zwang, hat er sich nicht nur, oft voller Verzweiflung, mit der Geschichte und Gegenwart jenes Landes beschäftigt, in das er geboren wurde und das er mit und wegen seiner jüdischen Geliebten verließ. Er hat es auch verändert.

Uwe Soukup